뒤틀린 한국 의료

뒤틀린 한국 의료

의대 정원 너머
'진짜 보건의료 문제' 취재기

+

김연희 지음

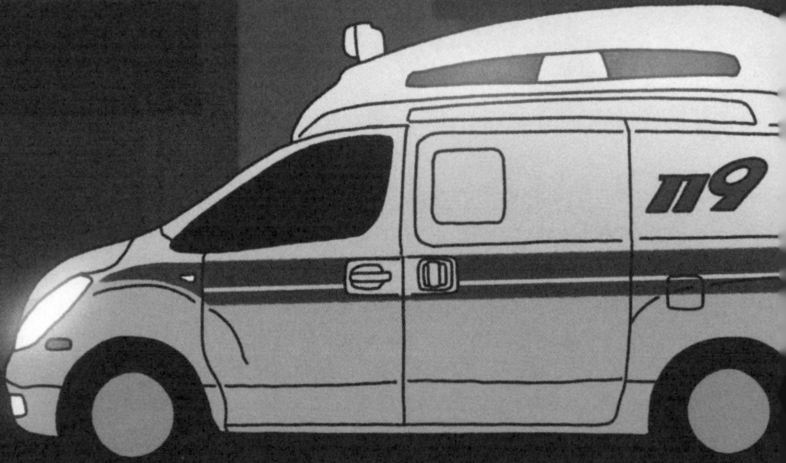

산지니

들어가는 글

그 구급차가 어젯밤 거리를 떠돈 이유

+

길병원은 인천에서 제일 큰 병원이다. 인천 사람이라면 본인이 치료를 받지 않더라도 일가친척의 병문안을 가거나, 누가 거기서 수술을 받았다는 얘기를 듣거나 하는 식으로 이 병원과 관련된 크고 작은 기억 한두 개는 가지고 있다. 인천이 고향인 내가 그런 사람 중 한 명이다. 아이보리색 대리석이 깔려 있는 1층 로비에 들어섰을 때, 백화점처럼 크고 고급스러운 분위기에 놀라며 '이곳이 병원 맞나' 눈이 휘둥그래졌던 기억이 선명하다.

그래서일까. 온갖 사건사고 기사를 공기처럼 접하는 직업이지만 2022년 12월 전해진 그 뉴스는 작지 않은 충격으로 다가왔다. 가천대 길병원 소아청소년과에서 어린이 입원 환자를 한동안 받지 못한다는 뉴스였다. 이 사실은 길병원 소아청소년과의 A 교수가 인근의 동네 소아과 의원에 보낸 편지가 언론에 보도되며 세상에 알려졌다. 전공의가 부족해 입원 진료를 중단하게 되었으며, 입원이 필요한 소아들은 다른 병원에 의뢰해달라는 내용의 편지였다. 당시 길병원 소아청소년과에는 4년 차 전공의(레지던트)들이 '전문의' 시험 준비에 들어가면서 2년 차 전공의 한 명만이 남아 있었다.

A4용지 한 장에 빼곡히 적힌 편지의 내용은 절절하고 어조는 간곡했다. "늘 지역의 소아를 책임지시면서 문제 있는 환아들을 보내주셨던 원장님들께 감사의 뜻을 표하면서, 인천 권역의 소아 질환의 치료 종결병원으로 역할하고자 노력하여왔던 저희가 잠정적이라도 그 역할을 하지 못한다는 것에 대해 원장님들이 꾸짖으셔도 드릴 말씀이 없습니다. 무책임하게 보일 수밖에 없는 저희도 답답할 뿐입니다. 입원 진료는 불가능하나 성심껏 외래 진료는 이어가도록 하겠습니다. (…) 무엇보다 인천 권역의 소아들과 그 가족들에게 송구스러운 마음을 갖고 상황을 개선하도록 노력하겠습니다."

관련 기사를 읽으면 읽을수록 의문이 커져갔다. '그 크고 으리으리한 병원에서 어쩌다가 입원 환자를 받지 못하게 됐다는 거지?' '길병원에서 입원이 필요할 정도로 아픈 아이들을 치료해주지 않는다면 인천 어린이들은 어디로 가라는 거지?' A 교수에게 메일을 보냈다. 지역의 상급종합병원으로서 소아 환자 진료를 책임지고 싶었지만 의료진의 헌신과 노력만으로는 해결하지 못해 '답답함'만 쌓여가고 있다면 제도나 시스템 어딘가에 문제가 있다는 뜻일 테다. 인터뷰가 아니더라도 대학병원의 소아청소년과가 처해 있는 현실에 대해 만나서 말씀을 듣고 싶다고 썼다.

곧 답장이 왔다. A 교수는 "신생아 전문의라 신생아 집중치료실에서 당직을 주 세 번 서고 있다"며 진료에 집중하기 위해 12월 13일부터는 일체의 취재요청에 응하지 않고 있으니 양해를 구한다고 했다. 그로부터 몇 개월 뒤 소아청소년과 문제를 본격적으로 취재할 때에야, 신생아 집중치료실에서 일하는 소아과 전문의(신생아 분과)들은 병원을 떠나 있는 시간이 일주일에 하루 혹은 반나절에 불과할 정도로 과로에 시달리며 쉴 틈 없이 아기 환자를 보고 있는 현실을 알게 되었다.

A 교수에게 직접 물을 수 없으니 다른 취재 루트를 두드려 봐야 했다. 그동안 보건의료 관련 취재를 하면서 알게 된 의료계 전문가들에게 전화를 돌렸다. 이들의 반응을 접하며 나는 또 한 번 놀라게 됐다. 길병원 소아청소년과에서 입원 진료를 중단하게 된 것은 무척 안타까운 일이지만, 이미 인천 지역에서 중증 질환을 가진 소아 환자 대다수가 서울 소재 대형병원으로 치료를 받으러 가기 때문에 큰 문제는 없을 거라는 것이 대체적인 반응이었다.

길병원은 병상수가 1450개에 달하는 큰 병원으로, 규모 면에서는 소위 빅5(서울아산 · 세브란스 · 삼성서울 · 서울대 · 서울성모) 대학병원과 엇비슷한 수준이다. 보건복지부가 지정한 인천 지역의 권역책임의료기관이기도 하다. 그런데 인천에 사는 소아 환자와 보호자들이 길병원을 두고 더 먼 거리에 있는 서울의 병원을 찾아가고 있다면 이 역시 무언가 잘못 돌아가고 있다는 뜻이었다. 당시 기사화까지 시키지 못했던 이 취재는 '소아과 위기 혹은 미스터리'라는 한 줄 문구로 메모장 속 아이템 리스트에 남았다.

그 뉴스가 마치 신호탄이었다는 듯이, 2022년 연말부터 현재까지 보건의료 분야를 둘러싼 이슈와 사건들이 끊임없이 터져 나오고 있다. 시골과 도시, 지역과 수도권을 가릴 것 없이 '응급실 뺑뺑이' 사건이 전국구 문제로 부상했다. 꼭두새벽부터 소아과 앞에 긴 줄이 늘어서는 '소아과 오픈런'은 사회적 현상이 되었다. 지역 공공병원이든 서울 민간병원이든 연봉 수억 원을 제시해도 의사를 구하기 어렵다는 기사가 줄줄이 이어졌다. 초고령 시대와 이에 대비되지 않은 의료 시스템 사이에서 벌어지는 난맥상도 속속 눈앞에 드러났다. 보건의료 시스템이 시민들의 생명을 지키는 데에 실패하는 장면들이 점점 더 빈번하게 목격되었다. 정부는 임기 초반 꺼내 들었던 '건강보험 개혁'에서 더 나아가 2024년 의대 정원 확대를 발표하며 '의료' 자체를 개혁의 도마에 올려놓았다.

주간지 기자로서 내가 했던 일은 이런 사건의 뒤를 쫓는 것이었다. '단독'을 하거나 '1보'를 쓰지는 못했지만 왜 그런 사건이 벌어졌는지, 개인의 부주의나 안일함만을 탓할 수 없는 구조적 원인은 없는지, 제도와 시스템에 허점이 있다면 이 문제가 언제, 어디에서 발아되었는지를 파고 들어갔다.

취재는 마치 '양파 까기' 같았다. 취재 시작 단계에서 가졌던 예상은 번번이 빗나갔다. 추락 사고를 당한 환자가 구급차를 타고 떠돌다 길 위에서 숨졌다면 사회의 시선은 응급실에 쏠리기 마련이다. 그러나 '응급실 뺑뺑이'는 단순히 응급실의 수용력을 높이거나, 응급의학과 의사를 늘려서 해결되는 문제가 아니었다. 응급실 문턱을 넘어선 환자는 응급처치를 마친 뒤 배후 진료과로 연계가 돼야 한다. 예를 들어, 자살 시도가 의심되는 환자라면 정신건강의학과와 협진을 해야 한다. 부상이 심한 다발성 외상 환자라면 일반외과뿐만 아니라, 정형외과, 신경외과, 흉부외과, 이비인후과까지 다양한 진료과에서 복합적인 수술과 처치를 받아야 한다.

그런데 2024년 현재 대한민국의 종합병원에서는 여러 진료 기능에 구멍이 숭숭 뚫려 있었다. 해당 지역의 최종 진료를 책임지는 대학병원조차 충분한 수의 의사를 구하지 못하고 있었다. 이는 보건 행정의 주요 수단 가운데 하나인 '의사 인력 수급' 정책이 30년째 제자리에 멈춰 서 있다는 제도적 실책과 맞닿아 있었다. 경증이든 중증이든 대학병원 응급실로 뛰어가는 의료 이용 문화와 이런 문화를 조장하고 방치한 의료전달체계의 왜곡 또한 이 문제를 심화시키는 한 축이었다. '응급실 뺑뺑이'라는 한 사건 뒤에는 한국 의료계에 겹겹이 쌓인 문제가 응축돼 있었다.

보건의료계 이슈를 취재할 때마다 이런 경험이 반복되었다. 소아과 위기, 건강보험의 지속가능성, 필수의료의 몰락, 의대 정원 확대 등등. 내가 뒤를 쫓은 뉴스들은, 복잡다단한 지형을 가진 보건의료의 여러 영역에 걸쳐 문제의 원인이 중첩돼 있었다. 딱 떨어지는 단일한 해법을 찾기란 요원했다. 이처럼 원인이 다층적이기 때문에 '진보와 보수' '의료 이용자와 의료 공급자' '의사와 정부' 등 서로 다른 주체들이 자신이 선 자리에 따라 어떤 면은 부각하고 어떤 면은 축소하며 주장과 근거를 취사선택하기 쉬운 곳이 보건의료 분야라는 것도 점차 깨닫게 되었다.

솔직히, 기사를 쓸 때마다 머릿속이 배배 꼬이는 기분이었다. 속 시원하게 어느 쪽 편을 드는 것도 아니고 명쾌한 해결책이 나오지도 않는데 길이마저 긴 기사를 누가 읽겠나 싶기도 했다. 그러나 기사가 나간 후 돌아오는 반응을 접하며, 내가 독자의 니즈를 오해하고 있었구나 반성했다. 2022년 연말 길병원 소아청소년과 입원 진료 중단 뉴스를 접한 뒤 내가 그랬듯, 점점 더 많은 사람들이 무언가 잘못 돌아가고 있다는 것을 직감하고 있었다. 시민들은 '저수가'나 '의사 수 부족'처럼 단편적인 진단을 넘어 시스템에 들이닥친 위기를 해석해주는 폭넓은 시각과 이를 충실하게 담아낸 텍스트를 바라고 있었다.

이 책에 실린 글은 보건의료 위기가 본격적으로 가시화되기 시작한 2023년부터 취재했던 기사를 다듬고 보완한 것이다. 중요한 쟁점인데 기사로 다루지 못했던 사안은 글을 새로 써서 추가했다. '1장 의대 정원에 감춰진 문제'에서는 의대 증원이 엄청난 갈등을 불러오게 된 배경을 살피고 시민을 지키는 진짜 '의료 개혁'의 조건을 따져본다. '2장 한국 의료계가 처한 위기'에서는 응급실 뺑뺑이, 소아과 오픈런, 건강보험 재정, 공공병원 위기 등 수면 위로 떠오른 사건을 파고 들어가 한국 보건의료에 닥친 위기의 본질을 드러내고자 했다. '3장 의료의 최전선을 지키는 사람들'에서는 필수의료 · 지방의료 · 공공의료 등 흔들리는 의료 현장에서 나름의 길을 모색해나가는 이들을 인터뷰했다.

한국 사회는 어떤 변곡점을 지나고 있다. 의대 정원이나 공공의료 등 쟁점마다 의견이 첨예하게 갈리는 보건의료계 전문가들이 예외 없이 동의하는 한 가지는 우리의 시스템이 임계점에 다다랐다는 것이다. 여러 모순에도 불구하고, 한국 보건의료는 구성원들의 건강 수준을 향상시키고 보장성을 넓히는 방향으로 전개돼 왔다. 국민건강보험은 국제사회에서 벤치마킹 모델로 통용되었고, 시민들 사이에서는 가장 신뢰받는 사회보장제도로 자리 잡았다. 그러나 선순환을 가능하게 했던 그간의 성공 방정식이 더는 통하지 않는다는 경고음이 곳곳에서 울리고 있다.

1908년, 1948년에 이어 세 번째로 런던에서 개최된 2012년 올림픽은 영국 출신의 세계적 영화감독 대니 보일이 개막식 연출을 맡았다. 이 개막식에는 독특하게도 영국의 국영의료서비스인 NHS(National Health Service)가 등장했다. 국가가 무상으로 의료를 보장하는 NHS는 1948년 도입돼 영국이 복지국가로 발돋움하는 토대가 되었다. 오늘날 NHS에 대한 평가는 엇갈리지만, 빈부에 상관없이 몸이 아플 때 누구나 적절한 치료와 보살핌을 받을 수 있는 사회가 좋은 공동체의 지향점이라는 것을 잘 보여주는 퍼포먼스였다. 건강권은 시민들이 보편적으로 누려야 할 기본권이다.

각 나라는 이 이상을 실현하기 위해 다양한 모습의 보건의료제도를 발전시켜왔다. 한국도 마찬가지이다. 진료는 전문 의료인의 영역이지만, 보건의료체계는 그 사회의 구성원들과 함께 만들어가는 것이다. 당위적으로 '시민'을 앞세우고자 하는 말이 아니다. 단적으로, 국민건강보험만 봐도 그렇다. 한국 의료 시스템은 건보를 기반으로 굴러간다. 건강보험은 사회연대의 원리에 따라, 갑자기 아플 위험을 사회적으로 분산하고 구성원들이 고루 건강한 삶을 누리기 위해 공적으로 모은 재원이다. 2021년 건강보험 진료비로 95.4조 원이 쓰였는데 이는 국방비 총액의 2배에 달하는 돈이다.

한계에 다다른 보건의료 시스템을 어떻게 개혁해야 할지, 향후 수년간 뜨거운 논쟁이 이어질 것이다. 전문가의 의견과 의료종사자의 요구를 귀담아 들어야겠지만 그들의 손에만 맡겨두어서는 안 되는 중요한 선택의 순간들이 찾아올 것이다. 이는 한국 사회가 어떤 모습의 공동체로 나아갈지를 결정하는 일이기 때문이다. 일반 시민들이 건강 상식을 넘어 보건의료제도와 작동 원리에 대해 '리터러시'를 갖추어야 하는 이유이다. 앞으로 펼쳐질 논의의 장에서 시민적 연대를 놓지 않는 선택을 함께 해나갈 수 있길 바란다. 그때 이 책이 참고도서가 되었으면 한다.

차례

119

1장

의대 정원에 감춰진 문제

1

'의대 증원'이라는 관문

+

2024년 2월 6일, 정부는 향후 5년간 의대 정원을 2000명 더 늘리겠다고 발표했다. 정부안대로라면 의대 신입생 수는 2025학년도 대입부터 3058명에서 5058명으로 확대된다.* 의과대학 문이 65% 더 넓어지는 것이다.

조규홍 보건복지부 장관은 이날 브리핑에서 "현재 의료 취약 지역에서 활동하는 의사 인력을 전국 평균 수준으로 확보하려면 약 5000명이 필요하다. 이에 더해 급속한 고령화로 늘어나는 의료 수요를 고려하면 2035년에 1만 명의 의사가 더 부족할 것"이라고 밝혔다. 이어 "부족하나마 1만 5000명의 수요 가운데 2035년까지 1만 명을 확충하고자 2025학년도부터 의대 정원을 2000명 증원하기로 한 것"이라고 설명했다.

---

* 각 의과대학의 신청에 따라 2025년 대입에 한해서 의대 증원 규모는 1500여 명 늘어난 4695명으로 정해졌다.

의사들은 대대적인 반대 움직임에 나섰다. 대학병원에서 수련을 받는 전공의(인턴 · 레지던트) 약 90%가 사직서를 제출하고 출근을 중단했다. 2월 20일을 기점으로 병원을 떠난 전공의들은 2024년 상반기가 다 지나가도록 복귀하지 않고 있다. 전국 40개 의과대학 학사 일정도 전면 멈춰 섰다. 의대 정원 확대에 반대하며 절반 넘는 의대생들이 휴학계를 제출했다. 5월 들어서는 대학병원에서 최소한의 중증 · 응급 진료를 담당했던 의대 교수들마저 사직과 휴진 대열에 동참하고 있다.

한국 사회는 출구를 찾기 어렵고, 일단락된다 해도 짙은 그림자를 장기간 드리울 갈등 속으로 침잠하고 있다. 기존의 의료 시스템이 한계에 도달했고, 이대로라면 시민의 생명을 지키는 필수의료 · 지역의료의 붕괴가 머지않았다는 점에는 보건당국과 의사 집단 모두 의견이 일치하지만 '의사 수 늘리기'가 필요한 처방인지를 두고 첨예하게 대립한다.

2020년 한차례 무산되었으며 의사 집단의 강렬한 반발이 예상됨에도 불구하고 보건당국은 의료 개혁의 필요조건으로서 의대 정원 확대를 다시금 시도하고 나섰다. 의사 수 늘리기는 정말 필요한 일일까?

의사 수는 왜 정부가 정할까

자본주의 사회에서 보건의료 분야, 특히 의료 인력 공급은 매우 독특한 성격을 지닌다. 돈과 자본이 몰리고 다양한 욕망이 투영되지만 자유 시장에만 맡겨두지 않는다. 조금만 생각해보면 특수성을 바로 납득할 수 있다. 의사가 되고 싶은 사람이 넘쳐나고, 의사를 구하지 못해 어려움을 토로하는 곳도 이렇게 많은데, 왜 의사 수는 '수요와 공급'이라는 시장의 기본 원리에 따라 늘어나지 않는가? 3058명이니, 5058명이니, 정부에서 의대 정원 숫자를 정해주는 이유는 무엇일까?

예를 들어, 프로그래머의 경우 통칭 '네카라쿠배(네이버 · 카카오 · 라인 · 쿠팡 · 배달의민족)'라 불리는 IT 플랫폼 기업이 각광을 받자 개발자 수요가 커지고, 코딩을 가르치는 부트캠프 등이 생겨나서 프로그래머 인력 공급이 빠르게 커지고 있다. 그러나 의사 인력 수급은 이런 식으로 노동 시장을 통한 자동적인 조정이 일어나지 않는다. 한국뿐만 아니라 대부분의 국가에서 '의사 수'는 정부가 인력 추계에 따라 조정하고 관리하는 대상이다.

의료라는 서비스를 매개로 만나는 의사와 환자는 정보가 비대칭인 관계에 놓이게 된다. 의사가 값비싼 시술을 권하거나, 자주 병원을 찾도록 유도하거나, 필요하지 않은 입원을 권유해도 비전문가인 환자는 알아챌 수 없다. 일반적으로 물건과 서비스를 구입하는 수요는 '소비자'의 선택에 달려 있지만, 의료 시장은 의사라는 '공급자'가 수요를 지어낼 수 있다는 점에서 이를 '공급자 유인 수요'라고 부른다. 의사가 무분별하게 늘어나거나, 직업윤리와 전문성을 갖추지 못한 의사가 배출된다면 잘못된 의료 수요를 과다하게 유발할 위험이 있다.

이런 상황을 막기 위해 정부는 의대 정원을 규율하고, 시험을 통해 의사 면허를 발급한다. 사회적 필요에 알맞게 의사 수를 통제하고, 자격을 갖춘 이들에게 의료서비스를 공급하는 권한을 독점적으로 부여한다. 이처럼 제도적으로 보장되는 독점적 신분은 한국뿐만 아니라 대부분의 나라에서 의사가 비교적 높은 수입과 안정적 지위를 누리는 바탕이 된다.

따라서 '의사 수급 조절'은 한 나라의 보건의료 정책에서 가장 기본이 되는 정책이다. 정부가 개입하지 않으면 사회가 필요로 하는 의료 수준과 형태에 맞춰 의사 공급을 적절한 규모로 조절할 수 있는 수단은 없다. 정재수 보건의료노조 정책실장은 "의사의 면허에는 의료를 제공하는 독점적 권한뿐만 아니라 정부가 그 수를 조절할 수 있다는 사회적 약속까지 포함돼 있는 것이다"라고 말했다.

그러나 한국 보건당국은 2020년 의대정원을 늘리려던 시도 이전까지 오랜 기간 이 역할을 방치해왔다. '의사 수 조절'은 과학적 추계를 토대로 이해당사자와 전문가들의 논의를 거쳐야겠지만 궁극적으로는 시민들의 요구를 반영해 정부가 결정을 내리는 정책의 영역이라는 인식이 의사 집단 내에도 거의 자리 잡지 못했다.

의사 공급과 의료산업 규모의 간극

의사 공급 확대는 1990년대에 마지막으로 이루어졌다. 1990년대 중반 강원대, 가천대, 성균관대 의대 등 9개 의과대학이 신설되며 의대는 41개, 의대 정원은 3300명으로 늘어났다. 이후 2006년 3058명으로 240여 명이 줄어드는데 이는 의사 인력 추계에 따른 조정이 아니라 2000년 의약 분업 때 의료계의 요구를 들어준 협상용 선택이었다. 사실상 한국의 의사 공급 규모는 30년 전 수준에 머물러 있는 것이다.

그사이, 보건의료 분야는 비약적으로 규모가 커지고 과거와 비교할 수 없이 고도화된 산업이 되었다. 단적으로 1994년 약 13조 원(GDP 대비 3.4%)이었던 전체 의료비는 2022년 약 209조 원(GDP 대비 9.7%)으로 16배가량 증가했다. 의료의 질이 높아지면서 단위 행위당 투입되는 '맨 파워'는 커졌는데, 워라밸을 중시하는 사회문화적 변화와 전공의의 근무 시간을 80시간으로 제한한 전공의 특별법 재정 등으로 의사 1명당 노동 시간은 줄어들었다.

한국에 의사 수가 부족하다는 조짐이 감지되기 시작한 건 2010년 무렵이다. 신영석 고려대 보건대학원 연구교수는 2023년 6월 '의사 인력 수급 추계 전문가 포럼'에서 이렇게 말했다. "과거 자료를 살펴보면 의대 정원이 일부 조정된 2005년 이전 의사 인력 추계에서는 의사 공급이 '부족하다'와 '남는다'는 연구 결과가 반반이었다. 그러나 2010년 이후 수행된 연구들은 어떤 데이터를 활용하든, 어떤 분석 방법을 택하든 대부분 '부족하다'는 결론에 도달한다." 2012년 수행된 「적정 의사 인력 및 전문 분야별 전공의 수급 추계 연구」에서는 이미 2020년 국내 의사 수가 최소 3만 4000명가량 부족할 것으로 추산했다.

윤석열 정부가 의대 증원 규모를 2000명이라고 발표하자 그 근거를 두고 논란이 계속되고 있다. 그간의 예상을 훌쩍 뛰어넘는 숫자가 어떻게 도출되었는지 의구심이 풀리지 않고 있다. 그러나 2000명이라는 숫자 자체는 미심쩍을지라도 정부가 참고했다고 밝힌 '의사 인력 수급 추계' 연구 3건이 구체적인 수치는 다르지만 한국의 의사 수가 점점 더 부족해진다는 결과를 내놓은 것은 사실이다.* 각 나라마다 보건의료제도가 다르기에 직접적 비교 대상으로 삼기는 어렵더라도, 국제 기준에서 볼 때 한국 의사 수가 절대적으로 적다는 것은 부인할 수 없다. 2021년 기준 인구 1000명당 의사 수가 OECD 평균은 3.7명인 데 반해 한국은 2.6명으로 멕시코, 터키에 이어 뒤에서 세 번째다. 한의사를 제외하면 2.1명으로 OECD 국가 중 가장 적다.

의사 소득, 평균 노동자의 7.1배

의사 인력의 전반적인 수요와 공급 불일치를 보여주는 또 하나의 지표는 의사 평균 소득이다. 한국은 OECD 국가 중 전문의 인건비 수준이 가장 높은 나라이며 상승세 또한 가파르다. 2010년과 2020년 봉직의(전문의 기준)의 임금소득을 비교했을 때, OECD 평

* 홍윤철(2020) 「미래사회 준비를 위한 의사 인력 적정성 연구」 『의료정책포럼』, 대한의사협회 의료정책연구원; 신영석(2020) 「전문과목별 의사인력 수급 추계 보고서」 한국보건사회연구원; 권정현(2023) 「인구구조 변화 대응을 위한 의사 인력 전망」 한국개발연구원.

〈그림 1-1〉 주요 국가별 평균 노동자
임금 대비 의사 소득비(전문의, 2020)

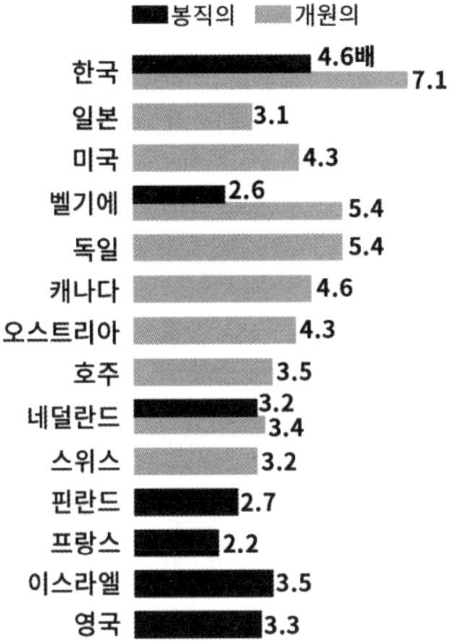

** 일본과 미국은 일반의와 전문의를 포함한 의사 인력 전체의 소득비를 나타냄

자료:의사인력 수급추계 전문가 포럼. 권정현(KDI 연구위원) 발표

균은 1.22배 증가했지만 같은 기간 한국은 1.43배가 증가했다.* 평균 노동자 임금 대비 의사 소득비를 따져보면 2020년 기준 한국은 봉직의가 4.6배, 개원의가 7.1배에 이른다. 주요국 가운데 가장 격차가 크다.(그림〈1-1〉 참조)

---

* 2022 OECD 보건통계, "의사 수 증원은 정말 오답일까?", 〈시사IN〉 781호

보건의료 산업이 몸집을 불리는 동안, 의사 공급은 30년 전 수준에 머물러 있었다면 어디선가 구멍이 생기고 이 구멍은 시간이 갈수록 커질 수밖에 없다. '지방에 의사가 없다'에서 시작된 의사 부족에 대한 인식은 해를 거듭하며 '대도시에, 수도권에, 서울 소재 병원에서도, 필수의료과에 의사가 없다'는 문제로 지역적 범위가 확장돼왔다. 서울 강남의 응급환자가 응급실을 찾지 못해 구급차를 타고 거리를 헤매는 지경에 이르고, 2023년 이런 사건들이 연이어 기사화되자 '의사 수'는 한국 사회 최대 현안으로 부상했다.

의대 정원 확대는 30년간 잠겨 있었던 '의사 인력 공급'이라는 수도꼭지를 여는 일이다. 물론 이렇게 늘어난 의사 인력이 필수의료와 지역의료로 흘러갈 수 있도록 물길을 내주는 작업이 동시에 이루어져야 한다. 과도한 수도세를 내지 않도록, 한국 사회의 과잉된 의료 이용을 관리해나가는 조정도 꼭 필요하다. 의대 정원을 늘리고 줄이는 것보다 한층 더 까다롭고 난이도 높으며 장기간에 걸쳐 달성해야 할 목표이다. 그러나 '의사 수'라는 수도꼭지를 틀어 잠근 채로는 다음 단계의 작업을 해나갈 수 없다. 의대 증원은 의과대학 정원뿐만 아니라 '의료 개혁'이라는 우리 시대의 필수 과제를 여는 관문이다.

2
의사 수만 늘리면 모든 문제가 해결될까

+

'사람 살리는 의사'를 늘리기 위해서는

의사는 한국 사회에서 가장 선망받는 직종이다. 최상위권 학생들이 의대에 몰리고, 그 문턱을 통과하면 고소득과 안정적인 지위가 보장된다. 그러나 한편에서는 점점 더 열악한 처지로 내몰리는 의사들이 있다. 의료 본연의 역할이라 할 '생명을 살리는 과'에 종사하는 이들이다. 전통적으로 필수의료로 분류돼온 '내외산소(내과·외과·산부인과·소아청소년과)'에 더해 환자의 목숨이 걸린 수술을 하는 흉부외과·신경외과 등 '바이탈과'가 여기에 해당한다.

현장 사정에 밝은 한 보건의료 전문가는 "병원마다 정말 몇 명 안 되는 의사들이 기피과로 불리는 필수의료 분야에서 버티고 있다. 남아 있는 분들은 사명감으로 일하는 건데 거의 인간문화재급이라고들 한다"라고 말했다. 인력이 충분치 않으니 밤샘 근무나 당직이 잦고, 버티던 의사들이 결국 이직을 하거나 전공의가 지원하지 않아 근무 환경이 더욱 나빠지는 악순환이 대학병원의 흉부외과, 신경외과, 소아청소년과 등지에서 벌어지고 있다.

수년째 필수의료 환경이 취약해지고 공백이 커진 결과, 시민의 생명이 위협받는 사건들이 수면 위로 하나둘 떠올랐다. 수술이 필요한 응급환자가 병원을 찾지 못해 거리를 떠도는 상황이 거듭되고, 2023년 5월에는 입원 병실을 얻지 못한 아동이 급성후두염으로 목숨을 잃는 일마저 생겼다.

이러한 배경 속에서 정부는 2023년 의대 증원 논의를 재개하고 2024년 2월 6일 의대 정원을 2000명 더 늘리겠다고 발표했다. 2022년 12월 한국보건사회연구원은 의사 인력이 2030년 1만 4000여 명, 2035년에는 2만 7000명 부족할 거라는 보고서를 냈다. 이는 2019년 기준 모든 의료 수요가 충족되고 있다는 가정 위에서 도출한 숫자로, 지금 시점의 의사 인력 공백은 반영되지 않았다.

전체적으로 부족한 의사 수를 채워야겠지만, 이를 필수의료에 흘러가도록 세심하게 물길을 내는 작업은 훨씬 더 까다로운 과제다. 수년간 뒤틀려 있던 한국의 의료 시스템을 재설계하고, 의료 서비스와 의사라는 직업에 투영된 사회의 여러 욕망도 재조정해야 한다. 의대 정원 확대의 궁극적인 목표는 '사람 살리는 의사'를 늘리는 것이다. 이 목표를 향해 가는 길에는 여러 험난한 골짜기가 놓여 있다.

기울어진 운동장

대한의사협회(의협)를 필두로 의대 증원에 반대 목소리를 내고 있는 의사 집단은 의사를 늘려도 어차피 필수의료 분야에 유입되지 않을 거라고 주장한다. 소아청소년과 · 흉부외과 · 신경외과처럼 현재 의료 공백이 문제 되고 있는 곳은 진료가 어렵고, 보상도 적은데 근무 여건까지 열악해서 의사들이 가지 않는다는 것이다.

의사들의 소득을 기준으로 비교해보면 전문 과목에 따라 실제 큰 차이가 난다. 2020년 기준, 안과의 경우 임금노동자 대비 소득비가 10.1배에 달했지만 소아청소년과는 3.5배였다. 의료기관별로도 격차가 있다. 병원과 의원이 임금노동자 대비 소득비가 각각 8배, 6.8배인 데 비해 필수의료 성격이 더 짙은 종합병원(5.4배), 상급종합병원(4.1배)은 그보다 낮았다(〈그림1-2〉와 〈그림 1-3〉 참조).

그 원인으로 저수가 구조를 꼽는다. 전 국민 건강보험제도가 운영되는 한국에서 '수가'는 국민건강보험공단(건보)이 의료 행위에 대해 지불하는 가격이다. 의협과 의료계 전반의 주장은 필수의료 행위에 매겨지는 수가가 비정상적으로 낮아 수입이 적으니 지원자도 줄어들고, 병원에서도 충분한 인력을 뽑지 않는다는 것이다.

한국에서는 건강보험이 적용되는 의료 행위를 6000개 정도로 구분해 수가를 매긴다. 이를 급여 항목이라고 한다. 반대로 건강보험이 보장하지 않는 의료 행위는 '비급여'라고 한다. 6000개의 의료 행위를 기본진료(진찰 · 입원), 수술, 처치, 검체검사, 영상검사,

〈그림 1-2〉
전문과목별 의사 소득비
(2020, 임금노동자 대비)

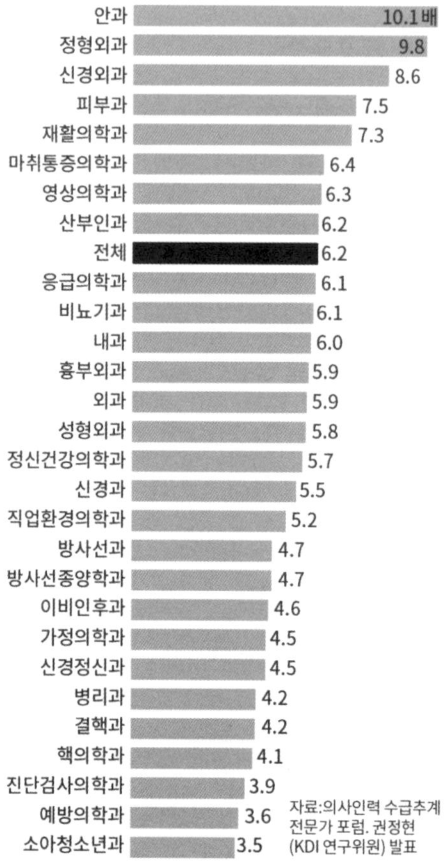

자료:의사인력 수급추계 전문가 포럼. 권정현 (KDI 연구위원) 발표

〈그림1-3〉
의료기관 종별 의사 소득비
(2020, 임금노동자 대비)

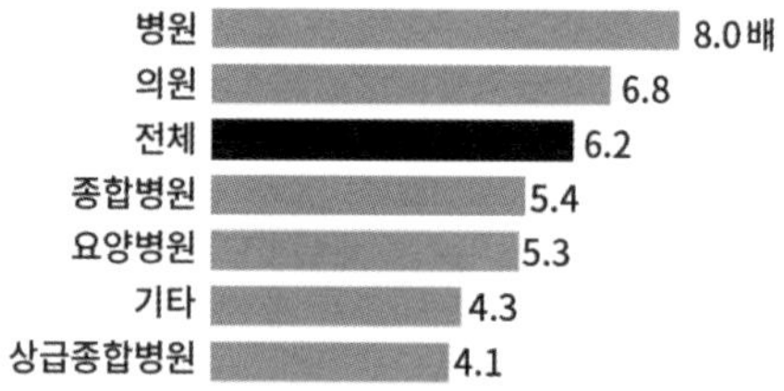

자료:의사인력 수급추계 전문가 포럼. 권정현(KDI 연구위원) 발표

〈그림 1-4〉 건강보험 의료 행위 유형별 원가 보상 수준(단위:%)

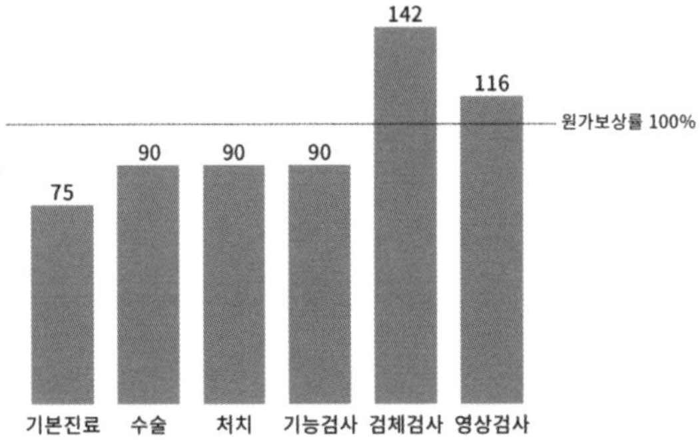

자료:보건복지부 '제2차 상대가치개편안'

기능검사 이렇게 6개 항목으로 크게 분류할 수 있다. 6개 항목의 원가보상률을 따져보면 실제로 한국의 수가 체계는 한쪽으로 기울어져 있다. 기본진료(진찰·입원), 수술, 처치에 지불되는 수가는 상대적으로 낮고 검체검사, 영상검사는 높다(〈그림1-4〉 참조).

진료과에 대입해보면 소아청소년과처럼 대부분의 수입이 '진찰료'이거나 대학병원의 흉부외과처럼 급여가 적용되는 수술을 주로 하는 과들은 상대적으로 수익을 내기 어렵다. 반면 영상의학과처럼 검사를 하거나 입원이나 수술 시 CT, MRI, 초음파, 피검사 등 여러 검사를 붙일 수 있는 진료 과목들은 이득이 된다. 의협은 줄곧 기본진료(진찰·입원), 수술, 처치처럼 원가보다도 낮게 책정된 수가를 올려야 한다고 주장해왔다. 타당한 요구다.

그러나 신영석 고려대 보건대학원 연구교수는 한 가지를 꼬집었다. "이처럼 수가의 높낮이가 맞지 않다 보니 진료 과목별로 유

불리가 현저하게 나타나고 정상적인 보상이 이루어지지 못하고 있다는 말은 옳다. 그런데 매년 낮게 보상되는 곳만 목소리를 높이고, 높게 보상받는 곳은 굳이 얘기하지 않는다."

의료계가 진료 과목별로 기울어진 운동장이어서 필수 과목에 의사가 유입되지 않는다면 낮은 곳은 높이고, 높은 곳은 낮춰야 완만한 운동장을 만들 수 있다. 수가 협상은 매년 국민들이 내는 건강보험료라는 한정된 총액 내에서 비율을 나누는 방식이다. 그동안 낮게 책정되었던 필수의료 분야의 수가를 정상화하기 위해 국민이 건보료를 좀 더 감수한다면, 동시에 의료계에서는 원가보다 많이 받고 있던 항목들의 수가를 일부 조정해야 한다. 의협은 기피과를 양산하는 구조의 반쪽만 얘기하고 있는 셈이다.

사실 최근 몇 년간 운동장의 기울기를 좀 더 가파르게 만든 것은 수가보다도 '비급여' 진료이다. 비급여 의료 행위는 정해진 수가가 없기 때문에 의료기관에서 원하는 대로 가격을 매길 수 있다. 소위 피안성(피부과 · 안과 · 성형외과)에 전공의 지원이 몰리고 그중에서도 피부 · 미용에 특화된 개원가에서 높은 소득을 올리는 이유다. 실손보험이 도입된 이후 통증주사, 도수치료 같은 비급여 시장은 더욱 빠르게 확장되고 있다. 마취통증의학과 전문의 가운데, 병원에서 수술방에 들어가는 마취과 의사들은 줄고, 통증의학과 의원들은 건물마다 들어서는 데는 이런 배경이 있다.

이처럼 비급여 진료로 무한정 수익을 창출할 수 있다면 대부분의 의료 행위에 건강보험이 적용되는 필수의료는 수가를 계속

해서 높여주더라도 기피과에서 벗어나기 어렵다. 임승관 경기도 의료원 안성병원장은 비급여 시장의 확장을 막아야 하는 필요성과 현실적 어려움을 동시에 짚었다. "비급여 진료로 의사들이 자꾸 빠져나간다면 그 시장을 규제하는 방안을 고려할 수 있다고 본다. 신규 개원을 어렵게 하거나, 물리치료사나 피부관리사 같은 다른 직군에 시장을 열어주거나. 부작용을 수반하겠지만 찾고자 하면 정부가 관리·감독할 제도를 마련할 수 있을 것이다. 그러나 의료가 극도로 상품화된 한국 사회에서 피부·미용이나 수액치료, 도수치료를 원하는 수요가 지금처럼 크다면 비급여·비필수 의료 시장은 계속해서 개척될 수밖에 없다."

의대 교수로서 지식, 보람, 명예 사라져

한 의료계 인사는 의사들이 금전적 보상으로만 움직이는 건 아니라고 말했다. "일반적인 임금 수준과 비교하면 고액 연봉이지만 의사 사회에서 대학병원 교수의 임금을 높게 쳐준 적은 과거에도 없었다. 병원을 나가면 더 많은 돈을 벌 수 있음에도 의사들이 병원에서 필수과를 지켰던 건 지식의 추구, 의사로서 보람, 교수로서 명예 등 나름의 만족감이 있었기 때문이다. 환자도 어느 정도 나눠 보고, 당직도 적당히 배분하고, 자기 연구를 하면서 나름 삶의 질을 유지할 수 있으면 그 자리에 남는다. 지금은 그조차 되지 않는 것이다."

필수의료 현장에 있는 의사들의 근무 여건을 개선하기 위해 직접적으로 필요한 것은 인력이다. MZ 세대 젊은 의사들을 필수의료에 머물게 하기 위해서도 전반적인 노동시간을 단축해야 한다. 이를테면 '일자리 나누기'를 해야 하는 것이다. 따라서 의대 정원 확대는 필수의료 공백을 해소하기 위한 여러 정책 패키지의 '시동'을 거는 조치라고 봐야 한다. 바이탈과의 상대적으로 낮은 임금수준은 올리되, 의사 수를 늘려 전반적으로 가파르게 증가하는 의사 인건비의 상승세는 억제하고, 필수의료 분야에서 더 많은 인력을 고용할 수 있게 하려는 것이다.

한 보건의료 정책 전문가는 의대 증원을 계기로 촉발된 의료개혁 시도에 대해 "작게 고치려 하면 실패한다"라고 말했다. "필수의료는 오랫동안 조금씩 무너져 내려 지금의 상황에 이르렀다. 그동안 보건복지부는 본질적인 제도 개선 없이 손쉬운 방법들을 써왔다. 기피과 수가를 조금 올려주고 병원이 알아서 사람을 채용하라는 식이었는데 돈을 약간 더 준 걸로 병원에 책임을 미룬 셈이다(외과 · 흉부외과 · 산부인과는 수가가산금으로 20~100%를 더 주는 정책이 2010년부터 시행됐지만 별다른 실효성을 거두지 못했다). 예를 들어 교육부와 협의해 대학병원(의과대학)의 교수 정원을 더 늘린다든지 하는 정도의 정책적 시도도 제대로 해본 적이 없다."* 정재수 보건의료노조 정책실장 역시 비슷한 우려를 나타냈다. "(적극적인 의사 배치 정책 없이) 의사 수만 늘리면 '어차피 필수의료, 지역의료에 안

* 2023년 10월, 정부는 2025년 1월까지 국립대학병원 소관부처를 교육부에서 보건복지부로 옮기는 계획을 발표했으나 입법 미비로 추진이 중단된 상태이다.

간다'는 의협 쪽의 주장대로 될 수도 있다."

"지금처럼 뽑으면 바이탈과 안 온다"

윤상우 씨(가명)는 지역 대학병원에 남아 수련을 이어가는 전공의다. 그가 택한 전공은 대표적인 필수 진료 과목이자 기피과로 꼽힌다. 젊은 의사로서 필수의료를 살리기 위해 무엇이 필요하다고 보는지 물었을 때 돌아온 대답은 뜻밖이었다.

"조심스러운 얘기인데, 지금처럼 부의 대물림이라든지 경제적 보상을 얻기 위한 창구로 의사를 택하는 흐름이 굳어진다면 바이탈과에 오는 사람들은 점점 더 줄어들 거라고 생각한다. 교수든 전공의든 필수과들의 근무 여건이 현재보다 당연히 개선돼야 하지만 질환의 특성상 대학병원 소아청소년과나 흉부외과, 신경외과 같은 곳은 흔히 QOL(Quality of Life, 삶의 질)이 높다고 하는 과만큼 편해지기는 어렵다. 처음부터 필수의료에 관심이 있는 사람들이 의대에 더 뽑혀야 한다."

의대 정원 3058명이 지금처럼 최상위권 학생들의 성적 순서대로 채워져서는 안 된다는 것이다. 윤상우 씨는 보다 다양한 가치관과 배경을 가진 이들이 의사가 될 수 있도록 의대 입시 전형이 다변화될 필요가 있다고 봤다. 공공의대도 그중 한 방안이 될 수 있다고 말했다.

그러나 이러한 문제의식은 의대 정원 확대를 추진하는 과정에서 별달리 논의되지 못하고 있다. 한국에서 의대 입학이란 '의사가 되기에 적합한 인재'를 선발하는 관문이 아니라 '의사라는 값진 사회적 지위'를 획득하는 레이스에 가깝기 때문이다. 이르면 초등학생 때부터 시작된 이 레이스에서 '공정'한 경쟁을 해칠 위험성을 가진 다변화된 선발 방식은 발붙일 공간을 잃었다.

2020년 한차례 무산되었던 의대 증원 추진 당시, 전공의들을 반대 투쟁 전면에 나서게 했던 도화선은 공공의대 설립이었다. 400명 확대 계획에서 공공의대 정원은 49명에 그쳤지만 '중립적인 시·도 추천위원회'를 구성해 후보자를 추천한다는 정보가 부정확하게 확산되며 불공정 논란이 이슈의 중심으로 떠올랐다.

2023년 들어 의대 증원 논의가 재개되자, 개혁적 보건의료 운동 세력과 시민사회를 중심으로 공공의대를 신설해 의사를 배출해야 한다는 요구가 나왔지만 윤석열 정부의 의대 정원 확대 정책에는 포함되지 않았다.

2024년 2월 2000명이라는 의대 증원 숫자가 발표되고 의사집단과 정부의 갈등이 깊어지면서 '의사를 늘릴 것이냐, 말 것이냐'는 단편적 쟁점으로 전선이 고착화되었다. 그사이 '사람을 살리는 의사를 어떻게 키워낼 수 있을까'라는 논의는 사회적 관심에서 멀어지며 표류하고 있다.

필수의료 분야에 몸담은 의사가 줄어드는 원인은 비교적 명확하지만 이를 풀어낼 단일한 해법은 없다. 의대 증원은 판도라의 상자를 여는 열쇠이기도 하다. 한국 사회는 그 상자 안에 들어 있는 결코 달갑지 않은 질문들을 마주할 준비가 돼 있을까.

의대 정원 늘어나면 '누가 의대에 가야 할까?'

'늘어난 의대의 정원은 어떤 이들로 채워져야 하는가?' 더 나아가 '누가 의사가 돼야 하는가?' 좀처럼 수면 위로 떠오르지 못하는 이 물음을 던지는 것은 '사회가 필요로 하는 의사'를 키워내기 위해서도, 한국 사회를 잠식하고 있는 '의대 쏠림 현상'을 해결하기 위해서도 필수적이다.

한국 사회에서 의대는 의사라는 전문 직종을 키워내는 교육기관이라는 기능적 의미를 훌쩍 뛰어넘는다. 『한국의 능력주의』를 쓴 박권일 작가는 "사법고시가 로스쿨로 대체된 이후 법조인들이 누리던 기득권은 점차 허물어지고 있다. 그런 점에서 의대는 마지막 성역이고 의사는 마지막으로 남은 특권 집단이다"라고 말했다.

어느 나라에서나 의사는 선망받는 직종이고 상대적으로 높은 소득을 올리지만 한국은 단연 압도적이다. 2020년 기준 한국 의사(전문의)의 임금은 평균 노동자와 비교했을 때 개원의가 7.1배, 봉직의가 4.6배였다. 주요 국가 가운데 격차가 가장 크다. 고위공직자 인사 검증에서 자녀의 의대 입시와 관련된 이슈가 점점 더 빈번해지는 현상은 한국 사회에서 의사라는 직종이 차지하는 지위를 상징적으로 드러낸다.

한국의 의대 입시는 이 특권적 계급을 획득하는 통로로 통용된다. 의대 문턱을 넘는 순간 약속되는 보상은 너무나 독보적이라 기여, 재능, 노력, 그 무엇에 따른 분배로 정당화될 수 있는 수준을

〈그림 1-5〉 1990학년도 이후 입학 성적 상위 10개 자연계 학과

	1990년	2000년	2010년	2023년
1	서울대 물리학	서울대 의대	서울대 의대	서울대 의대
2	서울대 컴퓨터공학	연세대 의대	성균관대 의대	연세대 의대
3	서울대 의대	성균관대 의대	연세대 의대	성균관대 의대
4	서울대 전자공학	가톨릭대 의대	연세대 치의대	가톨릭대 의대
5	서울대 미생물학	가천대 의대	울산대 의대	울산대 의대
6	서울대 제어계측학	경희대 한의대	인제대 의대	고려대 의대
7	서울대 무기재료공학	고려대 의대	고려대 의대	가천대 의대
8	서울대 기계공학	서울대 건축학	중앙대 의대	경희대 의대
9	서울대 계산통계학	서울대 기계항공공학	건양대 의대	아주대 의대
10	서울대 항공우주공학	서울대 원자핵공학	관동대 의대	중앙대 의대

*정시 지원 점수 기준 자료:종로학원

뛰어넘어 "한 사회의 자원배분 시스템까지 왜곡시키고 있다"라는 것이 박권일 작가의 분석이다. '의대 쏠림 현상'이 단적인 예이다. 1990년 입학 성적 상위 10개 이공계 학과 중에서 의학계열은 서울대 의대 한 곳이었지만 2000년대에 들어서며 1위부터 10위까지를 모조리 의대가 차지하고 있다(〈그림 1-5〉 참조).

의대 선호는 점점 더 극심해져 최근엔 최상위권 학생이라면 의사 이외의 선택지가 지워지는 지경에 이르렀다. 수도권 소재 의과대학에 재직 중인 한 교수는 적성과 무관하게 의대에 진학하는 실태의 심각성에 대해 말했다. "컴퓨터를 좋아하고 서울대 컴퓨터공학부에도 합격했는데 집에서 진학을 반대해 우리 학교(의대)에 온 학생이 있다. 이런 고민을 처음 들었을 때는 '일단 의대를 졸업하고 원하는 일을 다시 생각해보면 어떻겠냐'고 조언을 해줬다. 그런데 이 학생이 프로그래밍 대회에서 수상하고 하는 걸 보니 단순히 좋아한다 수준이 아니라 그 분야에 탁월한 재능이 있는 거

다. 그래서 내가 너무 쉽게 말했다고 사과하고 그 분야로 유학을 가라고 용기를 불어넣어줬는데 결국 의대를 못 떠나더라."

일각에서는 의대 정원이 늘어나면 이공계 최상위권 학생들을 독식하는 '의대 블랙홀'이 심화될 거라는 우려가 나온다. 그러나 현재 한국 의사들의 압도적으로 높은 지위는 긴 시간 정원 3058명에 고착돼 있는 '적은 수'에서 기인한다는 점에서, 장기적으로 본다면 의사 수 확대는 특권을 희석시키는 방향성을 띤다. 사람의 생명을 다루는 의사라는 직군에 대해 사회적 존중과 예우, 직업적 안정성은 보장되어야겠지만 의사에게 돌아가고 있는 평균적인 보상은 재조정돼야 한다. 의대 정원 확대는 의사들의 특권을 누그러뜨리는 방향으로 전개되어야 하는 것이다.

상류층의 계급 재생산 통로?

한국 사회는 그동안 의사가 되는 자격을 성적순으로 배분해왔다. 이는 의사라는 '값진 신분'을 차지하는 경쟁의 룰로서 별다른 의문 없이 수용되어왔다. 그런데 사회적 필요와 조응하는 의사 인력 양성이라는 측면에서는 어떨까?

앞서 소개한 것처럼 지역 대학병원 바이탈과에 남아 수련을 이어가고 있는 전공의 윤상우 씨(가명)는 부정적인 의견을 밝힌 바 있다. "지금처럼 부의 대물림이라든지 경제적 보상을 얻기 위한 창구로 의사를 택하는 흐름이 굳어진다면 '바이탈과'에 오는 사람들은 점점 더 줄어들 거라고 생각한다."

'사교육걱정없는세상' 2028 대입포럼의 문호진 연구원도 이 의견에 동의한다. 의사이기도 한 그는 의대 입시가 계급 재생산 통로로 굳어져가는 것에 문제의식을 느껴 시민단체 활동을 시작했다. 전국 40개 의과대학은 대략 3 대 7 비율로 정시(수능)와 수시에서 학생을 선발한다. 수시는 다시 '학생부 교과전형'과 '학생부 종합전형'으로 나뉜다. 전형별로 특성은 다르지만 어느 전형이든 최고 수준의 사교육과 부모의 사회·경제적 능력이 뒷받침되지 않으면 의대 입학을 노리기란 거의 불가능에 가까워지고 있다고 문호진 연구원은 본다.

"학생부 교과전형은 내신 성적으로 선발하는 전형이지만 의과대학 대부분이 수능 최저 등급 조건을 굉장히 높게 요구한다. 수능 네 과목 중 1등급이 3개 이상이어야 하고, 심한 곳은 1등급 3개에 나머지 한 과목도 2등급 이상이어야 한다. 지역 일반고 학생들이 수능에서 그런 점수를 받기란 쉽지 않다. 학생부 종합전형 같은 경우는 스펙을 정말 끝내주게 만들어야 하는데 의대 컨설턴트가 따라붙지 않으면 수행해낼 수 없는 수준이다. 정시는 강남 재수학원 한 곳에서 의대 합격자 50%가 나오고 있다."

의대생 10명 중 8명은 소득 상위 20%인 고소득층의 자녀로 추정된다. 더불어민주당 문정복 의원실이 한국장학재단에서 받은 자료에 따르면, 2023년 1학기 국가장학금을 신청한 의대생은 7347명이었다. 전체 의대생 수(약 1만 8000명)에 비춰보면 40% 정도에 그친다. 국가장학금은 소득 8구간(중위소득 기준 200%) 이하만 지원받을 수 있기 때문에 자신이 고소득층임을 아는 학생들은 국가장학금을 신청하지 않았을 개연성이 크다. 신청률도 저조한 편이지만 국가장학금을 신청한 의대생 7347명 중에서도 절반 넘는 신청자(56.7%)가 9 · 10구간으로 분류돼 장학금을 받지 못했다. 9 · 10구간은 월 소득 1100만 원 이상이다.

수도권 의대에 다니는 한 의대생은 "국가장학금이라는 제도가 있다는 것도 모르는 의대생들이 많을 것이다. 동기들의 재력을 보면 놀랄 때가 많다"라고 말했다. 김동은 계명대 의대 교수(이비인후과)는 "의대 입학생 상당수가 고소득층이라는 것은 이미 알려진 사실이지만 편중이 점점 더 심해지고 있다. 요즘은 가정 형편이 어려운 학생들을 위해 마련된 장학금 대상자를 의대 내에서 찾기 어려울 정도다"라고 상황을 전했다.

최규진 인하대 의대 교수(의료인문학)는 의사 수를 늘려야 한다는 입장이지만 "걱정이 앞서는 것이 사실"이라고 말했다. "학생들은 점점 더 이른 나이부터 의대 입시반 등에서 온종일 시간을 보내고, 부모는 자녀를 의대에 진학시키기 위해 해가 갈수록 더 많은 투자를 하고 있다. 그에 대한 보상이 되는 진료과목에 학생들이 몰릴 수밖에 없는 구조이다. 의대생들을 이런 선택에 몰아넣는 지금의 시스템으로는 시민사회가 기대하는 의사의 자질을 담보하기가 어렵다."

잠시 2020년 9월로 시계를 돌려보자. 당시 정부는 의대 정원 확대와 함께 공공의대 설립을 추진했는데 이를 반대할 목적으로 의협 산하 의료정책연구원이 만든 카드뉴스가 큰 파장을 낳았다. '당신의 생사를 판가름 지을 중요한 진단을 받아야 할 때, 의사를 고를 수 있다면 둘 중 누구를 선택하겠습니까?'라는 질문 아래 두 가지 보기가 주어졌다. 'A: 매년 전교 1등을 놓치지 않기 위해 학창시절 공부에 매진한 의사. B: 성적은 한참 모자라지만 그래도 의사가 되고 싶어 추천제로 입학한 공공의대 의사.'

이 홍보물 자체는 여론의 뭇매를 맞았지만 '공부 잘하는 사람이 의사가 돼야 한다' '성적이 높은 사람을 의사로 뽑아야 한다'라는 한국 사회 전반의 인식이 분명하게 투영돼 있다. 그런데 '공부를 잘한다'라는 게 의사의 자질에서 중요한 요소일까? 공정한 시험에서 더 높은 점수를 얻은 학생들이 의대에 진학할수록 실제로 더 뛰어난 의사가 될까?

의대 수업을 이수하고 의료 전문가로서 실력을 갖추는 데에 '학습능력'은 기본적으로 필요할 것이다. 그러나 문호진 연구원은 의대 공부나 의사의 자질에 대해 일반적 오해가 있다고 말했다. "의대 커리큘럼을 따라가기 위해선 사실 성실성이 가장 중요하다. 하루에 배우는 PPT 슬라이드가 많으면 1000개, 적으면 500개이다. 인체에 대해 기초 내용을 다 배워야 하니 굉장히 많은 양을 암기한다. 성실함은 어디서든 기본 아니냐고 반문하겠지만, 내가 하고자 하는 얘기는 의대생에게 필요한 학습능력이란 흔히 생각하는 '수월성'보다는 '성실성' 쪽에 가깝다는 것이다. 수학 · 과학 성적이 아주 뛰어난 학생들이 의대에 진학하는데 사실 의대에서나 의사가 되어서나 미적분을 쓸 일은 없다. 수학 · 과학 분야에서 탁월함이나 천재성, 복잡한 문제 해결력 등은 물리학과나 공대, 의료계에서는 소수의 의과학자들에게 요구되는 능력이라고 본다."

최규진 인하대 교수는 의대에서 요구하는 학업 성취도 수준은 "전반적인 성실성과 학업능력을 평가한다는 측면에서 수능이나 내신 2~3등급 정도면 된다고 본다"라고 말했다. "최상위권 1%를 뽑는 것보다 성적 기준은 중상위권 정도로 열어두고 사회가 필요로 하는 의사상에 부합하는 학생을 선발해 잘 가르치는 것이 좋은 의사를 길러내는 데에 당연히 더 적합한 방식이다."

일반적인 진료는 그러할지라도, 생존 가능성이 낮은 난치병을 치료하거나 고도의 의술이 필요한 어려운 수술을 받을 때는 수능 1%로 지적 능력이 뛰어난 의사가 더 실력이 있지 않을까? 김새롬 서울대 보건대학원 연구교수(예방의학)는 이렇게 되물었다. "지금 각 분야에서 명의라고 불리는 분들, 한국 의료계를 이끌고 있는 분들이 모두 전교 1등, 학력고사 1등이었을까? 아니었을 거라고 본다. 그때도 공부 잘하는 학생들이 의대에 진학하긴 했지만 공대, 물리학과 같은 곳의 입학 점수가 더 높았지 않나."

김동은 계명대 의대 교수는 "목숨을 다루는 막중한 임무를 지게 될 의대 신입생을 성적순으로 뽑는다는 것은 사실 이해하기 어려운 일"이라고 말했다. 의대는 입학하면 대부분 의사의 길을 걷게 되기 때문에 품성, 가치관, 태도, 기질 등을 평가해 직업적 정체성에 맞는 지원자를 선발하는 과정이 다른 전공에 비해 더욱 중요하다는 것이다.

해외 여러 의과대학은 지원자를 다면적으로 평가하기 위해, 그리고 지역사회의 필요와 사회적 책무성을 반영하기 위해 다양한 방식으로 의대생을 선발한다. 김동은 교수는 미국 UC 데이비스 의대의 전형을 일례로 들었다. "UC 데이비스는 2012년부터 자체적으로 개발한 '사회경제적 불이익 척도(SED)' 점수를 입시에 반영한다. 얼마나 많은 역경을 딛고 그 자리에 왔는지를 평가하는 일명 '역경 점수'이다. 소외된 지역, 경제적으로 어려운 가정 출신일수록 유리하다." UC 데이비스 의대의 주요 목표 중 하나는 '지역사회로 돌아갈 의사 양성'이다. 기존 선발 전형만 있었다면 의대를 꿈꾸지 못했을 원주민 학생이 의대에 진학하고, 의사가 되면 출신 지역에서 주민들을 진료하는 것을 목표로 의대에 다닌다.

네덜란드는 의대생 일부를 추첨으로 선발한다. 성적이 높을수록 선발 확률이 올라가지만 하위권 학생들의 추첨률도 16~20% 정도 된다. 기회의 평등을 보장하고 다양한 사회경제적 배경을 가진 의대생을 뽑으려는 목적이다. 다른 나라에서는 받아들여지기 어려울 만큼 파격적인 방식이지만, 네덜란드 사례는 그 사회가 지향하는 가치와 사회에 필요한 의사를 배출하는 데에 맞추어 의대 입시가 여러 모양으로 설계될 수 있음을 보여준다.

김새롬 연구교수는 DEI라는 개념을 설명했다. 다양성(Diversity), 형평성(Equity), 포용성(Inclusion)의 첫 글자를 딴 약어다. "좋은 의료를 위해서는 더 다양한 의사가 필요하다는 국제적 합의가 있다. 세계의 좋은 의과대학들은 선발이나 교육 전반에서 DEI를 '의도적'으로 추구하고, 그 방안을 마련하기 위해 고심한다. 그렇지 않으면 의사는 동질화되기가 무척 쉬운 집단이기 때문이다." 의사들의 사회경제적 계층이 고착되면서 환자들의 생활환경을 이해하지 못하고 건강과 질병에 끼치는 영향을 파악하지 못한다면 치료 결과도 좋을 수 없다.

공공의대라는 새로운 양성 트랙

의대 정원을 늘려야 한다는 요구가 촉발된 건 지역 병원과 필수의료 과목에서 주민들을 진료하고 환자를 살리는 의사가 사라지고 있기 때문이다. 대구 동산병원에서 근무하는 김동은 계명대 의대 교수는 이렇게 말했다.

"서울·수도권 출신 학생들이 졸업 후 지역에 남는 비율은 10%에도 미치지 못한다. 지역 출신이 지역 병원에 많이 남는다. 부산대 의대는 이미 지역 학생을 80% 이상 뽑고 있고, 전남대 의대도 2025학년도부터 호남 지역 학생들로 80%를 선발하기로 했다. 지역의 다른 의대들도 이 비율을 대폭 늘려야 한다. 이렇게 늘어난 지역 정원은 '농어촌 학생 전형' '고른 기회 특별전형' 등을 통해 다양한 배경과 출신의 학생들에게 의대 입학의 문을 넓히는 데 활용되어야 한다." 김 교수는 지역의료 붕괴를 막기 위해서는 교육·수련 비용을 국가와 지방정부가 부담하고 지역 국공립 의대가 그 지역에서 의무 복무할 의사들을 길러내는 지역의사제도 필요하다고 덧붙였다.

정책 논의에서 밀려난 '공공의대 설립' 역시 진지하게 검토될 필요가 있다. 피안성(피부과 · 안과 · 성형외과)이나 정재영(정신건강의학과 · 재활의학과 · 영상의학과)처럼 영리성 높은 분야로 의사 인력이 빠져나가는 추세는 가속화되고, '고투자-고수익' 구조로 굴러가는 지금의 의대 입시 제도는 이런 선택을 부추긴다. 이 현상에 균열을 내지 않는다면 의대 정원 확대는 사회가 기대하는 효과로 이어지기 어렵다. 공적 가치에 감수성을 지닌 학생들을 선발하고 의료의 공익성을 추구할 의지가 있는 의사들을 키워내 지역과 필수과목, 공공의료 분야로 의사 인력을 유입시킬 별도의 의사 양성 트랙을 설치해야 한다.

'의과대학의 문이 넓어진다.' 그 뒤에는 많은 얘기가 숨어 있다. 그러나 의사 단체의 반발을 의식해서, 또 '공정'이라는 암묵적인 틀에 사로잡혀 공동체에 필요한 의사 배출 방안을 모색할 공간은 '의대 증원' 논의에서 증발돼버린 상태다. 누가 의사가 돼야 하는가? 어떤 의사를 키워야 하는가? 의대 정원을 늘린다면 기본적으로 물어야 할 질문이 여전히 유예돼 있다.

3
의사가 바라본 의대 문 확장의 진실

의사들은 왜 정부를 불신하게 되었나?

의대 증원 발표 이후, 의료 현장은 초유의 갈등에 빠져들었다. 극단으로 치달은 갈등의 책임은 누구에게 있을까. 총선(2024년 4월 10일)을 2개월 앞둔 시점에 2000명이라는 숫자를 선포하듯 발표한 윤석열 정부의 탓일까? 2020년에 이어 또다시 결사반대에 나선 의사 집단의 문제일까?

의대 정원 확대에 대한 여론은 찬성이 우세하다. 2024년 2월 15일 한국갤럽 조사에서 의대 정원을 3058명에서 5058명으로 2000명 확대하는 것에 '긍정적인 점이 더 많다'는 답변은 76%에 이르렀다. 보수 진영뿐만 아니라 야당 지지자들 사이에도 이 사안에서는 윤석열 정부가 잘하고 있다는 반응이 적지 않았다.

그러나 추진 방식에 있어서 시민들은 복잡한 심경을 내비친다. 한 달 뒤인 3월 14일 한국갤럽은 의대 정원 확대에 대한 인식을 보다 세부적으로 알아보는 조사를 실시했다. 증원에 찬성하는 여론이 여전히 압도적이었지만 그 가운데서도 '규모와 시기를 조정한 중재안을 마련해야 한다(41%)'는 의견이 절반 가까이를 차지했다. 의료 대란으로 '아플 때 진료받지 못할까 봐 걱정된다'라는 응답은 69%에 달했다.

블랙홀 같은 혼란 뒤에는 근심스러운 질문 하나가 숨어 있다. 의대 증원은 어디까지나 의료 개혁의 첫 단추일 뿐이다. 한계에 봉착한 보건의료 시스템을 대대적으로 혁신하기 위한 기나긴 여정이 그 뒤에 놓여 있다. 한 발, 한 발 나갈 때마다 의사뿐 아니라 의료계의 다양한 직군, 환자, 의료 이용자, 건강보험 가입자 등 보건의료에 관여하는 여러 주체들의 이해관계가 부딪히고 충돌하는 사안들이다. 의대 증원 정국에서 수개월째 펼쳐진 광경은 한국 사회에 이처럼 '갈등 집약적' 성격을 가진 의료계 문제들을 풀어낼 능력이 있는지를 묻게 한다.

'윤석열식' 의대 증원이 드러낸 정치의 빈곤

정웅기 박사는 한국에서 흔치 않은 보건정치학자이다. 정치학을 공부했고 '미국과 한국의 보건의료 거버넌스의 형성과 제도 변화'에 관한 연구로 박사학위를 받았다. 지금 상황을 분석하는 지배적 관점은 의사 집단의 강고한 '직역 이기주의' 때문이라는 것이다. 다른 한편에서는, 정권이 총선용 카드로 국민적 지지가 높은 '의대 증원'을 전격 발표해 의사 집단과 갈등을 유도했다는 비판적 시각도 존재한다.

정웅기 박사는 두 가지 프레임 모두 피상적이거나 일말의 진실만을 담은 해석이라고 본다. 정부의 성격을 떠나 '의대 정원 조정'처럼 큰 변화를 가져오는 보건의료 정책 앞에서 한국 사회는 번번이 교착상태에 빠지고 있다는 것이다. 그는 그 원인을 한국의 보건의료 분야에서 정치가 왜소한 현실에서 찾는다.

의대 정원 확대와 뒤따르는 의사 집단의 반대는, 사안의 구조를 놓고 보면 정치학이 다루는 고전적 문제에 가깝다. 공공정책을 추진할 때 이 정책으로 '이득'을 보거나 '비용'을 치르는 이들이 발생한다. 이득과 비용의 분포에 따라 이슈의 양상이 달라진다. 예를 들어 국민건강보험의 보장 범위를 넓히는 '급여 확대' 정책은 건보 가입자인 인구 전체가 이득을 얻고, 의료 공급자인 의사들에게도 그다지 나쁠 것이 없다. 반면 의대 정원 확대는 의사 부족으로 인한 의료 공백을 해소한다는 차원에서 이득은 전체 시민에게 분산되지만, 기대소득의 하락이라는 면에서 의사 집단에 비용이 집중되는 구도이다.

한국 사회는 보건의료 분야에서 생기는 이런 성격의 갈등 앞에서 수년째 무력한 모습을 보여왔다. 2020년 의대 정원 확대와 공공의대 신설 무산, 2023년 간호법 제정 무산 등이 그 사례다. 정웅기 박사는 크게 보면 "2000년 이후 미시적인 정책 조정만 있었을 뿐 한국에서 어떤 형태의 보건의료 개혁도 성공하지 못했다"라고 진단한다.

그 이전까지 보건의료 분야에서 가장 중대한 과제는 1999년 국민건강보험법 통과로 완성된 '전 국민 건강보장'이었다. 모든 구성원이 단일한 건강보험에 가입해 보편적인 의료 접근권을 보장받는다는 정책은 공익에 부합할 뿐만 아니라 반대를 뚫고 나가기에도 상대적으로 용이한 의제였다. 소위 '발전국가' 모델의 추진력 혹은 시민사회 세력의 적극적 운동처럼 일방향의 동력으로도 달성이 가능했던 이유다.

한국 사회가 고도화되면서 보건의료 측면에서 요구되는 개혁의 성질 역시 달라졌다. 정책을 둘러싼 당사자들 간의 이해관계가 다원화되었으며, 이에 따라 협상과 조율을 통해 변화를 만들어나가는 능력이 요구되기 시작한 것이다. 정웅기 박사는 이를 '갈등을 생산적으로 관리하는 역량'이라고 일컫는다. 그러나 보건의료는 '전문성을 띤 정책의 영역'으로만 단편적으로 인식되면서 갈등 조정이 본령이라고 할 수 있는 '정치의 공간'이 들어설 여지를 만들어내지 못했다. 의사 인력 수급 정책을 비롯해 의료전달체계 개편, 의료의 질 향상, 지역 간 건강 형평성 보장처럼 2000년대 이후 수행되었어야 할 중차대한 과제들은 미세 조정에 그쳤을 뿐 체계적인 정책 의제로 다뤄지지 못했다. 그 결과 "문제 해결 레퍼토리가 빈곤해졌다"라고 정웅기 박사는 분석한다. 정부가 개혁이라는 이름으로 내놓은 정책들이 정치적 조율을 거치지 못한 채 극렬 반대에 부딪혀 무산되는 패턴이 되풀이되는 것이다.

하지만 대다수 시민들은 의사 단체가 합리적 협상의 한 축이 될 수 있다고 믿지 못하는 것이 지금의 상황이다. 의약 분업부터 의대 정원 확대까지 '반대만 하는' 의사 집단은 어떻게 형성된 것일까.

정부와 의사의 관계: 미정립

의료 공급자인 의사는 보건의료 분야의 핵심 주체 가운데 하나이다. 시민의 건강권을 보장하는 것은 정부가 수행해야 할 중요한 역할이다. 따라서 국가와 의사 사이에는 그 나라의 정치사회적 맥락에 따라 일정한 관계가 형성돼 있다.

독일은 '코포라티즘'이라고 일컬어지는 사회적 갈등 조정 기제에 따라 의사 등 이해당사자들에게 협상 테이블을 열어준다. 이때 각 정당은 의견을 수렴하고 매개하는 역할을 한다. 미국에서는 로비, 언론, 여론 동원 등을 통해 이익집단의 주장이 의회정치에 반영되는 '압력정치'를 의사 단체 역시 구사한다. 의사가 근대화의 주요 추진 세력이었던 일본에서는 일본의사협회가 오랜 전통을 바탕으로 정치적 힘을 발휘한다.

흔히 부정적 뉘앙스로 통용되지만 '이익집단 정치'는 민주주의에서 기본이 되는 결사 행위다. 다른 이해관계자들과 공론장에서 서로 의견을 경합하고 조율할 수 있도록 '제도화'된 이익집단 정치는, 사회적 이익과 조화되는 주장을 할 때에 더 큰 힘을 얻는다. 민주주의가 잘 작동하는 사회라면 이익집단조차 공익에 기여하는 방향으로 선순환이 일어난다. 갈등 요소가 생기더라도 극단적 대립으로 치닫지 않는다.

정웅기 박사는 "한국의 경우, 국가와 의사 사이의 관계 자체가 '미정립'돼 있다"라고 본다. 대신 국가와 의사 사이를 채우고 있는 건 뿌리 깊은 불신이다. "정부가 제시하는 어떤 정책이든 일단 의심하고 반대해야 한다"라는 대한의사협회 임원의 과거 인터뷰 속 발언에는 의사 집단 근저에 깔린 정서가 집약돼 있다. 정 박사는 "의사 집단이 정부를 왜 믿지 않는가, 그러니까 의사의 정부 불신이 어디에서 왔는지 역사적으로 따져봐야 지금의 사태를 제대로 볼 수 있는 관점이 확보된다"라고 말했다.

전 국민이 국민건강보험에 가입돼 있고, 국가가 수가(의료 행위의 가격)를 통제한다는 점에서 일부 의사들은 정부가 과도하게 개인의 자유를 제한한다고 비판하지만 이는 '일종의 착시'라고 정 박사는 설명했다. 보건의료 인프라가 절대적으로 부족했던 상황에서 한국은 보건의료 분야에 대한 정부의 관여를 최소화하고 서비스의 생산과 공급을 거의 전적으로 민간부문에 맡겼다. OECD 평균(약 50%)과 비교해 심각하게 적은 공공병원 비중(5%)이 이를 대변한다. 의사 인력 양성 측면에서도 대부분의 재원 마련과 교육 제공의 역할이 의사 개인과 민간 의료기관에 맡겨져 있다.

의사 직역이 누리는 높은 사회경제적 지위는 '면허'라는 사회제도에서 기인한 바가 클지라도, 개별 의사 입장에서는 정부가 새로운 정책을 시도하려 할 때 '국가가 나에게 해준 게 무엇이 있다고 간섭하려 드느냐'고 반발하기 쉬운 토양이 축적돼온 것이다. 이러한 발전 경로 아래 한국 의사의 대다수는 '병원'에 고용돼 일하기보다는 '개원의'로 배출되었다. "의사들이 사실상 개별 자영업자로서 자신의 노력이나 영리 추구에 따라 상당한 재정적 보상을 확보할 수 있는 가운데, 정부와 상호 신뢰를 갖춘 관계를 형성할 유인이 존재하지 않았다."*

의협으로 대표되는 의사 집단은 2000년 의약 분업이나 2020·2024년 의대 정원 확대처럼 직역의 이익에 영향을 미치는 시도 앞에서는 매번 강력하게 결집해왔다. 그러나 '수가를 인상하라'는 요구 이외에 의사들이 집단적 목소리를 내어 공익과 관련된 보건의료 문제를 해결하기 위해 능동적 역할을 했던 사례는 찾아보기 힘들다. 이렇게 한국 의사들은 제도화된 이익집단 정치로 나아가지 못한 채 '편협한 이해집단'이라는 틀에 머무르게 된 것이다.

'공익'이 반대에 부딪힐 때

최근 몇 년 동안 나온 의사 인력 수급 추계는 일관되게 한국에 의사가 부족하며 이대로라면 인력난이 점점 심화되는 방향을 가리킨다. 본격화되는 한국 사회의 고령화는 의사 수요를 높이는 강력한 요인이다. 지방뿐만 아니라 서울 소재 병의원에서도 필수의

---

* 정웅기, 「보건의료 개혁의 정치가 필요하다」, 『대한의사협회지』, 2024년 5월호

료 과목 의사를 구하지 못하는 일이 늘어나고 있다. 의사 수가 '면허'로 제한되는 한, 사회경제적 필요에 맞게 의대 정원을 조정하는 일은 정부의 권한이자 의무이다. 의사 수를 늘려야 한다는 시민적 공감대 역시 매우 높다. 여러모로 의대 정원 확대는 공익을 담지한 정책처럼 보인다.

다시 고전적인 정치학의 문제로 돌아가보자. 어떤 정책으로 시민 대다수의 편익은 커지지만 특정 집단에 비용이 부과될 때, 한 사회는 이 문제를 어떻게 풀어나가야 할까. 이를 두고 정치학자들의 의견은 엇갈린다.

국회미래연구원의 박상훈 박사는 민주적 합의 과정에서 나오는 힘을 강조해온 정치학자이다. 그는 밀어붙이기식 의대 증원에 우려를 표했다. "중국이나 러시아, 과거의 한국처럼 권위주의 사회라면 국가가 주도해서 일방적으로 정책을 추진해도 부작용이 별로 없다. 그러나 민주주의 사회에서는 부작용을 피하기 어렵다."

권위주의는 통치자가 피통치자의 행동을 규제하는 체제다. 갈등과 반발이 생기더라도 강압적 방식으로 찍어 누르며 정책으로 추구하려던 목표를 현실에 안착시킬 수 있다. 반면 민주화된 사회라면 이런 방식은 얼마 안 가 한계에 부딪힐 수밖에 없다. 시간이 걸리더라도 이해당사자들이 정책 결정 과정에 참여해 목소리를 내고, 의견을 조율하며, 공익을 찾아가는 '절차적 정당성'이 확보돼야 오래가는 변화를 만들어낼 수 있다고 박상훈 박사는 설명한다.

정치경제학자인 조석주 경희대 교수는 생각이 좀 다르다. 조석주 교수 역시 다원주의에 기반을 둔 정치를 지향하지만, 이 사안에서는 현실적 측면을 짚었다. 의대 증원은 편익이 다수의 시민들에게 넓게 흩뿌려지지만, 비용은 의사라는 상대적으로 잘 조직된 직역에 집약되는 구도의 사회갈등이다. 이들은 사회적으로 큰 압력을 행사할 수 있는 자원을 풍부하게 보유한 집단이기도 하다. 이런 속성을 가진 정책은 사회 전체의 공익을 늘린다 할지라도, 강력한 소수 반대에 부딪혀 무산될 가능성이 높다. 다수의 표를 얻어 선출된 정부가 시민적 요구의 대변자로서 힘을 쓰지 않는다면 달성하기 어려운 성격의 사안이라는 것이 조 교수의 관점이다. "의대 정원 확대가 또다시 저지된다면 앞으로 정부가 의사 집단이 반발할 만한 보건정책은 시도조차 하기 어려워질 것이다. 국민과 의사 집단 간의 괴리도 더더욱 커질 거라고 본다."

수면 위로 떠오른 '보건의료 정치'

'의대 증원' 정국에서 드러난 '윤석열 통치'를 설명하는 정치학자들의 언어는 결코 긍정적이지 않다. "반대 세력을 '기득권', '카르텔'로 규정하고 정책을 밀어붙이는 스타일이 이번 사안에서도 반복되고 있다."(조석주 교수) "윤 대통령이 문제를 제기하는 방식은 전형적인 포퓰리즘이다. 공익을 위해 시작했다기보다는 공익적 의제를 가져와 지지율이라는 개인적 목적을 실현하기 위해 인위적 충돌을 일으킨다."(박상훈 박사) 그러나 두 사람 모두, 동기가 불순

하더라도 공익에 부합하는 결과를 가져올 수도 있는 것이 정치라고 말했다. 결국, 의대 정원 확대와 추진 과정이 한국 사회에 무엇을 남겼는지에 따라 평가는 달라질 것이다.

정웅기 박사가 내다보는 전망에는 비관과 낙관이 뒤섞여 있다. 그는 이대로 의대 정원이 확대된다면 미래의 동력을 갉아먹는 일이 될 것이라고 본다. "보편적 의료 보장이라는 목표를 달성한 뒤, 선진국 어디를 보든 두 가지 새로운 과제에 당면한다. '급증하는 의료비 통제'와 '질적으로 우수한 의료서비스 유지'다. 한국도 마찬가지다. 이를 위해서는 의사 인력 충원뿐만 아니라 '지불제도 개편(수가제도)' '전달체계 개편(의료이용제도)' 등 체계를 고도화하는 높은 차원의 의료 개혁이 이루어져야 한다. 국가와 의사 관계를 정립할 기회를 또다시 놓치고 불신이 깊어질 거라는 점에서 개혁의 길은 더욱 좁아졌다고 생각한다." 희망의 실마리가 있다면 한국의 공적 담론에서 잠겨 있던 '보건의료 정치'가 수면 위로 떠올랐다는 점이다. "역설적이지만 판이 흔들리면서 보건의료 분야에 쌓여왔던 여러 모순과 문제가 대중적 의제로 각인되기 시작했다. 시민들이 보건의료 제도에 근본적 변화의 필요성이 있다고 자각한 이상, 과거로 돌아갈 수는 없다."

나는 '건강한' 의대 증원을 바라는 의사입니다

병원은 생과 사가 갈리는 곳이다. 목숨을 살리기 위한 사투가 벌어지는 이 공간에는 전쟁터 못지않은 긴장이 감돌곤 한다. 2024년 2월 정부가 의대 정원 확대를 발표한 이후 대한민국 의료 현장에는 다른 성격의 전운이 퍼지고 있다. 윤석열 정부의 밀어붙이기식 추진으로 의사 사회의 여론이 나날이 강경해지면서 다른 목소리를 내는 의사들의 입지는 더더욱 좁아지고 있다.

의대 증원이 필요하다고 보는 의사와 의대생을 어렵게 한자리에 모았다. 임승관 경기도의료원 안성병원장과 김동은 대구 계명대 동산병원 교수(이비인후과)는 진보적 보건의료 운동에 참여하며 의사 수를 늘려야 한다는 목소리를 꾸준히 내왔다. '오픈런' 뉴스가 끊이지 않는 소아청소년과의 전공의 A씨, 예비 의사로서 미래를 고민하는 의대생 B씨는 익명으로 좌담에 참여했다. 숙원했던 의대 정원 확대가 추진되지만 이들의 표정은 밝지 않았다. 의료계와 정부의 대치가 깊어지는 가운데 변화의 기회가 건강한 결실을 맺을 수 있을까? 이 쉽지 않은 길을 모색하는 좌담은 2024년 2월 18일 〈시사IN〉 편집국 회의실에서 4시간 40분 동안 이어졌다.

병원과 의대 상황은 어떤가?*

김동은: 전공의 선생님들은 사직서 낼 채비를 하고, 의대생들은 (지도교수에게) 휴학계 서명을 받으러 오고 있다. 병원은 비상 모드다. 일단 교수들이 스케줄을 짜서 당직을 서기로 했다. 수술실은 절반 이하로 운영할 수밖에 없다. 다음 주에 잡혀 있던 내 수술도 5건이 미뤄졌다. 몇 달씩 수술을 기다리고 일정을 맞췄던 환자와 보호자들께 죄송스러운 마음이다. 정부가 강경 대응을 예고하고 있어서 전공의와 의대 학생들도 걱정이 된다.

의대생: 의대협(대한의과대학 · 의학전문대학원학생협회)에서 각 의과대학 학생회를 통해 조사를 했는데 동맹휴학 찬성이 90% 넘게 나왔다. 휴학계가 수리되든 안 되든, 수업 거부로 학사일정에는 차질이 불가피할 것 같다. 2020년 동맹휴학 때는 예과 1~2학년들의 참여가 그리 뜨겁지 않았다. 특히 20학번은 코로나 직격을 맞았던 터라 '선배 한번 보지도 못했는데 왜 따라서 휴학을 해' 하는 분위기가 있었다. 이번에는 오히려 22학번, 23학번들이 더 적극적이라는 얘기를 건너 들었다. 입시 경쟁이 과열되면서 선배들보다 더 어렵게 의대에 들어온 세대이고, 당장 바로 아래 인원이 늘어나면 경쟁 압박에 직접적으로 노출될 테니 벌어지는 현상이 아닌가 싶다. 23학번들은 '너네 제일 고점일 때 샀다' 이런 조소를 듣기도 한다더라.

---

* 이 좌담이 이루어진 2024년 2월 18일은 전공의와 의대생들이 사직과 휴학을 예고한 2월 20일을 이틀 앞두고 있었다.

의사 입장에서 의대 증원이 달갑지는 않을 것 같은데 네 분은 의대 정원을 늘려야 한다고 보고 있다. 왜 그런가? 의대생, 전공의, 대학병원 교수, 지방의료원 원장으로서 각자 이유가 조금씩 다를 것 같다.

전공의: 자주 거론되는 통계이지만 인구 1000명당 의사 수를 보면 OECD 국가 평균이 3.7명, 한국은 2.5명으로 절대적인 숫자 차이가 난다. 2.5명도 한의사를 포함한 숫자이고 한의사를 제외하면 2.0명이다. 충남 천안시에서 소아과 의사를 구하는데 임금이 월 2000만 원이다. 그래도 안 간다. 의사가 부족한데 공급은 한정시켜둔 채 구인을 위해 페이만 높아지는 상황은 문제가 있다.

강원도에는 소아혈종(혈액종양) 전문의가 한 명도 없다. 2월부터 국립암센터에서 일주일에 두 번씩 파견을 나가는데 그전까지는 강원도에서 아이가 백혈병에 걸리면 무조건 서울로 와야 했다. 제주도에 사는 소아암 환자가 집에서 호중구 감소성 발열이 생기는 일이 있었다. 이 경우 얼른 항생제를 써서 재빠르게 증상을 잡아야 한다. 제주도에서 이 치료를 받지 못해 비행기를 타고 서울까지 온다. 말도 안 되는 상황이다. 인천만 해도 가천대 길병원에 전공의가 없어서 한동안 입원 환자를 받지 못했다.

의대생: 우선 개인적인 이유를 말씀드리면, 저는 소위 필수의료과 중에 한 곳을 가려고 생각하고 있다. 같은 길을 가는 동료가 많아졌으면 하는 바람이 있다. 앞서 말씀하신 소아청소년과(소청과) 같

은 경우, 최근에 전공의 지원율이 25%까지 떨어지지 않았나. 그러다 보니 소청과 레지던트 1년 차들이 단톡방을 만들어 한 병원으로 동시에 지원한다. 흩어지면 각각 병원에서 업무량이 너무 많으니까. 빅5 대학병원(서울아산 · 삼성서울 · 연세세브란스 · 서울성모 · 서울대병원)인 세브란스에 소청과 지원자 0명이 그렇게 나온 숫자이다.* 전공의가 아니라 전문의 위주로 병원을 굴리자고 해도 전문의 숫자 역시 부족한 것이 현실이다. 전반적으로 의사 수를 늘리고 병원에서 일하는 의사 인력을 충분히 확보해야 전공의나 필수의료를 택한 의사들의 노동환경을 개선하고 '워라밸'도 보장할 수 있다. 두 번째로 당위적인 얘기를 하자면, 한국의 고령화 속도가 가파른 추세다. 고령화로 늘어난 의료 수요를 감당할 의사가 더 필요하다. 파장이 5년 내에 시작돼 몇십 년간 지속될 것이다. 당연히 인력 충원을 빼놓고 해법을 논할 수 없다.

김동은: 지역의료 공백을 절감할 때가 많다. 경북 북부에는 중이염, 축농증 수술을 하는 곳이 거의 없다. 경북 영양, 울진에서 고령의 환자들이 몇 시간씩 걸려 우리 병원까지 오곤 한다. 문경에 사는 소아인데 편도 절제술을 받고 퇴원한 뒤에 출혈이 생겼다. 문경 인근에 처치가 가능한 응급실이 없어서 대구까지 오느라 출혈이 더 심해진 상태였다. 의사 수는 곧 의료 접근성, 건강권의 문제

* 2024년 소아청소년과 전공의 모집에서 세브란스병원은 10명을 모집했으나 지원자는 0명이었다.

와 연결된다. 인구 1000명당 의사 수가 서울은 3.5명, 경상북도 북부는 1.3명이다.

2023년 4월 대구에서도 응급실을 전전하다 10대 학생이 사망한 사건이 있었다. 취재해보니 응급실 과밀화도 문제였지만 수술할 의사들이 부재한 것이 보다 근본적인 원인이었다.

김동은: 그렇다. 추락사고 환자였는데 이런 다발성 외상환자는 병원 찾기가 어려운 상황이다. 부상 위치에 따라 정형외과, 신경외과, 일반외과 등 여러 과에서 같이 수술을 해야 할 수도 있다. 대학병원일지라도 배후 진료를 할 의사들이 다 병원에 있지 못하는 날은 환자를 받기 어렵다. 2022년 서울아산병원에서 간호사가 근무하다가 병원 안에서 뇌출혈이 생겼는데 개두술 하는 의사가 없어서 사망하지 않았나(당시 개두술을 담당하는 신경외과 의사 두 명 중 한 명은 지방에, 한 명은 해외에 있었다). 한국에서 제일 큰 서울 소재 병원이 그 정도면 지역의 다른 병원은 그보다 위태롭다는 뜻이다.

임승관: 코로나19 이후 공공병원들은 진료기능 회복에 어려움을 겪고 있다. 가장 직접적인 이유는 의사를 못 구하기 때문이다. 의사들이 공공병원을 꺼리는 면도 있지만 기본적으로 '지방'에서 허리를 담당하는 '2차 병원'이 직면한 문제다. 지방 중소병원들은 의사 채용이 정말로 어려워지고 있다. 단적인 예로 우리 병원은 마취과 의사를 구하지 못해 세 달 동안 수술실을 닫았다. 명색이 종합

병원이고 지역응급의료기관인데 맹장수술조차 못 했다.

구인난이 심해지면 연쇄적으로 인건비가 올라간다. 예전에 연봉 2억 원에 채용했던 분야도 이제는 3억 원을 제시해야 한다. 지난 몇 년간 의사 임금이 아주 가파르게 올랐다. 경기도 안성시인데도 상황이 이렇다. 앞으로 5~10년 동안 지방 중소병원들은 하나씩 도미노처럼 무너질 것이다. 그 피해는 지역의 주민들이 입게 된다. 현실이 굉장히 심각한데 사회가 심각성을 잘 모른다.

대다수 의사들은 '총량'은 부족하지 않은데 '배치'의 문제 때문에 필수의료·지역의료 공백이 생긴다고 주장한다. '바이탈과(필수의료과)'나 지역병원에서 받는 보상과 대우가 상대적으로 낮아 의사들이 가지 않는다는 것이다.

의대생: 배치의 문제가 당연히 있다. 그런데 의대 증원의 필요성에 공감하는 사람들은 총량도 모자란다고 지적하는 것이다. 어느 지표를 보든지 구체적인 숫자 차이는 있지만 의사 인력 수급은 부족하고 점점 더 부족해진다(〈그림 1-6〉 참조). 지방의료원에서 연봉 3억 원을 제시해도 의사를 구하지 못하는데 어떻게 의사 수를 늘리지 않고 지금의 문제를 다 해결할 수 있다고 주장하나. 본질 흐리기라고 생각한다.

임승관: 전체적인 그림을 한번 그려보자고 말하고 싶다. 제가 2004년에 전문의가 되었는데 그로부터 20년 동안 한국 의료의 규모가

〈그림 1-6〉 연구자별 의사 인력 수급 추계

연구자 (소속기관)	수급 전망
신영석 (한국보건사회연구원)	2030년 1만4334명 부족 2035년 2만7232명 부족
권정현 (한국개발연구원)	2050년 2만2000명 부족
홍윤철 (서울대 의대)	2050년 2만6570명 부족
김진현 (한국보건경제정책학회)	2030년 2만5746명 부족
우봉식 (의협 의료정책연구원)	한국 고령화 비율과 과거 일본의 고령화 비율 비교 분석 시 노인인구 35%가 되는 2042년, 한국 의사 수는 24만557명으로 일본 대비 9만5754명 과잉

자료:더불어민주당 신현영 의원실, 한국개발연구원

엄청나게 확대되었다. 첫 번째로 의료의 양 자체가 증가했다. 20년 전 심장 스텐트 시술 건수와 지금의 시술 건수는 비교가 안 된다. 고령화, 건강보험의 보장성 강화, 실손보험 도입, 의료의 상품화, 구매력 상승, 의료기술의 발달 등 여러 가지 요인이 영향을 끼쳤다.

두 번째로 의료의 질이 높아졌다. 바꿔 말하면 의료서비스 하나당 투입되는 노동력이 늘어났다. 제가 레지던트 할 때는 입원 환자가 교수 얼굴 한번 보기도 어려웠다. 지금은 있을 수 없는 일이다. 소아 환자가 항암치료를 받으러 2박 3일 입원하면 들어가는 진료 · 간호 노동량이 과거와는 차원이 다르다. 선진국이 되면서 의료도 상향 평준화된 것이다.

반면에 의사 한 명이 제공하는 노동시간은 줄었다. 전공의 주 80시간 근무 같은 법제도의 변화, 워라밸을 중시하는 사회문화적 분위기, 의사 평균연령의 상승으로 인한 진료량 감소 등. 정리해보면 유통되는 의료서비스 총량과 한 번의 서비스에 투입되는 의료양은 늘었는데, 한 명의 의사가 제공하는 노동량은 줄었다. 그렇다면 어딘가에서 공백이 발생할 수밖에 없다. 여기도 저기도 의사가 없다고 난리인 지금의 상황은 기본적으로 이러한 미스매치 때문이다.

한국은 의료를 과다하게 이용하고 있기 때문에 의사 수를 늘릴 것이 아니라 '과잉 수요'를 줄여야 한다고 의료계 일각에서는 주장한다.

임승관: 한국 보건의료에 닥친 위기를 해결하기 위한 핵심 과제가 뭐냐고 묻는다면 두 가지를 다 꼽을 것이다. 의사 수 늘리기가 절반, 의료 이용량 줄이기가 나머지 절반이다. OECD 국가 가운데 한국은 단연 입원 병상 수와 의사 방문 건수가 많은 나라이다. 총 의료비 증가도 가파르다. 2000년 25조 원 수준이던 의료비가 연평균 약 10%씩 늘어나 2022년 209조 원으로 불어났다(〈그림 1-7 참조〉). 이 추세대로 고령화가 본격화되면 미래를 담보할 수 없다. 동시에 OECD 평균과 비교해 한국은 의사 수 역시 매우 적

〈그림 1-7〉 한국 의료비 증가 추이

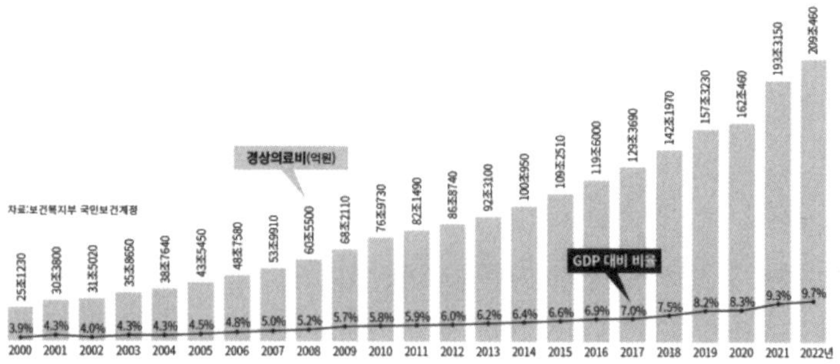

은 나라이다. 부족한 의사 인력은 늘리고, 불필요한 의료 수요는 줄여가면서 균형을 찾아야 한다는 것이 내 주장이다. 이를 위해서는 의료 이용 방식, 의료 공급체계, 건강보험 수가체계 등 보건의료 시스템을 전면적으로 재구조화하는 개혁의 청사진 아래 의대 정원 확대가 추진돼야만 한다. 지금 정부가 내놓은 정책에는 그런 구상이 결여돼 있다. 이전 정부도 마찬가지였다. 짧은 식견으로 한국 보건의료 체계의 구조적 개혁을 시도할 수 있는 기회는 의대 증원이라는 변화의 시기가 유일한데, 그걸 헛되게 날려버리고 있는 것 같아 몹시 염려스럽다.

의대 증원에는 찬성하지만 현재 정부의 방식에는 비판적인 것 같다.

김동은: 의사 수를 늘려야 한다고 꾸준히 목소리를 내왔던 저나 임승관 원장 같은 사람들이 사실 지금 많이 곤혹스럽다. 의대 증원을 바랐지만 이런 식은 아니었고, 이런 식이라면 더 나빠질 것 같다는 생각마저 든다. 늘어난 의사 인력이 필수 · 지역 · 공공의료로 유입될 수 있는 시스템을 갖추고 사람을 뽑아야 하는데 필수의료 정책 패키지를 발표하긴 했지만 사실상 '2000명 더 뽑아놓으면 가겠지'에 가까워 보인다. 극도로 영리화된 한국 의료 시장에서 시장 실패로 의사 인력 문제가 초래되었는데 공급을 늘려서 시장원리로 해결하겠다는 접근에 기대를 걸기가 어렵다.

임승관: 저는 한국에 의사 수가 큰 규모로 부족하다고 생각한다.

체감상 현재 부족분을 채우려면 정부가 발표한 2000명보다 더 많이 뽑아야 할 수도 있다고 본다. 그러나 덜컥 내년부터 2000명이라는 발표는 수긍할 수가 없다. 의대 증원은 매우 민감하고 첨예한 이슈이다. 최종적으로 정원을 크게 늘리더라도 해마다 500명, 700명, 1000명 단계적으로 추진하는 방식은 왜 고려하지 않나? 차근차근 논의를 쌓아가는 대신 2025년 입시라는 시한을 못 박고 올해 4월까지 확정해야 한다고 서두르는 이유는 뭔가? 정부가 논리적이고 합리적인 설명을 내놓지 못하고 있다. '정책적 목표'가 아니라 정치 스케줄에 따라 '정치적 목적'으로 추진된다는 인상을 심어주면서 부글부글 끓고 있던 전공의와 의대생들이 더욱 공세적으로 나오게 된 측면이 있다고 본다.

의대생: 정부가 '한 해에 2000명씩 들이부으면 문제가 해결되겠지'라고 진심으로 생각하는지도 사실 잘 모르겠다. '나는 그냥 2000명을 늘리고 싶어' 혹은 '2000명 정도 늘리면 의사들이 화를 내겠지. 그러면 선거 앞두고 유리하게 활용할 수 있겠지'라는 고려에서 이 숫자를 지른 게 아닌가 하는 의심을 지울 수 없다.

의사들은 비장하게 반대 투쟁에 나섰지만 여론은 싸늘하다. 의협을 중심으로 한 기성세대 의사들보다도 전공의·의대생들이 사직서를 내고 동맹휴학을 하며 전면에 서 있는 상황이다. 이를 어떻게 봐야 할까?

의대생: 그 지점에 대해서 생각을 많이 해봤다. 2020년에는 대전협

(대한전공의협의회), 의대협 집행부에 나름의 리더십이 있었다. 지금은 사실상 강성 회원들, 각종 의사 커뮤니티의 극단적인 의견이 전공의·의대생들을 추동하고 있다. 의사 커뮤니티에서 자주 나오는 표현 중에 '국평오'라는 말이 있다. 의사들만의 용어는 아니고 서울 명문대생들 사이에서도 많이 쓴다. '국민 평균 수능 5등급'의 준말이다. 우리는 일반인들보다 성적이 우수하다는 우월의식이 묻어 있는 말이다. 그런데 요즘 의사 커뮤니티에서 젊은 의사들은 '서평삼'이라는 말을 쓴다. 서울대 평균 3등급. '우리는 서울대보다도 공부를 더 잘해서 의대에 온 집단인데 감히 의사에게 도전을 해?' 이런 정서가 깔려 있는 것이다. 네이버 뉴스에 이런 기사 떴으니 가서 댓글 달라고 좌표를 찍으면서도 '어차피 설명해도 못 알아들으니 키보드 배틀은 뜨지 말라'고 한다. '의사들이 돈을 많이 버는 게 아니다. 너네 파업해서 장학금 600만 원 잃어버리는 게 아깝냐. 2000명 증원 허용해서 앞으로 월 300만 원 받으며 노예 생활 하고 싶냐'라는 글도 최근에 봤다. 그 뒤에 출처를 알 수 없는 '소아청소년과 전문의 초빙. 조건 세전 1억 원' 같은 의사 구인 광고를 붙여놓는다.

연봉 1억 원이 박봉이라는 뜻인가?

의대생: 그렇다. 적다는 뜻으로 올린 게시물이다. 그런데 소청과 전문의를 1억 원에 구하는 곳이 요즘에 실제로 존재할까 싶다.

임승관: 풀타임이 아니라 파트타임처럼 조건이 붙어 있는 특수한

사례일 것 같다. 일반적인 시장 가격은 그보다 두 배에서 세 배 정도 높다.

의대생: 한편으로 에브리타임(대학생 온라인 커뮤니티) 같은 데에는 의사들을 조롱하는 글이 많이 올라온다. '저 오만한 의사들 2000명 증원 빔 맞았네' '의사들을 혼쭐내주는 대석열' '미스터 알빠노한테 당했다' 이런 말들이 오간다.

미스터 알빠노?

의대생: '내가 알 바야?'라는 말에서 나온 온라인 용어인데 윤석열 대통령이 거침없이 의사들을 다루니까 속이 시원하다는 뜻이다. 그걸 또 캡처해 와서 '국평오'들이 이렇게 떠드는 걸 보니까 화를 참을 수가 없다는 글이 의대 커뮤니티에 올라온다. 얼마 전 궐기대회에서 한 전공의가 "제가 없으면 환자도 없고, 당장 저를 지켜내는 것도 선량함이라고 생각한다"라는 발언을 하더라. 의대 증원으로 갈등이 격해지면서 의사들의 멘탈리티에 새겨진 능력주의 담론이나 선민의식이 공개적으로 삐져나오는 순간들이 생기는 것 같다.

임승관: 지금 이 상황이 정말로 위험하게 느껴진다. 주변에서는 싸움 구경 하듯이 지켜보는 가운데 대결구도가 격해지고 있다. 만약 전공의들이 병원의 필수 기능을 담보로 해서 이걸 막아낸다고 해도, 반대로 정부가 행정력을 동원하고 사법처리로 전공의들을 굴

복시킨다고 해도, 저는 굉장히 절망스러울 것 같다. 어느 쪽이 승리하든 지금 상황에서는 젊은 의료인들이 사회와 고립된 채 배타적인 집단이 되는 결과를 피할 수 없다. 그런 결과물이 앞으로 한국의 보건의료 미래에 어떤 영향을 미칠까. 그냥 고립시키고 따돌린 채 끝난다면 그들만의 상처겠지만 그 존재들이 고령화 시대에, 한국 의료 위기의 시대에 맡아야 할 사회적 책무가 있지 않나.

의대 증원에 대한 입장과 별개로, 전공의와 의대생들은 이 정책에 직접적 영향을 받는 당사자가 되었다. 의사 양성에는 긴 시간이 걸린다. 의료 인력 수급 정책은 10~15년을 내다보고 추진해야 한다. 의료 인력 부족으로 인한 현상이 지금 드러나고 있다면 사실 최소 15년이 늦은 것이다. 그동안 의료 인력 정책을 방기했던 관료들, 개혁적 담론과 추진을 방해해온 의협과 기성 의사들, 사회적 의제 형성에 게을렀던 언론, 이런 주체들은 뒤로 빠지고 바로 눈앞에 보이는 전공의 · 의대생들에게 화살이 집중되는 것이 바람직하다고 할 수 있나? 정부에서는 엄정한 법 집행으로 대응하겠다고 엄포를 놓으며 의사 집단에 실망한 유권자들의 지지를 얻고 있지만 그것이 정말 책임 있는 자세인지 묻고 싶다.

전공의들의 집단행동을 이해해줘야 한다는 소리인가?

전공의: 환자를 남겨두고 벌이는 대규모 휴진에 당연히 동의할 수 없다. 그러나 저 같은 입장에서 보더라도 전공의들이 표출하는 울분에 이해가 가는 지점이 있다. 박단 대전협 회장이 연세대 세브란

스병원 응급의학과 전공의인데, 이번에 사직서를 내면서 "지난 3년은 제 인생에서 가장 우울하고 불행한 시기"였다고 페이스북에 글을 남겼다. 공감이 갔다. 의사 수가 부족한 상태에서 전공의들이 과중한 노동환경에 처해지고 감정적 · 육체적으로 극한에 몰리면서 일종의 자기연민을 키우게 된다. 눌려 있던 감정이 증원 이슈처럼 큰 외부 자극을 계기로 폭발하는 것이다. 제가 굉장히 좋아하는 의국 선배가 있었다. 환자들에게도 극진하고 인격적으로도 훌륭한 분이었는데 2020년 파업 때 '분하다'는 표현을 쓰더라. 의사들이 너무너무 힘들지만 고생을 감내하는데 (정부와 사회에) 배반당했다는 것이다.

김동은: 전공의들은 수련을 마치고 4년 뒤에 올 보상을 생각하면서 힘든 시간을 참고 견딘다. 의대 증원으로 그 보상이 불확실해진다고 여기니 분노하게 되는 것 아닌가 싶다. 사실 보상이 불확실해진다는 것도 불확실하다. 2000명을 늘린다고 해서 의사 수입이 얼마나 줄까. 상승세는 억제되더라도 지금 수준에서 크게 줄어들 것 같지는 않다. 그런데 의대생이나 레지던트 시절에는 선배들로부터 워낙 그런 얘기를 많이 듣는다. '한국은 건보 수가가 정말 낮고, 진상 환자 때문에 힘이 들고, 사회는 의사를 인정하지 않고 욕만 한다. 과거 의사들만큼 대우를 받지 못한다.' 일말의 진실과 과장이 섞여 있는 이런 얘기가 불안을 부추긴다.

의대 쏠림이 문제일 정도로 의사는 선망받는 직종이다. 의사 소득과 노동자 평균 임금 사이의 격차도 매년 커지고 있다. 그런데 예전만큼 대우를 받지 못하고 불안하다니… 의사들의 인식과 현실 사이에 괴리가 있는 것 아닌가.

김동은: 다른 직종에 비해서 엄청나게 많은 소득을 올린다고 젊은 의사 선생님들이 느낄까? 별 감이 없을 거라고 생각한다. 일단 전공의 시절이라 그렇기도 하고. 의대에 입학하기 위해 사교육비를 포함해 부모의 조력, 개인의 노력, 시간 등 과거보다 훨씬 더 많은 것을 투자해야 하지 않나. 기대하는 보상의 수준도 높아졌을 것이다. 그렇게 의대에 오면 피부과나 성형외과 같은 인기과에 가기 위해 또 치열한 경쟁이 벌어진다. 의대 내부의 경쟁 압력이 지금도 심한데 이대로 2000명이 늘어나면 학생들은 더욱 극심한 압박에 내몰리게 된다. 지금은 과별로 전공의 정원에 대한 세부적인 계획조차 없이 의대 신입생 증원 숫자만 발표된 상황 아닌가. 의대생들의 반발에 이해가 가는 측면도 있다.

임승관: 왜 똑똑한 젊은이들이 현실을 오독하고 기성 의사들의 선동에 쉽게 휩쓸릴까? 의사, 의대라는 프레임으로만 접근하면 현상의 근원을 제대로 파악할 수 없다고 본다. 자본주의 경쟁체제의 작동 원리가 무엇인가? 불안이다. 이미 많은 걸 가지고 있어도 더 나은 무언가를 거머쥐지 못하면 위험해질 수 있다는 불안을 끊임없이 주입한다. 의대생 · 전공의들이 입시 경쟁에서 최상단의 열매

를 땄다는 건 '불안 담론'을 깊이 내면화하고 승자가 되었다는 뜻이다. 한국 사회 구성원 대부분이 불안에 취약한데 더욱 증폭돼 나타나는 거라고 본다.

젊은 의사들의 울분과 불안을 이해하더라도, 그것이 시민들의 건강과 생명이 점점 위협받는 상황에서 의사를 늘려야 한다는 사회적 필요보다 우선될 수는 없지 않나?

김동은: 동의한다. 원칙적으로 의사 수는 사회 구성원들의 필요에 따라 늘리거나 줄일 수 있어야 한다. 국가는 면허제도를 통해 의료서비스를 공급하는 권한을 의사에게 독점적으로 부여한다. 대신 의사 인력의 수를 조절하는 역할도 역시 정부로 대변되는 공동체의 몫이다. 그것이 '의사 면허'를 둘러싼 사회계약이다. 의사들의 허락을 받고 의협이 동의해야 의사 수를 늘릴 수 있다는 일각의 인식은 잘못되었다고 생각한다.

다만 의사 집단을 설득하고, 협의하고, 갈등을 최소화하려는 과정이 있어야 한다. 일본에서도 의대 정원을 확대할 때 쉽지 않았다고 들었다. 갈등을 완화할 수 있었던 방법이 지역정원제였다. 전체 의대 정원을 통으로 늘리거나 줄이는 것이 아니라, 지자체에서 의료 수요에 따라 지역 내 의사 정원을 조정하고 지역에서 그만큼 의사를 더 배출하기 때문에 기존 의사들을 설득하고 반발을 줄일 수 있었다. 일본은 후생노동성 산하에 의사 인력을 꾸준히 추계하고 의사뿐만 아니라 다양한 이해당사자가 참여하는 의사수급분

과회도 두고 있다.

의사들에게 의대 증원을 설득할 방법이 있나? 2020년에 그랬듯 이번에도 의사들은 결사반대를 하고 있다. 정원 확대를 관철하기 위해 어느 정도 강제성을 띠는 대응이 필요하다는 여론이 힘을 얻는다.

의대생: 설득이 다 되지 않을 거고, 설득을 다 해야 하는 것도 아니다. 그러나 이처럼 민감하고 폭발력 있는 이슈를 추진할 때는 정책을 더욱더 섬세하고 세련되게 마련했어야 한다. 잘 짜인 계획을 들이밀어야 반대를 하더라도 그 동력이 작고 의사들이 파업을 해도 명분이 약해진다.

저는 의대생으로서 이 얘기를 꼭 하고 싶다. 갑자기 2000명 늘리는데 상식적으로 교육의 질이 그대로일 수 없다. 의대는 강의뿐만 아니라 병원 실습도 중요하다. 인원이 늘어나면 실습 현장이 붐비고 교육의 밀도도 낮아질 수밖에 없다. 지금도 의대생들이 카데바(해부용 시신)를 충분히 배정받지 못해서 어려움을 겪는 의대들이 적지 않다. 물론 카데바 실습이 의사 양성에서 절대적 요소도 아니고, 병원 실습을 돌 때 조금 더 붐비는 게 뭐가 문제냐고 할 수도 있다. 그러나 분명히 학생의 권리와 교육환경에 침해가 발생하는 것이다. 여기에 대해 정부가 설득까지는 못하더라도 설명은 해야 한다. 지금은 그냥 박민수 차관(보건복지부 2차관)이 민방위복 입고 나와서 '문제없다' 이런 식이지 않나.

김동은: 제도가 잘 갖춰지고 교육 여건이 뒷받침된다면 2000명 이상 늘려도 된다고 생각한다. 그러나 현실적으로 전국 의대에서 한꺼번에 신입생 2000명을 수용할 방법이 요원하다. 해부학, 미생물학 같은 기초과목 교수들은 지금도 부족하고 단기간에 늘리기도 어렵다.

정부는 지난 1년간 의료현안협의체를 28회 열어 의사단체 대표들과 논의를 이어왔다고 하는데.

임승관: 협의를 하려면 정책이 있어야 한다. 의대 정원 확대는 단순히 직업인 한 명을 늘리고 줄이는 것을 넘어 의료산업의 재편성과 밀접하게 관련돼 있다. 초고령시대에 노인 의료와 돌봄 문제를 해결하고자 한다면 그에 걸맞게 지역사회에서 통합적인 의료를 제공할 수 있는 의사 인력을 양성해야 한다. 지역의 예방 가능한 사망을 줄이고자 한다면 70개 중진료권마다 튼튼한 2차 병원을 자리 잡게 하고 거기에 의사 인력을 공급할 세부 계획을 세워야 한다. 진보적 방향이든, 보수적 방향이든 간에 이러한 포괄적인 정책 구상이 지금까지 한 번도, 단 한 번도 마련되지 않았다. 그런 가운데 '우리가 협의를 몇 번이나 했다'라는 것이 어떻게 형식적인 의미 이상을 가질 수 있겠나.

의대 정원 확대에 앞서 2월 1일 정부가 '생명과 지역을 살리는 의료 개혁'이라는 이름으로 필수의료 정책 패키지를 발표한 바 있다. 5년 동안 10조 원을 투

입해 필수의료 수가를 높이고, 지방 국립대병원을 거점으로 지역에 대한 지원을 강화하겠다는 것이 골자다.

김동은: 의미 있는 내용도 있지만 '지역'의 '필수의료'에 종사할 의사를 양성하고 배치하는 데에 실효성을 발휘할 수 있는 구체적인 계획은 빠져 있다. '계약형 지역필수의사제'를 도입하겠다고 발표했는데 지자체에서 장학금 · 수련비용 · 임금 등을 보조하고 지역 필수의료기관과 장기근속 계약을 맺는 형태이다. 거의 유명무실해진 현재의 공중보건장학생 제도와 크게 다르지 않다. 공공의료를 강화하는 대책은 한 줄도 없다. 지역마다 의대를 신설하려는 움직임은 경계해야 하지만 세종시 같은 지역에 매년 300~500명 정도를 안정적으로 배출하는 '공공의대' 설립은 필요하다.

임승관: 우리가 그렇게 한가하지 않다는 게 핵심인 것 같다. 의사 수를 늘리면서 지금 정부가 말하는 '계약형 지역필수의사제' 같은 자율적인 방식을 도입하면 시장원리에 따라 서서히 지역에도 의사들이 채워질 거라고 생각한다. 그러나 너무 오래 걸린다. 자연스러운 조정을 기다리기에는 지역의 필수의료 상황이 너무나 심각하다. '그전에 대한민국 보건의료 망합니다'라고 말하고 싶다. 사회적 갈등과 비용을 감수하더라도, 의대 선발부터 일정 기간 지역 복무를 의무화하는 '지역의사제' 같은 제도가 지금은 필요하다. 정부가 어느 정도 강제성을 띠고 추진해야 할 정책이 있다면 바로 이런 부분이다.

4
의대 정원 논란 속 소외된 자들

+

PA 간호사의 외침 “우리가 다 떠안고 죽는다”

2024년 3월, 의대 정원에 반대하는 전공의들이 집단으로 사직서를 제출하고 2주가량 흐른 시점에서 연락이 닿은 지방 사립대병원의 간호사 말은 다소 뜻밖이었다. “아이러니하게 들리겠지만 전공의들이 근무를 중단한 이후에도 우리 병원은 크게 달라진 게 없어요.”

이 병원은 지역을 대표하는 상급종합병원이지만 기피과로 꼽히는 흉부외과 · 소아청소년과 · 산부인과뿐만 아니라 내과 · 외과도 전공의 정원을 다 채우지 못한 지 이미 수년째이다. 의대 정원이 1998년 이후 늘지 않은 가운데 지역 의대를 졸업한 인턴 · 레지던트 등이 서울의 대형병원으로 집중되면서 빚어진 결과다. 그사이 전공의의 빈자리를 메워온 이들이 ‘PA 간호사’다. 이 병원에는 PA 간호사가 100여 명으로 전공의 수의 두 배에 가깝다.

PA 간호사는 Physician Assistant(의사 보조)의 준말이다. 정부에서는 '진료지원인력'이라는 용어를 쓴다. 의료 현장에서는 PA 간호사, 전문간호사, 임상전담 간호사 등 다양한 명칭으로 불린다. 수술방에서 집도의의 수술 보조를 전문으로 맡는 PA 간호사들은 SA(Surgeon Assistant) 간호사로 다시 분류된다.

간호사라는 타이틀을 달고 있지만 하는 일은 의사에 더 가깝다. "인턴이나 저연차 레지던트 업무를 보통 수행한다"라고 한 대학병원 의사는 설명했다. 유니폼도 일반 간호사와 다르다. PA 간호사가 의사처럼 보이는 흰색 가운을 입는 병원도 있다. 의사가 해야 할 의료 행위를 간호사가 대신하고 있다는 점에서 의료법의 사각지대에 놓여 있는 존재이다.

그러나 의료 현장에서 PA 간호사는 없어서는 안 될 직군으로 자리 잡은 지 오래다. 2000년대 초반부터 일부 병원은 부족한 의사 인력을 대체하기 위해 PA 간호사를 차출해왔다. 2015년 전공의 특별법이 통과돼, 주 100시간을 초과했던 전공의들의 근무시간이 80시간으로 줄어들면서 PA 간호사 인력은 더욱 확대되었다. 병원간호사회에 따르면, 2017년 기준 204개 병원에서 근무 중인 PA 간호사는 3815명으로, 2010년(1009명)과 비교했을 때 4배 가까이 증가했다. 보건의료노조에서는 전체 의료기관에서 일하는 PA 간호사가 1만 명에 달할 것으로 추산한다.

전공의들이 씨가 마르다시피 한 기피과들은 교수(전문의)와 그 분야에 숙련된 PA 간호사가 호흡을 맞추는 분업체계로 사실상 돌아간다. 대표적인 곳이 흉부외과다. 일반 간호직군으로 병원에 들어와 흉부외과에서 10년가량 PA로 일한 한 간호사는 "교수 혼자서 다 해야 한다면 현실적으로 수술방이 돌아가지 않는다"라고 말했다.

"불법 의료라고 하면 보통 '대리수술' 같은 걸 떠올리지만 대학병원 PA가 그런 일을 하는 건 아니다. 교수님이 '집도의'를 하고 '보조의' 역할을 PA 간호사가 한다. 관상동맥 수술을 예로 들면 집도의가 심장 쪽을 맡는 동안 PA 간호사가 대체할 혈관을 다리나 팔에서 채취한다. 원래는 의사가 해야 하지만 전공의가 없는 현실에서 교수님이 이걸 다 하려면 수술 시간이 두 배가 된다. 수술은 시간과의 싸움이다. 길어질수록 환자가 겪게 될 부작용이나 합병증 위험도 증가한다."

윤석준 고려대 보건대학원 교수는 「진료지원인력의 정의와 범위에 대한 국제 동향 고찰 및 시사점」(2022) 보고서에서 의료 현장의 필요와 의료 인력 공급 사이에 생긴 불일치로 'PA 간호사'가 등장하게 되었다고 분석한다. 2000년 인구 1000명당 4.7개였던 병상수는 2019년 12.4개로 3배 가까이 늘어났다. 그만큼 병원이 입원 환자를 더 많이 받고, 환자들이 요구하는 의료 수요가 커졌다는 뜻이다. 반면 의과대학 정원은 2006년 3300명에서 3058명으로 오히려 240여 명이 줄었다.

PA 간호사 제도 정착된 미국·캐나다·영국

미국 · 캐나다 · 영국 등 여러 선진국에서는 PA 제도가 법적으로 정착돼 있다. 나라마다 역할과 권한은 다르지만, 전문 간호사를 양성하고 자격을 부여해 의사 인력만으로 다 채울 수 없는 의료 수요에 대응하려는 취지에서 PA 제도가 발전돼왔다. 그러나 의사 직역에 대한 침해라며 반대하는 대한의사협회와, 대한간호사협회의 미온적인 태도 사이에서 'PA 간호사' 양성화 논의는 긴 시간 수면 위로 올라오지 못했다.

대학병원 중환자실에서 근무했던 한 간호사는 이렇게 말했다. "환자에게 크게 위해가 되지 않는 선에서 다른 직군에 위임할 수 있는 의료 행위가 있다. 사실 지금도 PA 간호사들이 그 일을 하고 있다. 그러나 법적 신분이 모호한 탓에 PA 간호사들은 업무에 대한 교육, 처우 개선, 적정 인력 등을 요구할 수도 없는 상황이다. 기득권은 다 유지하려고 하면서 의사 수 늘리기도 반대하니 의료 현장이 참 힘들다."

전공의들이 떠난 병원에서 PA 간호사들의 업무는 가중되고 있다. 지역의 거점 국립대학병원인 A 병원은 비교적 전공의 충원이 원활히 이뤄져온 편이다. 상급종합병원인 병원 규모에 비해 PA 간호사 수도 30여 명으로 적은 편이다. 역설적으로, 적은 수의 PA 간호사들이 전공의가 하던 일을 다 떠안게 되었다. 한 간호사는 애당초 PA 간호사들의 업무 기준이 모호했던 탓에 "시키면 시키는 대로 꾸역꾸역 메우고 있다"라고 상황을 전했다. "PA 간호사들끼리, 이 사태를 초래한 건 정부와 의사들인데 '우리가 다 먹고(떠안고) 죽는다'라고 자조 섞인 얘기를 많이 해요."

환자에게 각종 동의서를 받는 업무가 현장에서 특히 문제가 되고 있다. 입원동의서는 간호사가 받지만 수술 · 시술 · 처치 등에 대한 동의서는 원칙적으로 의사가 받도록 돼 있다. 의료 행위는 부작용이 뒤따를 가능성이 상존하고 이를 충분히 설명하기 위해서는 병리학 · 생리학 등 의학 지식이 필요하다. "앵무새처럼 달달 외워서 쭉 읽을 수는 있어요. 그러다가 환자나 보호자분이 뭘 물어봤는데 제대로 답변을 못 하면 불신이 생기고 항의가 들어오는 거죠. 드물더라도 수술, 시술 부작용으로 사망까지 이를 수 있는데 업무를 맡는 입장에서 상당히 위험하다 싶습니다."

정부는 의료 공백에 대응하고자 2024년 2월 27일부터 전국 종합병원과 수련병원에서 근무하는 간호사를 대상으로 '진료지원인력 시범사업'을 실시하고 있다. 대법원 판례에 따라 명시적으로 금지된 행위 이외에는 간호사가 의사 업무를 하더라도 법적으로 보호하겠다는 것이다. 2020년 파업 당시, 파업을 풀고 돌아온 전공의들이 PA 간호사를 무면허 의료 행위로 고발하는 일이 벌어지기도 했다.

꼭 의사만 해야 하는 일이었을까

그러나 이 조치가 발표된 이후 현장의 우려와 불만은 더 커지고 있다. 의사단체나 의사들이 PA 간호사에게 법적 책임을 묻는 것은 방지할 수 있더라도, 환자와 보호자가 간호사 개인에게 민형사상 책임을 제기했을 때 보호받을 길이 모호하다는 것이다. 게다가 간호사들로서는 의견 수렴이나 늘어난 업무에 대한 보상책이 마련되지 않은 채, 의사 업무를 대신하라는 통보를 일방적으로 받은 셈이다.

간호사 이외의 직군은 그런 법적 보호조차 대비되지 못한 상황이다. 한 대학병원의 노동조합 상근자는 "응급구조사들이 특히 위험한 처지"라고 말했다. 응급실에는 PA 간호사가 없어서 인턴, 레지던트들이 하던 '침습적 행위(삽입, 절개 등의 처치)'를 응급구조사들이 떠맡고 있기 때문이다.

손에 익지 않은 일을 하느라 환자의 안전을 위협할 만한 혼선도 생기고 있다. 수도권 지역 종합병원에서 일하는 한 의료인은 얼마 전 있었던 심폐소생술(CPR) 케이스를 얘기했다. "원래 CPR을 할 때 교수님이 리더 역할을 하고, 그 밑에 전공의는 인공호흡기를 넣고, 인턴은 호흡기 주머니를 짜고, 이런 식으로 역할 분담이 돼 있어요. CPR이 뜨면 의료진이 쫙 몰려와서 탁탁 정해진 일을 합니다. 그런데 지금은 교수님이랑 PA 간호사들만 있으니, 교수는 시키는 데만 익숙하고 PA 간호사는 안 해본 일을 하게 돼 손발이 잘 안 맞는 거죠."

전공의 이탈이 장기화되자 3월 7일 정부는 의료 공백을 간호사로 메우는 지침을 더욱 적극적으로 밀어붙이고 나섰다. 앞서 2월 27일 '진료지원인력 시범사업'을 시작할 때는 간호사가 수행할 수 있는 업무 범위를 병원장과 간호부서장이 협의해서 결정하도록 했다. 3월 7일에는 여기에서 더 나아가 '간호사 업무 관련 시범사업 보완 지침'을 공표했다. 집도(수술), 마취, 엑스레이 검사, 요로전환술(체내 소변 흐름 변경 시술), 전문의약품 처방, 배액관(수술·시술 뒤 삽입하는 튜브) 삽입, 사전의사결정서 작성 정도를 제외하고 거의 모든 의료 행위를 허용하는 구체적 가이드라인이다.

이 지침은 또 숙련도 등에 따라 간호사를 전문간호사, 전담간호사(가칭), 일반간호사로 나누어 할 수 있는 업무를 구별했다. 국립대병원에서 근무하는 한 병동 간호사는 이 조치에 큰 우려를 내비쳤다. "전공의 이탈 후 그 업무를 지금까지 PA 간호사들이 맡아왔어요. PA 간호사들이 격무에 시달리는 문제가 있지만, 하던 일이 늘어나거나 업무 범위가 넓어지는 차원이었어요. 그런데 이번 지침으로 일반 간호사들이 전공의가 하던 의료 행위를 일부 맡게 된다면 완전히 새로 배우는 것과 다름이 없습니다."

병원을 지탱하는 주요 인력이지만 법상으로는 유령 같은 존재인 PA 간호사의 신분을 제도화하고 관리·운영 체계를 마련할 필요성은 오랫동안 제기돼왔다. 나라마다 의사가 할 수 있는 의료행위의 범위가 다른데 한국은 유독 '의사 독점적' 성격이 강하다. 고령화에 따라 의료 수요가 커지고 의사만으로 '돌봄과 결합된 의료'를 제공하기에는 곳곳에서 한계가 드러나고 있다. 한국 의료계에서는 여전히 금기처럼 여겨지지만 의사, 간호사, 간호조무사 등 보건의료 직역 간에 '테스크 시프팅(Task Shifting)'에 관한 논의를 곧 피할 수 없게 될 것이다.

윤석열 정부가 '간호법'에는 거부권을 행사했지만 2023년 6월 사회적 논의기구인 '진료지원인력(PA) 개선 협의체'를 꾸린 데에는 이러한 시대적 흐름이 깔려 있다. 그러나 출범 이후 구체적 논의로 나아가지 못하던 이 협의체는 전공의 집단 사직 사태 앞에서 '진료지원인력 시범사업'이라는 이름으로 갑자기 현실화되었다. 의료 현장의 혼란은 나날이 가중되고 있다. 그 가운데 하루아침에 양지로 나오게 된 PA 간호사들의 처지는 더 위태로워졌다.

“온몸에 멍이 드는데 10일 뒤 혈소판 예약도 막혀”

의대 증원에 반발해 전공의들이 병원을 떠난 뒤 대학병원의 입원·수술 건수는 한때 절반 수준으로 떨어졌다. 정부는 중증·응급 환자 비상진료체계가 안정적으로 유지되고 있다고 발표했다. 그러나 의료 사고 건수로 상황을 파악하는 정부 브리핑에서는 환자와 보호자가 느끼는 불안과 초조함, 나날이 마주해야 하는 구체적인 어려움까지 집계되지 않는다. 국민의 생명을 가장 앞서 보호해야 할 두 집단이 대치하는 동안, 아픈 몸을 가진 사람들은 어떤 시간을 보내고 있을까?

2024년 3월 11일, 빅5 대학병원 중 한 곳에서 만난 정선화 씨(64세, 가명)는 4기 암환자다. 2011년 수술을 받았던 암이 2021년 재발했다. 유방에서 시작된 종양이 몸 여기저기로 퍼졌다. 지금은 자궁, 골반, 간에도 암 덩어리가 있다. 이 병원으로 외래 진료를 다니며 몇 년째 항암 치료를 받고 있다.

토요일이던 3월 9일 새벽, 정 씨는 급하게 응급실을 찾았다. 웬만한 통증에는 이골이 났고, 오랜 투병 생활을 통해 응급실에 가도 고생이라는 것을 익히 알고 있지만 ‘까무러치게 아픈 복통’을 도저히 견딜 수가 없었다. 새벽 5시에 도착해 의사를 만나기까지 4시간이 걸렸다. 그사이 직원에게 물어봐도 대기 시간을 가늠할 수 없었다. 전공의가 출근하지 않아 당직 의사가 두 명밖에 없는데 사고를 당한 심정지 환자에게 다들 붙어 있는 상황이라는 설명만 돌아올 뿐이었다. "내 옆에 죽어 자빠지는 여자 환자가 한 명 있었다. 그 여자는 너무 아프니까 다른 병원으로 가자고 하고, 남편은 거기 가도 이렇지 않으라는 법이 어디 있냐고 막 싸우더라. 속으로 '전쟁이 따로 없다. 이런 시국에는 안 죽을 사람도 죽겠구나' 그랬다."

기약 없는 기다림 끝에 진찰을 받고 검사를 했는데, CT 영상을 본 의사가 응급실로 뛰어 내려왔다. 알고 보니 신장에 있는 암이 요관을 눌러서 요관이 터진 상태였다. 복통이 극심한 걸 보면 며칠 전에 터졌을 거라며 균이 있는 소변이 복부로 들어가면 패혈증으로 죽을 수도 있다고 했다. 정 씨는 급하게 소변을 바깥으로 빼내는 시술을 받고, 경과를 보기 위해 입원을 한 지 사흘째였다. "그 의사 선생님이 빨리 알아차려서 불행 중 감사한 일이었다. 병원이 예전 같지 않은 상황에서 또 이번처럼 위급한 일이 벌어질까 봐 그게 제일 걱정스럽다."

의사 파업 속 환자 이야기

2024년 2월 20일 전공의 집단 사직 이후 보건복지부는 '의사 집단행동 피해신고 · 지원센터'를 가동했다. '지원센터'라는 명칭과 달리 환자들은 이곳을 통해 실질적 도움을 거의 받지 못한다. 원래 다니던 병원에서 치료나 수술이 미뤄진 환자들에게 당장 시급한 문제는 진료가 가능한 다른 병원을 찾는 것이다. 그러나 이 센터는 피해 신고를 접수 받고, 법적 조치를 취할 경우 지원 역할을 담당한다. 환자가 아니라 사실상 집단행동에 나선 의사를 벌주기 위한 용도이다.

안기종 환자단체연합회 대표는 이식 날짜가 연기돼 이 지원센터에 연락을 했던 한 환자의 실망감을 전했다. "거기서 신고를 하겠느냐고 하기에 굉장히 불쾌감을 느꼈고, 그래서 그냥 끊었다고 하더라. 신고를 하면 자기가 치료받던 병원과 의사 선생님이 조사를 받게 되지 않나. 지금 있는 의사 선생님들은 떠난 의사들의 자리를 대신하면서 정말 힘들게 일하고 있는데 그분들 사기를 떨어트리는 상황은 환자 입장에서도 바라지 않는다. 결과적으로 환자는 정부로부터 어떤 의료적 지원도 받지 못하고 있다."

안기종 대표는 언론에 의료 현장의 혼란이 과장되게 비춰지는 것을 경계하면서도, 한편으로는 근심을 감추지 못했다. "3월 둘째 주까지 파악한 바로 중증 환자들에게 아주 치명적인 피해가 생긴 케이스는 아직까지 발생하지 않고 있는 것 같다. 병원에 남은 교수, 전임의(펠로), PA 간호사들이 중환자에 한해서는 전공의 자리를 어떻게든 메우는 걸로 보인다. 그러나 사태가 장기화되는 데다, 요즘 얘기가 나오는 것처럼 교수들까지 사직서를 내고 이탈한다면 그때는 정말 심각한 상황이 벌어질 것이다."

대학병원 소아청소년과 병동에서 스태프로 근무해 사정을 잘 아는 한 의료인은 "지금도 아슬아슬하다"라고 상황을 전했다. 그는 '급성 림프 모구성 백혈병'을 예로 들었다. 소아 혈액 종양 가운데 하나로, 이 병이 생긴 어린이는 2~3년간 정해진 일정에 따라 항암 치료를 마치면 5년 생존율이 80% 이상이다.

"대략 일주일에 2~3회 항암 치료를 받는다. 교수가 오더(지시)를 내고 전임의와 전공의들이 같이 처치를 했는데 지금은 병원에 남은 소수의 전임의들이 PA 간호사들의 도움을 받아 겨우 막고 있다. 교수들도 전공의 없이 진료를 하다 보니 전보다 시간이 훨씬 더 걸린다. 지금이야 단기적으로 바짝 소화하지만 항암 일정이 점점 더 밀릴 가능성이 높다."

오미애 씨(45세, 가명)의 어머니는 뇌종양으로 수도권 소재 대학병원에서 치료를 받고 있다. 연하곤란(삼킴 장애)이 생겨 재활의학과와 협진해 재활치료를 받아야 하는데 전공의 집단 사직 이후 진료를 잡지 못하고 있다. "다시 연락을 주겠다는 말만 있었을 뿐이다. 우리 어머니도 증상이 가볍진 않은데, 전혀 씹지를 못해서 콧줄 다는 분들부터 진료를 하는 거라 많이 밀리지 않을까 싶다."

다행히 항암 치료는 예정대로 이루어지고 있다. 그의 어머니에게 항암은 마지막 남은 치료법이다. 뇌종양의 위치가 소뇌 사이라 개두술이 불가하다. 수술 시에는 식물인간이 되거나 목숨이 위험해질 수 있다. 앞선 방사선 치료는 실패해 경과가 더 악화되었다. 그는 "중환자 보호자로서 요즘 너무나 불안하다"라고 말했다. "뉴스에 나오는 것처럼 교수들까지 휴진을 하면 항암제 먹는 사람들은 죽으라는 소리나 마찬가지다."

하루하루가 살얼음판을 걷는 심정이다. 뇌종양 환자들은 갑자기 경련이나 의식불명에 빠지는 일이 심심치 않게 발생한다. 빠르게 응급실에 가서 처치를 하고 오더를 받지 못하면 생명이 위태로워진다. 환자와 보호자들은 의사들도 그렇지만 정부에 대한 원망이 앞선다. 오 씨는 "환자 보호자로서 이것저것 찾아보다 보면 의대 정원만 늘린다고 소아과처럼 힘든 분야에 종사하는 의사가 늘어나는 게 아니라는 것 정도는 알 수 있다. 정책에 우선순위가 있어야 하는데 그냥 밀어붙이니 (전공의들도) 죽자고 달려들 수밖에 없지 않나. 답이 안 보이는 것 같다"라고 말했다.

의료 공백이 실질적 위협으로 닥쳐온 사례도 생기고 있다. 3월 12일, 서울 소재 주요 대학병원에서 만난 김규호 씨(63세, 가명)는 여기저기로 전화를 돌리고 있었다. 혈액암 환자인 그는 3년 전 골수 이식을 한 뒤 주기적으로 수혈을 받아야 한다. 적혈구는 한 달에 한 번, 혈소판은 열흘에 한 번 수혈을 받는다. 이날까지는 수혈 예약이 되었지만 열흘 뒤 돌아오는 혈소판 수혈은 전공의가 빠져서 더 이상 예약을 잡을 수 없다는 통보를 받았다. "그러면 어떻게 해야 하냐고 물어보니 모르겠다는 답만 돌아왔다. 조금 심하게 말하면 '죽든지, 살든지 환자가 알아서 하라'는 얘기처럼 들렸다."

혈소판 수치가 2만 이하로 내려가면 위험한 상황에 처할 수 있다. 이날 검사에서 혈소판 수치는 2만 5000이었는데 며칠 전부터 온몸에 멍이 생겨났다. 혈소판이 부족하면 안에서 출혈이 된다. 살짝만 부딪혀도 시퍼렇게 멍이 든다. 가장 최악은 뇌 안에서 출혈이 생기는 뇌출혈이다.

그는 의사들에게 한번 물어보고 싶다고 말했다. "제가 의학도는 아니지만 히포크라테스 선서가 뭔지는 안다. 의대에서 당장 밥그릇이 줄어들 때는 환자를 버리고 병원을 나가서 시위를 하라고 교육받았는지 묻고 싶다. 환자 없는 의사가 어디 있나. 환자를 내팽개치는 건 결국 본인들을 내팽개치는 것과 똑같다. 반드시 부메랑이 되어서 돌아올 것이다."

"정부를 욕해야 하나, 의사를 욕해야 하나"

상대적으로 중증도는 떨어지지만 수술 · 시술 · 입원 등이 미뤄진 환자들 역시 어려움을 겪고 있다. 그 날짜에 맞춰 회사에 병가를 내고, 간병해줄 가족 · 친지도 휴가를 잡았는데 일정이 모두 뒤틀려버렸기 때문이다.

김유미 씨(40세, 가명)는 8개월 동안 기다린 시술이 무기한 연기되었다. 김 씨는 '발작성 상심실성 빈맥(PSVT)'으로 지난해부터 고생하고 있다. 심장에 문제가 생겨 조금만 움직여도 심하게 숨이 차고 발작적으로 심박수가 치솟는 증상이다. 2023년 7월 빅5 병원 중 한 곳에서 진료를 받았다. '전극도자 절제술'을 해야 하는 상황인데 대기 환자가 밀려 있어서 올해 3월 중순에야 예약이 잡혔다. 그러나 예정일을 4일 앞두고 전공의 집단 사직으로 시술이 어렵다는 연락을 받았다.

"숨이 너무 차서 계단 2층도 올라가기 어려운 상태라 시술할 날만 기다렸다. 이 사태가 언제 끝난다는 보장이 없으니 다른 병원을 알아봐야 하는 건지, 기다려야 하는 건지, 환자 입장에서는 너무 큰 스트레스다." 현재 일을 쉬고 있는 그는 시술을 마친 뒤 직장을 새로 구할 생각이었지만 그 계획도 모두 어그러져버렸다. "나라를 욕해야 할지, 의사를 욕해야 할지. 누구를 탓해야 할지 모르겠다. 아픈 사람만 불쌍한 것 같다."

취재 도중 만난 한 환자는 "하여튼 아프면 지옥"이라고 말했다. 환자들은 무너지는 마음을 부여잡고, 병든 몸을 다독이며, 힘겨운 치료 과정을 견딘다. 그렇게 마음을 다스리며 안간힘을 짜내 치료를 받던 환자들에게 의사 파업처럼 예상치 못한 사건은 '투병 의지'를 꺾어버리는 악영향을 끼친다. 안기종 대표는 "중증 환자는 치료 못지않게 투병 의지가 중요하다. 항암이나 방사선 치료는 굉장히 힘들다. 그런데 지금처럼 일정이 불안정해지고 막 뒤바뀌어버리면 당사자나 가족들의 의지가 그 순간 뚝 꺾여버린다. 사실 그것이 가장 큰 문제다"라고 말했다.

2장

한국 의료계가 처한 위기

1

무질서한 의료 시장, 구급차는 오늘도 거리를 헤맨다

+

수도권 6600병상이 온다, 지역의료 붕괴가 가속화된다

대학병원들이 앞다투어 수도권 지역 분원 설립에 나섰다. '빅5'로 불리는 연세 세브란스병원이 인천 송도, 서울아산병원은 인천 청라, 서울대병원은 경기 시흥에 800병상 규모의 대형병원을 짓는다. 인천의 상급종합병원인 가천대 길병원과 인하대병원은 각각 서울 송파와 경기 김포로 진출한다. 고려대, 경희대, 아주대, 한양대 의료원도 경기도 곳곳에 분원을 낼 계획이다(〈그림 2-1〉 참조).

이들 9개 대학병원에서 추진 중인 분원 11개가 들어서면 2028년 이후 수도권에 최소 6600개 병상이 더 생긴다. 현재 서울·경기·인천에 있는 대형병원의 병상 수는 3만여 개로 추정된다. 예정대로 분원이 설립된다면 불과 5~6년 사이에 기존 병상 대

〈그림 2-1〉 대학병원 '수도권 분원' 설립 예정지

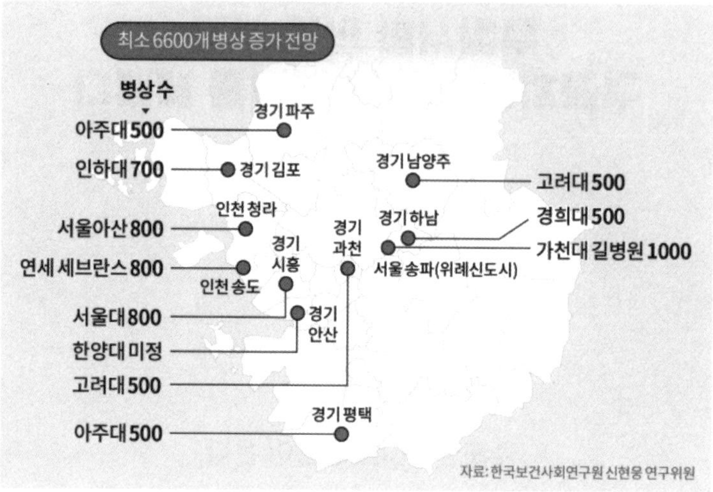

비 30%에 가까운 병상이 수도권 지역에 추가로 들어서는 것이다.

최신 설비를 갖추고 교수급 의료진에게 진료를 받을 수 있는 대학병원이 늘어나는 건 좋은 일이 아닐까? 그러나 곧 닥쳐올 수도권 대학병원들의 개원을 앞두고 의료계 한편에서는 의료 붕괴가 가속화할 거라는 위기감이 고조되고 있다. '폭풍 전야'라는 말도 공공연하게 나돈다. 수도권에 새로 생기는 대학병원들이 환자는 물론 지방의 의료 인력까지 블랙홀처럼 빨아들일 것이라는 우려다. 김윤 서울대 의대 의료관리학 교수(현 더불어민주당 의원)는 수도권 병상 6600개 확대에 따라 의사는 약 3000명, 간호사는 약 8000명이 더 필요할 것으로 추산했다. 해마다 편차가 있지만 대학병원급 의료기관에서 매년 새로 충원하는 전문의 인력이 300~350명 선인 것에 비춰보면 실로 막대한 인력 수요가 단기간에 집중적으로 발생하게 된다.

이 인력을 어디에서 끌어갈지, 지역의료계는 초조하게 지켜보고 있다. 지역 국립대병원의 한 교수는 "국립대병원 교수라고 하면 '다들 가고 싶어 하는 자리'라는 인식이 있지만 이미 지역에서는 국립대 의대라도 교수 채용과 유지에 어려움을 겪고 있다. 수도권에 대학병원이 더 들어서면 인력 유출이 얼마나 심각해질지 알 수 없는 상황이다"라고 말했다.

무엇보다 지금도 경고등이 켜져 있는 지역의 필수의료 공백을 급격히 악화시킬 거라는 우려가 팽배하다. 대구·경북 소재 대학병원의 한 예방의학자는 "신경외과처럼 수술을 하는 과들은 집도의가 있으면 어시스트 해주는 의사도 있어야 하고 여러 의료 인력이 팀워크를 맞춰야 한다. 지역에서는 인력 부족으로 팀 구성이 안 되니 의욕적으로 수술을 하려는 교수들이 점점 더 서울·수도권 지역으로 집중된다"라고 지역의 사정을 전했다. 김윤 교수 역시 "급성 심근경색, 뇌졸중, 중증외상 등 24시간 운영이 필요한 지역의 응급환자 진료가 더욱 차질을 빚을 가능성이 높다"라고 내다봤다.

이는 예정된 미래에 가깝다. 의사 인력을 배출에는 긴 시간이 걸리는데 선호도가 높은 수도권이 단기간에 집중적으로 큰 규모의 신규 인력을 모집하면 어딘가에서는 공백이 생길 수밖에 없다. 이미 서울·수도권보다 높은 연봉을 제시해도 의사 구인난을 겪고 있는 지역 병원들은 더욱더 그 빈자리를 채우기 어려워질 것으로 보인다. 윤태호 부산대 의대 예방의학과 교수는 "걱정은 큰데 마땅한 대책이 없는 상황"이라고 말했다.

예상이 어려웠던 일도 아닌데 정부가 분원 설립에 제동을 걸 수는 없었을까? 기본적으로 병원급 의료기관 신규 개설 허가 권한은 중앙정부가 아닌 시·도지사가 가지고 있다. 지자체 단체장과 지역 정치인들 입장에서 대학병원 유치는 가시적 성과가 된다. 주민들도 병원 이용 측면에서나 부동산 개발 측면에서나 이를 호재로 여긴다. 제도적으로 병원이 우후죽순 생겨나기 용이한 환경이 조성돼온 것이다.

'병상 총량제'를 도입해 보건복지부가 전체적인 병상 계획을 수립해야 한다는 주장은 2000년대 초반부터 나왔다. 그 무렵 한국의 인구 1000명당 병상 수는 OECD 평균을 넘어섰다. 지금은 인구 1000명당 12.7개로 OECD 국가(평균 4.3개) 중 가장 많다. 한국은 전반적으로 병상이 과잉 공급돼 있어 병상을 늘리기보다는 줄여야 하는 나라로 꼽힌다. 특히 대학병원 분원 설립이 예정된 수도권 지역은 평택과 파주, 남양주를 제외하면 3차 종합병원급 병상이 부족하지 않은 것으로 분석된다.

분원 설립 막차 탄 대학병원들

그러나 병상이 무질서하게 확대된 그간의 흐름에 견주어봐도 몇 년 사이에 수도권에 국한해 대형병원 11곳이 들어서는 현상은 유례를 찾기 어렵다고 전문가들은 말한다. 2019년 의료법 개정이 그 발단이 되었다는 얘기가 나온다. 정부 차원에서 병상 수를 조절할 필요성이 커짐에 따라 병상이 과잉 공급돼 있는 지역의 경우 시도지사가 병원 신규 설립을 허가할 때 보건복지부 장관의 동의를 얻도록 2019년 의료법이 개정되었다. 그런데 그 이후 2023년까지 법을 적용할 시행령과 시행규칙이 마련되지 않고 있다. 그 바람에 병상 규제가 강화되기 전, 막차를 타듯 대학병원들이 수도권 분원을 확장할 마지막 기회를 잡았다는 것이다.

장기적으로 보면 대학병원이 들어서는 지역 주민들에게 온전하게 수혜가 돌아갈지도 미지수다. 의료 수요에 비해 공급이 부족한 지역에 병원이 생긴다면 지역 주민들이 필요로 하는 의료 서비스를 채울 수 있지만, 반대의 경우 불필요한 이용과 의료비 지출을 촉발할 수 있기 때문이다. 경기도 시흥의 중소규모 병원인 신천연합병원의 백재중 원장은 "대학병원은 과별로 매우 세분화된 진료를 제공하는 의료기관이다. 고령화 추세에 따라 의료에서 포괄적인 케어의 필요성이 점점 커지는데 대학병원의 진료는 이런 흐름과 잘 맞지 않는다"라고 우려를 나타냈다. 보건복지부가 수도권 분원 설립이 예정된 대학병원들과 조율에 나섰지만, 개원 속도는 조절하더라도 설립 계획을 취소할 의사를 밝힌 병원은 없는 것으로 알려졌다.*

---

* 2024년 7월 보건복지부는 대학병원 분원 설립이 예정된 대다수 수도권 지자체에 '병상을 더 짓지 말라'는 공문을 보냈다. 이에 분원 설립을 추진하던 대학병원 상당수가 소송 등 반대 움직임에 나설 것으로 전해진다.

10대 응급환자 사망사건, 그 소녀는 왜 목숨을 잃었나

2023년 3월, 대구광역시에서 17세 학생이 4층 건물 높이에서 추락하는 사고가 발생했다. 사고지점을 중심으로 5km 인근에는 병원 응급실 7곳이 있었다. 신고를 받은 119 구급대는 4분 만에 현장에 도착해 22분 만에 최단거리에 있는 대구시 동구에 위치한 대구파티마병원(이하 파티마병원)으로 환자를 이송했다. 그리고 약 2시간 뒤, 환자는 대구시 반대편인 달서구의 한 병원에서 심정지로 사망했다. 그 과정에서 구급차는 병원 응급실 4곳을 전전했다. 또 전화로 다른 4곳에 수용 가능 여부를 문의했다. 하지만 어렵다는 답이 돌아왔다(〈그림2-2〉 참조). 이 사건은 '구급차 뺑뺑이' '응급실 표류' 같은 제목으로 보도되었다.

병원을 찾아보기 힘든 지역도 아닌 대도시 한복판에서 왜 이런 일이 벌어진 걸까? 대구는 흔히 3차 병원이라 부르는 상급종합병원이 5곳이나 있는 도시이다. 그러나 위급한 환자가 갈 곳을 찾지 못해 '골든타임'을 놓치는 일은 사실 대구뿐만 아니라 전국 각지에서 점점 더 자주 목격된다.

응급실은 병원으로 입장하는 게이트이다. 응급환자의 생명을 살리기 위해서는 병원 1층의 응급실뿐만 아니라 그 문을 통과한 이후 2·3층에 있는 각 전문 진료과의 의료진에게 적절한 처치를 받을 수 있어야 한다. 즉 ① 이송 ② 응급실 ③ 수술·시술·입원까지 일련의 과정이 끊김 없이 이어져야 한다.

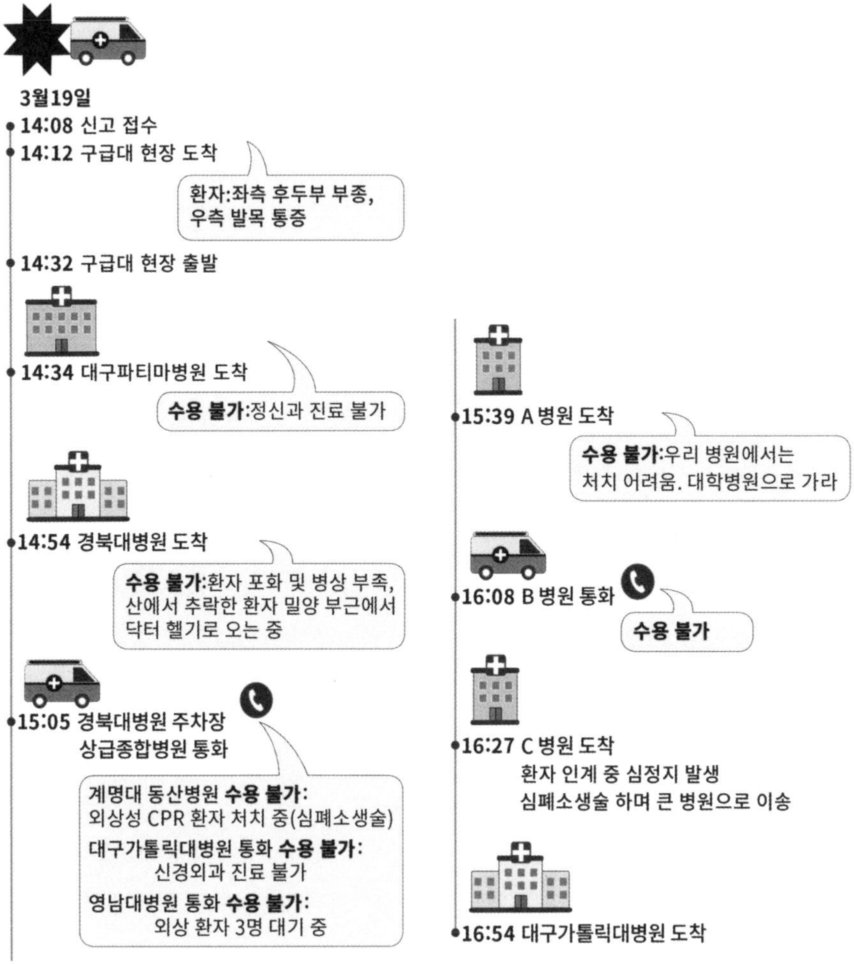

〈그림 2-2〉 사건 당일 구급활동 일지

국회를 통해 이송 과정이 정리된 '구급활동 일지'를 입수했다. 이를 바탕으로 지역 관계자, 의료 현장 스태프, 응급의학 전문가들을 취재해 '그날의 사건'을 깊숙이 들여다봤다. 10대 응급환자가 구급차를 타고 대구 시내를 떠돌던 2시간 동안 이송부터 최종 치료까지 가는 응급의료 사슬은 군데군데 막히고 허물어져 있었다. 그 빈틈 사이에서 응급실 문은 점점 좁아지고 있었다.

이송

3월 19일 일요일 오후 2시 8분이었다. 대구북부소방서 대현119안전센터에 "'도와주세요'라는 소리가 들린다"라는 신고가 접수되었다. 구급대가 사고 현장에 도착한 시각은 4분 뒤인 2시 12분. 옆으로 누운 상태로 발견된 환자는 왼쪽 뒷머리가 부어 있고 오른쪽 발목에 통증을 호소했다. 당시 환자는 의식이 있었으며 간단한 대화 정도는 가능했다고 한다. 혈압, 맥박, 산소포화도 등 '바이털사인(활력 징후)'을 체크하고 기본 처치를 마친 구급대는 가장 가까운 응급실인 파티마병원으로 향했다.

환자를 태운 구급차는 오후 2시 34분 파티마병원에 도착했다. 파티마병원은 상급종합병원(3차 병원)은 아니지만 대구 동쪽 권역에서 가장 규모 있는 종합병원(2차 병원)으로 병상 수가 700개가량 되는 큰 병원이다. 소방 구급활동 일지에 따르면 파티마병원은 그 당시 정신과 진료가 불가해 환자를 받기 어렵다고 수용 곤란 이유를 밝혔다. 3월 30일 〈매일신문〉 보도에서 병원 관계자는 외상 치료와 정신과 진료가 병행돼야 하는 상태로 판단해 다른 병원으로 이송을 권유했다는 취지로 당시 상황을 밝혔다.*

구급차가 다음으로 향한 곳은 파티마병원에서 약 3km 떨어져 있는 경북대병원 응급실. 경북대병원은 대구 · 경북 지역의 거점이 되는 상급종합병원이다. 전국에 진료권별로 17곳 지정된 권역외상센터 중 한 곳이기도 하다. 이 환자처럼 낙상이나 교통사고로 골절, 출혈 등 중증 외상을 입은 환자에게 신속한 치료를 제공하려는 목적에서 도입된 시설이다. 그러나 일요일 오후 경북대병원 응급실과 권역외상센터는 거의 '풀 베드(full bed)'에 가까웠다고 한다. 게다가 그 시각 산에서 추락 사고를 당한 응급환자가 경남 밀양 인근에서 닥터 헬기를 타고 경북대병원으로 오고 있었다. '환자 포화 및 병상 부족'을 이유로 경북대병원 응급실 역시 환자를 받을 수 없다고 했다.

오후 3시 5분부터 구급대는 경북대병원 주차장에서 구급차에 환자를 태운 채로 대구 지역의 나머지 상급종합병원 응급실에 전화를 돌리기 시작한다. 계명대 동산병원은 '외상성 CPR 환자 처치 중(심폐소생술)으로 수용 불가'라고 사유를 밝혔다. 대구가톨릭대병원은 '신경외과 진료 불가'로 환자를 받을 수 없다고 했다. 영남대병원은 '외상 환자 3명 대기 중'이라 응급실 접수가 어렵다고 했다.

---

* "MRI·CT 촬영 없었다…'응급실 뺑뺑이 10대 사망' 환자 떠넘기기 조사", 〈매일신문〉, 2023년 3월 30일.

대구 시내 상급종합병원에서 모두 '안 된다'는 통보를 받은 119 구급대는 이번에는 중소 규모 병원에 연락을 취한다. 환자를 받을 수 있다는 얘기를 듣고 경북대병원 인근의 A 병원에 도착한 건 오후 3시 39분이었다. 환자를 본 A 병원은 여기서 치료할 수 있는 상태가 아니라며 더 큰 병원으로 옮겨야 한다고 했다. 4시 8분에 통화한 B 병원 응급실은 환자를 받을 수 없다고 했다. 4시 10분 달서구의 중소병원인 C 병원 응급실에서 '수용 가능하다'는 답변을 받은 119 구급대는 대구 동쪽에서 추락한 이 환자를 태우고 서쪽으로 구급차를 몰았다. 4시 27분 구급차는 C 병원에 도착했지만 환자를 병원에 인계하는 과정에서 심정지가 발생했다. 구급대는 심폐소생술을 하며 가장 빨리 갈 수 있는 상급종합병원인 대구가톨릭대학병원으로 내달렸으나 환자는 결국 숨을 거뒀다.

이송 과정에서 119 구급차는 번번이 병원의 수용 곤란 통지 앞에 가로막혔고, 환자는 끝내 응급실 문턱을 넘지 못했다. 수도권 소재 병원의 응급의학과 전문의는 "코로나19를 거치며 이런 상황이 심화된 경향이 있다"라고 말했다. "예전에는 급하면 구급에서 연락 안 하고 올 때도 많았고, 자리가 없으면 스트레처카(간이침대)를 갖다 놓고 보기도 하고 그랬다. 그런데 코로나 시기에는 열이 나면 일단 감염 의심 환자로 분류되니까 구급에서도 응급실에 확인을 하고 오는 쪽으로 방식이 굳어졌다. 어떤 면에서는 필요한 일이지만 그 결과로 응급실에 연락이 왔을 때 병원 사정을 얘기하면서 우리는 받기 어렵다고 하는 것이 과거보다 용이해진 측면이 있다.”

경북대병원 관계자는 “4층 건물에서 떨어진 환자라고 연락을 받았다면 응급실에 없는 자리를 만들어서라도 수용했을 것”이라고 말했다. 구조 직후 사고 내용을 명확하게 파악하기 어려운 상황에서 파티마병원과 경북대병원 응급실은 구급대로부터 환자가 약 2층 높이에서 떨어졌다고 추정되며 상태는 경증이라고 전달받은 것으로 알려진다. 이송 과정에서 구급대가 환자의 상태를 오판했고 결과적으로 재빠른 조치를 어렵게 한 셈이다. 그렇다고 구급대원에게 책임을 물어야 할까?

한 대학병원의 응급의학과 교수는 119 구급대에게 정확한 중증도 분류를 바라는 것은 현실적으로 어려운 일이라고 말했다. “의료진이 아닌 구급대원이 환자 상태를 알기에는 한계가 있는데다 응급환자의 상태는 계속해서 바뀐다. 현장 정보가 원활하게 공유되어야겠지만 환자 중증도 판단은 응급실에서 하는 것이 맞다.” 대구 지역 대학병원에서 근무하는 의사도 비슷한 취지의 말을 했다. “병원에 왔을 때 적어도 CT(영상학적 검사)를 찍어봤어야 하지 않나 싶다. 처음에는 4층이 아니라 더 낮은 곳에서 떨어진 것으로 알았어도 추락 사고는 지연성 뇌출혈 같은 것이 생길 가능성을 늘 배제할 수 없다.” 그렇다면 비난의 화살은 응급실에 돌아가야 할까?

이 사건 이후 보건복지부와 대구시는 공동조사에 들어갔다. 경찰에서도 수사를 벌였다. 119 구급대가 환자를 태우고 첫 번째로 갔던 파티마병원이 가장 곤란한 위치에 놓이게 됐다. 취재 과정에서 만난 의료진들은 파티마병원에서 환자 수용이 불가하다고 밝힌 사정(정신과 전문의 부재)이 골든타임이 중요한 응급환자를 받지 못할 절대적인 사유가 되기는 어렵다고 말했다. 권역외상센터, 권역응급의료센터 지위를 가지고 있는 경북대병원도 난처한 입장에 처했다.

대구 지역의료계 인사들은 이번 사안에 대해 복잡한 심정을 내비쳤다. 지역의 응급의료 현장을 잘 아는 한 전문가는 "적절한 조치였냐고 묻는다면 그렇다고 답할 수는 없다. 하지만 이해가 되기도 한다. 파티마병원과 경북대병원 응급실은 정말로 계속해서 (환자가) 터져나가는 응급실이다"라고 말했다. 실제로 파티마병원은 대구에서 가장 많은 응급환자를 보는 곳이다. 대구응급의료협력추진단이 펴낸 통계연보에 따르면, 2019년 파티마병원의 응급실 방문 환자 수는 5만 7000여 명이다. 규모가 더 큰 상급종합병원들(경북대 · 영남대 · 계명대 · 대구가톨릭대)보다 더 많은 응급환자를 받았다. 두 번째는 경북대병원으로 5만 2400여 명이었다.

민간병원이지만 나름 공익적 가치에 따라 응급환자를 열심히 본다는 것이 파티마병원에 대한 지역의료계의 평판이다. 서울의 상급종합병원마저도 진료를 중단해 이슈가 되었던 소아 응급환자의 야간 · 주말 진료도 파티마병원은 이어가고 있다. 앞의 전문가는 조심스럽게 얘기를 꺼냈다. "정말 안타까운 사건이지만, 조사 결과가 파티마(지역응급의료센터)나 경북대병원(권역응급의료센터)의 자격을 취소하는 조치로 귀결된다면 대구 응급의료체계는 거의 마비라고 봐야 한다."

응급실 과밀화가 대구만의 문제는 아니지만 대구 지역은 관련 문제에 특히 아픈 기억이 있다. 2010년 11월 '4세 여아 장중첩 사건'이다. 이번 사건처럼 일요일에 생긴 응급환자였다. 복통 증세를 호소하던 환자는 경북대병원을 비롯해 응급실 5곳을 떠돌다 사망했다. 당시 다른 지역과 비교해도 유독 대구의 응급실이 붐비는 문제가 원인으로 지목됐다. 2012년 대구시 조사에 따르면, 응급실 과밀화지수의 전국 평균이 0.75인 반면 경북대병원은 1.82, 파티마병원 1.41, 대구가톨릭대병원 1.32, 영남대병원 1.09, 계명대 동산병원은 2.21이었다.

대구 지역 의대의 예방의학과 교수는 크게 두 가지 이유를 들었다. "첫 번째로 대구가 이 일대의 중심도시이다 보니 경북 일대와 경남 일부 지역의 환자까지 대구의 병원으로 몰린다. 두 번째는 좀 더 구조적인 문제인데, 대구에 있는 상급종합병원의 접근성이 너무 좋아서 그렇다." 병원 접근성이 너무 좋아서 문제라니 무슨 뜻일까?

상급종합병원은 '1 · 2 · 3차 병원'으로 이루어진 의료 피라미드에서 꼭짓점에 있는 의료기관이다. 전국적으로 총 45개 상급종합병원이 있는데 그중 5개가 대구에 있다. 이런 이유로 대구시는 '메디시티(Medicity)'를 표방한다. 큰 병원이 많으면 그만큼 의료자원이 풍부하고 필요한 의료서비스를 제때 받을 수 있는 것 아닐까? 이 예방의학과 교수는 설명을 이어갔다. "그 바람에 지역의료 전달체계에서 허리를 담당해야 하는 2차급 종합병원들이 거의 괴멸했다. 300병상 이상 되는 규모 있는 2차 병원들이 다 사라지고 유일하게 남다시피 한 곳이 파티마병원이다."

1 · 2 · 3차 의료 피라미드는 거칠게 분류하면 더 중한 환자를 진료하는 순서이다. 동네의원(1차)에서 비교적 가벼운 질환을 보고, 입원 병실을 갖춘 2차급 병원과 종합병원에서 규모에 맞게 경증 · 중등증 환자를 받고, 상급종합병원에서 난이도가 높은 중증 환자를 치료하는 것이 사전적인 기능이다. 그런데 대구는 상급종합병원의 접근성이 좋다 보니 그리로 환자들이 몰리고, 그 결과 2차급 의료기관들이 문을 닫고, 다시 이런 2차 병원 응급실에서 봐야 하는 경증 · 중등증 환자들까지 대형병원 응급실로 몰리는 악순환의 고리가 생긴 것이다.

2010년 4세 응급환자 사망 이후, 대구에서는 민관이 모여 대구응급의료협력추진단을 꾸렸다. 추진단은 고질적인 응급실 과밀화를 해결하기 위해 지역응급의료 '네트워크' 구축에 주력했다. 중심병원과 협력병원의 연계를 강화해 환자가 몰리는 대형병원 응급실에서 위급한 처치가 끝나면 주변의 중소병원으로 분산시키는 사업이다. 그러나 오랫동안 왜곡된 형태로 자리 잡은 의료 전달체계를 불과 수년 만에 바로잡기란 어려운 일이다. 대구 의료계와 지역사회의 노력에도 불구하고 2023년 3월 매우 유사한 성격의 사건이 또다시 되풀이되고 말았다.

사실 대형병원은 더욱 비대해지고 허리급 병원들은 고사 상태에 놓여 한 지역의 의료 생태계가 위태로워지는 현상은 한국 의료계 전체가 겪고 있는 구조적 문제다. 대구에서 극단적인 형태로 드러났을 뿐이다.

이번 사건의 내용을 살펴본 수도권 소재 병원의 응급의학과 전문의는 "아무리 바빠도 응급실에서 환자를 받았어야 한다고 생각하지만, 또 현장을 아는 입장에서 '그럴 수도 있었겠다'고 양가적인 감정이 드는 케이스"라고 말했다. "책임져야 할 환자가 이미 응급실에 잔뜩 있는데 '뒷단(응급실에 들어온 이후 관련 진료과와 연계)'이 풀리기 까다로워 보인다면 응급환자를 받아달라는 연락이 왔을 때 아무래도 유보적으로 대응하게 된다." '뒷단이 풀리기 까다로운 환자'라는 말은 또 하나의 공백과 이어진다.

수술·시술·입원

환자는 4층 건물 약 13m 높이에서 추락했다. 10m 이상에서 떨어진 사고면 외견상 큰 문제가 없어 보여도 중증 외상이라고 취재 과정에서 만난 의료진들은 일관되게 말했다. 부검 결과가 공개되지 않아 정확한 사인은 알 수 없지만 이런 환자는 많은 경우 '다발성 외상 환자'로 분류된다. 신체 여기저기에 부상을 당했다는 뜻이다.

대구 지역 상급종합병원에서 진료를 보는 한 전문의는 "다발성 외상 환자들은 받아주는 병원을 찾기가 힘든 것이 현재 한국 의료의 현실"이라고 말했다. "4층에서 떨어졌다면 뇌출혈이 생길 수 있으니 일단 신경외과 전문의가 있어야 하고, 골절이라면 정형외과, 피부를 봉합할 성형외과, 충격으로 장출혈이 있다면 외과, 코나 귀까지 손상됐다면 이비인후과 전문의도 필요하다. 4~5개 과가 오케이를 해야 하는데 한 군데라도 전문의가 없으면 응급실에서는 '우리 병원은 안 된다' 이렇게 되는 것이다. 더군다나 이번 사건이 벌어진 일요일 같은 경우는 당직이 없는 과가 대부분이다."

응급환자는 평일 오전 9시부터 저녁 6시까지, 일과 시간에만 생기지 않는다. 응급실뿐만 아니라 최종 치료를 담당하는 배후 진료과가 24시간 돌아가는 병원이 어딘가에는 있어야 위급한 중증 환자들의 생명을 구할 수 있다. 오랜 기간 한국 대형병원들은 야간과 주말 진료를 각 과에서 수련을 받는 레지던트(전공의)들의 초장시간 노동으로 채워왔다. 2017년 '전공의특별법'에 따라 전공의 노동시간이 주 80시간으로 제한된 뒤 5년이 흘렀지만 한국 의료계는 이 공백을 메울 마땅한 방안을 찾지 못하고 있다.

그런데 사고가 일요일이 아니라 평일에 일어났다면 이 환자를 살릴 수 있었을까? 이 질문을 받은 의료계 인사 그 누구도 '그랬을 것'이라고 확실하게 답하지 못했다. 당직 설 의사 이전에 환자의 생명과 연관된 수술을 하는 의사 자체가 줄고 있기 때문이다. 대구 지역 의료 사정을 잘 아는 한 전문가는 "모든 병원이 기본적으로 예전처럼 수술을 충분하게 할 수 있는 상황이 못 된다. 다발성 골절 환자, 외상 환자뿐만 아니라 뇌혈관, 대동맥 등 혈관에 좀 큰 문제가 생기거나 수지 절단(손가락 절단)돼 접합해야 하는 경우, 이런 수술을 하는 병원이 별로 남아 있지 않다"라고 말했다. "수술하는 의사 풀 자체도 좁아지는데 그나마 있는 의료진마저 서울과 수도권으로 유출되는 것이 대구의 상황"이라고 이 전문가는 덧붙였다. 지역의 필수의료 공백은 이중으로 심화되고 있는 것이다.

중앙응급의료센터는 각 응급실의 상황을 대략적으로 파악할 수 있는 '온라인 종합상황판'을 운영한다. 수요일인 4월 20일 오후 4시쯤 대구 지역 상급종합병원 응급실의 종합상황판을 확인했을 때 병원마다 적게는 3개, 많게는 5개까지 응급실에 와도 진료가 불가능한 과를 알리는 메시지가 달려 있었다(〈그림 2-3〉 참조).

소방청이 펴낸 『119 구급서비스 통계연보』에 따르면, 2022년 구급차가 응급실에 갔지만 환자를 받아주지 않아 재이송된 사례는 총 7634건이었다. 가장 빈번한 재이송 사유는 전문의 부재(31.4%)였다. 그다음으로 병상 부족(17.1%), 환자·보호자 변심(4.9%) 순이었다. 국립중앙의료원 분석에 따르면, 적정 시간 내에 응급실에 도착하지 못하는 중증 응급환자는 2018년 14만 1316명(47.2%)에서 2022년 14만 6543명(52.1%)으로 5%포인트 증가했다.

응급실 현장과 응급의료체계에 두루 밝은 한 전문가는 "안타

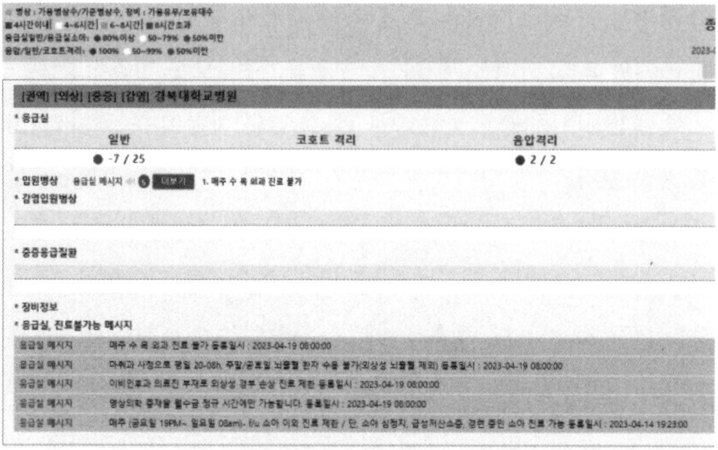

〈그림 2-3〉 경북대병원 응급실의 진료 불가 안내

깝지만 어떤 해결책 하나를 도입해서 앞으로는 좋아질 거다, 긍정적인 말씀을 드리기가 어렵다는 것이 솔직한 답변"이라고 말했다. 대구의 10대 응급환자가 추락 이후 숨을 거두기까지 ① 이송 ② 응급실 ③ 수술 · 시술 · 입원 단계 단계마다 단시간에 풀기 어려운 문제들이 중첩돼 있었다. 응급환자를 살리기 위해서는 의료 인프라와 시스템도 뒷받침되어야 하지만, 지역의 응급의료를 구성하는 119 구급대와 응급실, 또 병원과 병원 사이에 커뮤니케이션, 즉 호흡을 맞춰가는 일이 못지않게 중요하다. 2010년 4세 응급환자의 사망 이후 협력을 쌓아가려는 대구시 소방과 의료기관들의 노력도, 이번 사건으로 책임 소재 공방이 벌어지며 수포로 돌아갈 공산이 커졌다. 누구의 잘못일까? 꼬인 줄을 어디서부터 풀어야 할까? 질문만 자욱한 가운데 분명한 것은 17세 응급환자가 구급차에 실려 거리를 헤매다 목숨을 잃었다는 사실뿐이다.

2
소아청소년과에 들어온 비상 신호

+

모두의 피를 말리는 '소아과 전쟁'

2023년 4월 23일 일요일 아침 7시 30분. 신도시 지역의 한 아동병원. 약 40평 규모 대기실에 발 디딜 틈이 없었다. 어림해서 세보아도 대기실에 들어찬 사람이 120명은 족히 넘었다. 주말 아침부터 소아청소년과(소아과) '오픈런'을 한 보호자들과 아이들이다. 접수대 앞으로는 S자 모양의 긴 줄이 늘어섰다. 전날 입원을 기다리다가 결국 자리가 나지 않아 새벽 5시에 다시 왔다는 4세 여아의 엄마는 대기 순번 36번을 받았다. 아기띠를 두른 채 두 시간 동안 꼬박 서서 발을 구르던 한 아빠가 한숨 쉬듯 한마디를 내뱉었다. "전쟁이다."

과장이 아니다. 지금 대한민국에서 보호자들은 아이를 데리고 병원에 가려면 피를 말려야 한다. 소아과 진료 예약 앱은 '1분 컷'

으로 마감되고, 예약을 잡지 못한 부모들은 "시속 120km"로 차를 몰아 아직 문 열지 않은 소아과로 달려간다. 다른 한편에서는 소아청소년과 자체가 고사 위기로 내몰리고 있다. 몇 년째 전공의가 들어오지 않아 수도권 상급종합병원이 소아 입원진료를 중단하는가 하면 소아과 개원의들이 경영난을 이유로 폐과를 선언한다. 그 틈바구니에서 현장을 지키는 소아과 의사들은 진료 공백을 메우기 위해 스스로를 갈아 넣는다.

모두가 힘겨운 싸움 중이다. 비난의 화살은 갑질하는 맘카페로, 뭘 물어볼 겨를도 없이 3분 만에 진료를 끊는 소아과 의사에게로, 무책임하게 소아 환자를 받지 않는 대학병원으로, 가벼운 감기에도 소아과에 뛰어오는 보호자들로 돌고 돈다. 원망이 오가는 사이 아이들이 건강하게 자랄 수 있는 환경은 하루하루 위태로워지고 있다. 전쟁통 같은 상황에서 벗어나 안정적으로 소아 진료를 제공하고, 제공받을 길은 없을까? 저출생과 전공의 지원 감소라는 나선형 소용돌이에 빠져들고 있는 소아과를 구해낼 해법이 과연 있기는 할까? 소아과를 둘러싼 당사자들의 시선을 통해 소아 진료 현실을 살펴보자.

시선 1. 신도시 지역 어린이병원 원장

박용훈 씨(가명)는 입원 병실을 갖춘 아동병원의 공동 원장이다. 그가 일하는 아동병원은 평일 밤 11시, 주말에는 저녁 6시까지 외래 진료를 보는 달빛어린이병원이기도 하다. 달빛어린이병원은 야간·주말 진료를 하도록 정부가 지정한 소아 의료기관으로 2023년 기준 전국에 37곳이 있다.

2023년 4월 23일 일요일 아침 8시. 입원실 회진을 돌고 2층으로 내려온 그가 대기실을 가득 채운 보호자와 아이들 사이를 뚫고 다이빙하듯 진료실로 뛰어 들어갔다. 보통 병실 회진을 돈 뒤 병원에서 간단하게 아침식사를 해결하지만 이날처럼 "병원 분위기가 심상치 않을 때"는 건너뛴다. 병원 앞 주차장에는 쉴 새 없이 차가 들어섰고 1층과 2층을 연결하는 엘리베이터는 연신 사람들을 토해냈다. 병원 홈페이지에 안내된 진료 시간은 오전 9시부터이지만 그는 한 시간 일찍 진료실 문을 열었다. 컴퓨터를 켜자 모니터에 접수 환자 수가 떴다. 86명. 이날 하루 예정된 환자 수가 아니다. 아침 8시까지 박 원장 앞으로 접수를 마친 환자 수이다.

본래도 신학기와 환절기가 겹친 3~5월은 소아과가 붐비는데 2023년은 좀 더 심하다. 마스크 착용이 전면 해제되고 지난 3년간 코로나19 유행으로 주춤했던 어린이집과 유치원의 단체활동이 활발해지면서 감기 바이러스 7~8종이 일시에 유행하고 있다. RSV 바이러스에 감염되었다 나을 즈음이면 보카 바이러스에, 보카 치료를 끝내면 아데노 바이러스에 다시 걸리는 식이다. 3월부터 두 달째 약을 달고 사는 아이들이 수두룩하다. 치료 시기를 놓쳐 폐렴으로 악화되는 경우도 심심치 않게 생긴다.

대학병원에서 일하던 시절에는 그도 '3분 진료'를 비판적으로 바라봤다. 개원의가 된 뒤 생각이 바뀌었다. 진료비 이외에 수익

낼 항목이 거의 없는 소아과 특성상 환자를 많이 봐야 병원이 돈을 번다는 영리적 목적도 있지만, 진료를 짧게 끊어야만 하는 현실적인 이유도 존재한다. "대기 시간은 '복리'로 늘어나요. 제가 앞 환자를 조금만 오래 봐도 그 뒤에 기다리는 환자들은 연쇄적으로 대기 시간이 길어져요." 얼마 전 평일 야간 진료 때는 저녁 6시에 접수한 아이와 엄마가 밤 11시 30분에야 진료를 봤다. 진료 시간이 5분만 되어도 좀 더 "다정한 소아과 의사"가 될 수 있을 텐데, 마음속에 늘 남아 있는 아쉬움이다.

그가 안간힘을 써서 환자를 보는 데에는 또 다른 이유도 있다. 주말이나 평일 저녁, 이곳에서 진료를 받지 못한 아이와 부모들은 갈 곳이 마땅치 않다. 달빛어린이병원에서 수용하지 못해 튕겨 나간 환자들은 응급실로 가야 한다. 열나는 경증 환자들이 대학병원 응급실을 채우는 것도 바람직하지 못할뿐더러, 소아 응급환자 앞에 놓인 문턱 역시 점점 높아지는 상황이다.

입원해야 하는 아이들 앞에 놓인 여정은 더욱 험난하다. 중증 난치병 환아들을 말하는 것이 아니다. 소아 입원의 대부분은 폐렴, 장염, 고열이 원인이다. 박 원장은 가장 흔한 질환인 폐렴을 예로 들어 설명했다. "폐렴은 기침과 고열을 동반해요. 어린아이들이 기침을 심하게 하면 '콜록' 할 때마다 몸이 들썩이잖아요. 뜨거운 햇볕(열) 아래서 쉬지 않고 운동을 하는 것과 비슷해요. 제대로 먹지도 못하고. 어른이든 아이든 탈진하겠죠. 그러면 링거를 맞히면서 포도당과 전해질, 수분을 공급해줘야 해요. 문제는 소아과 특성상 애들이 입원해서 수액을 맞을 수 있는 병원이 한정적이라는 거예요." 박 원장네 병원만 해도 새벽 5~6시부터 기다린 아이들이 입원하고 나면 그 이후로 오는 환자들은 한없이 병상 나기를 기다려야 하는 날이 많다.

얼마 전에는 전화통을 붙들고 인근 대학병원 소아청소년과 교수와 언성을 높였다. 숨을 잘 쉬지 못하는 아기였다. 2차 병원인 아동병원에서는 커버할 수 없는 중증도의 환자라 대학병원에 전원을 문의했다. 일단 산소 투여를 하는 긴급 처방을 해서 그리로 보내겠다고 하니 "(소아과)전공의도 없고, 입원실도 없으니 보내지 말라"는 답이 돌아왔다. 다른 병원을 알아보라는 말에 "내가 전화 돌리는 동안 애가 넘어가면 어떡할 거냐. 거기는 숨 못 쉬는 소아 환자를 케어하기 위한 장비도 있고, CPR(심폐소생술)도 할 수 있고, 의료진도 더 많지 않으냐. 여기는 나랑 간호조무사 두 명뿐이다"라고 실랑이를 벌인 끝에 그 환자를 전원시킬 수 있었다.

낮 1시 30분. 역시 점심도 거른 채 오후 진료에 들어갔다. 정신없이 다음 환자, 또 다음 환자를 보는데 진료실에 들어온 보호자가 불같이 화를 낸다. 자초지종을 들어보니 입원 자리를 얻으려고 새벽 2시에 병원에 왔는데 새벽 5시쯤 온 보호자의 아이가 먼저 병실을 배정받았다는 것이다. 아마도 접수 과정에서 착오가 생긴 모양이었다. 박용훈 원장은 "정말 죄송하다. 그런데 제가 지금 (대기실로) 나가 어떻게 된 상황인지 알아볼 수도 없는 노릇이다. 꼭 오늘 입원을 하시게 어떻게 해서든지 도와드리겠다"라고 연신 머리를 조아렸다.

어째서 순서가 뒤집혔는지 박 원장은 여전히 알지 못한다. 그걸 따지려면 CCTV를 돌려봐야겠지만 그럴 여유도 없고, 추궁하기 시작하면 가뜩이나 격무에 시달리는 직원들이 자칫 병원을 옮길지도 모른다. 4월 23일 하루 환자 212명을 보고 저녁 8시 15분 퇴근하는 길, 그는 생각했다. '아이 데리고 병원에 오는 것조차 왜 이렇게 경쟁을 해야 할까.'

시선 2. 두 자녀를 둔 워킹맘

서은주 씨(가명)는 여덟 살, 네 살 형제를 키우는 엄마다. 결혼하고 남편 직장을 따라 연고가 없는 대전에 왔다. 지금은 맞벌이 중이다.

굳이 '소아과 대란'까지 들먹이지 않더라도 아이가 아플 때 맞벌이 부부 앞에 놓인 현실은 녹록지 않다. 자라면서 딱 두 번 입원했던 첫째와 달리 돌 직전에 폐렴을 앓은 둘째는 어린이병원 입원실을 찾는 경우가 잦다. 심할 때는 한 달에 두 번씩 입원하기도 했다. 부부 둘 다 비교적 휴가를 자유롭게 쓸 수 있는 직장에 다녀서 아이가 병원에 가야 하거나 입원할 때면 연차를 쓰곤 했는데 지난해에는 10월 무렵 무급휴가까지 죄다 소진하고 말았다. 그 바람에 다른 지역에 사시는 친정어머니와 시어머니가 번갈아 며칠씩 오셔서 아픈 손자를 돌봐야 했다.

아이의 신체 변화를 민감하게 살피는 열혈 엄마냐고 묻는다면 반대에 가깝다. 어린이집에 다니는 아이들은 새 학기마다 '영유아 건강검진' 결과를 제출해야 한다. 소아과에서 받을 수 있는데 인기가 많은 곳은 한 달 전에 마감된다. "그런 곳은 이것저것 체크를 되게 많이 해준다던데" 서 씨는 예약에 성공해본 적이 없다. 동네에 사람들이 잘 찾지 않는 오래된 소아과가 있어 거기서 영유아 건강검진을 받곤 한다. 엄마가 가서 배가 아프다고 해도, 애가 가서 목이 아프다고 해도, 감기일 때도, 폐렴일 때도 약처방이 항상 똑같은 곳이다. "(영유아 검진을 할 때도) 키랑 몸무게 재보고, 이거 들어봐라 앉아봐라 하면 끝나요. 아무래도 대충 한다는 인상을 받죠."

주말에도 아이가 열이 난다 하면 일단은 지켜보고 해열제를 먹인다. 문 연 소아과를 찾아가더라도 한참 기다려야 하는 걸 아니까 아이도, 부모도 서로 고생이다. 그래도 열이 안 떨어지면 진료 예약 앱으로 평일인 다음 날 방문할 소아과를 알아보는데 웬만한 곳은 예약이 다 차 있다. 눈이 빠져라 앱을 들여다보고 있으면 가끔 KTX 표처럼 취소 자리가 나오기도 한다. 이도 저도 안 될 때 제일 확실한 방법은 소아과 문 열기 전에 가서 그냥 기다리는 것이다. 얼마 전에는 어린이병원에 갔더니 입원 대기 환자 수가 60명이었다며 그는 헛웃음을 터트렸다. "저출생 시대라는데 아이 키우는 집은 어린이집이며 병원이며 기다림의 연속이에요."

지난 3월에도 아이 봐줄 병원을 찾아다니느라 가슴 졸이는 일이 있었다. 금요일이었다. 저녁으로 생선요리를 먹었는데 가시가 걸렸는지 첫째가 목이 아프다고 했다. 처음에는 괜찮겠지 했는데 아이 상태가 점점 나빠졌다. 말도 못하고 고개만 겨우 끄덕거렸다. 겁이 나서 5분 거리에 있는 A 병원 응급실로 갔다. "핀셋으로 가시를 뽑고 나면" 금세 귀가할 수 있을 거라고 생각했다.

A 병원 응급실 의사는 이비인후과 의사가 없으니 다른 곳으로 가야 한다고 했다. 어디로 가야 하느냐고 묻자 아무 대학병원이나 가라는 답이 돌아왔다. 제일 가까운 거리에 있는 B 대학병원 응급실로 향했다. 이번에는 아이를 한번 보지도 않고 "소아과 의사가 없어서" 진료가 안 된다고 했다. 그 뒤로 서 씨는 토요일인 다음 날까지 C 대학병원 응급실, D 어린이병원을 거쳐 다섯 번째로 찾아간 E 대학병원 응급실에서야 아이를 치료받게 할 수 있었다. E 대학병원 응급실도 주말에 소아 진료가 어렵다는 것을 아이 상태가 너무 안 좋다고 사정해서 겨우 접수해준 것이었다. 금요일 밤 8시부터 병원을 찾아다니기 시작했는데 목구멍 안쪽 상태를 확인하고 약을 처방받고 나니 토요일 밤 8시였다.

그날 서 씨는 남편과 "이래서 서울에서 살아야 한다고들 하나 봐"라고 푸념을 주고받았다. 그런데 생각해보니 서울의 대형병원에서도 소아 응급환자의 주말·야간 진료를 중단했다는 뉴스를 본 기억이 났다. '아이 키우는 게 이렇게 힘들 줄 알았다면 애를 낳았을까?' 종종 머릿속을 채우는 의문에 그는 쉽게 답할 수 없었다.

시선 3. 종합병원 소아과 봉직의

김정은 씨는 신천연합병원 소아청소년과 2과장이다. 경기도 시흥시 신천동에 자리 잡은 신천연합병원은 132병상 규모로 크다고 할 수는 없지만 오랜 기간 지역사회와 호흡해온 공익적 민간병원이다.

토요일이던 4월 29일 오전 7시 50분. 아직은 고요한 병원에서 소아과 2진료실은 불을 밝히고 있었다. 김정은 과장은 신천연합병원에 입원한 소아 환자 22명에 대해 오더(처방)를 내는 작업에 몰두하고 있었다. 아침 일찍 5~6층 입원병동 회진을 돌며 아이들 상태를 확인하고 2층 소아과 진료실로 내려온 참이었다. 환자별로 약 투약, 검사 등 필요한 처치들을 병원 내부 전산망에 입력해두면 병동 간호사들이 그 지시를 보고 처치를 수행한다. 오더를 꼼꼼하게 내려놓아야 8시 30분부터 시작되는 외래 진료에 집중할 수 있다.

아침 8시가 넘어가자 보호자와 아이들이 대기실에 들어차기 시작했다. 8시 16분, 갑자기 진료실에서 뛰쳐나온 김정은 과장이 1층으로 내달렸다. 응급실에서 콜이 온 것이다. 응급실 한편에 마련된 격리 구역 안으로 젊은 엄마와 품에 안긴 아기가 눈에 들어왔다. 서둘러 격리 구역으로 들어가는 김 과장에게 응급실 간호사가 "애기는 아까 8도4(38.4도)에서 8도6(38.6도)이었어요"라고 체온을 알려줬다. 코로나19에 걸린 아기였다. 곧 보호구를 착용한 김정은 과장이 격리실 유리창 안으로 모습을 드러냈다. 아기 배에 청진기를 대보고 엄마와 잠시 대화를 나눴다. 격리실을 나온 그는 간호사에게 입원 준비를 해달라는 말을 남기고 쏜살같이 응급실을 빠져나왔다. 계단을 두 칸씩 껑충껑충 뛰어올라 2층으로 돌아오자 소아과 대기실에는 이제 엉덩이 붙일 곳이 없었다.

8시 25분 첫 번째 외래환자가 2진료실로 들어갔다. 입 안쪽과 귓구멍을 들여다보려고 하자 세 살배기 지우가 울음을 터트렸다. 아빠가 아이를 끌어안고, 간호조무사가 머리를 붙잡고 나서야 의료용 플래시로 입 안쪽을 비춰볼 수 있었다. 외래환자를 보는 동안에도 김정은 과장의 안테나 한쪽은 입원병동에, 다른 한쪽은 응급실로 뻗어 있다. 입원병동 간호사들이 아기가 기침을 너무 심하게 한다거나, 뭘 먹고 토했다는 메시지를 실시간으로 보내온다. 예상치 못한 증상이면 2층 소아과 진료실로 내려오도록 한다. 이날도 환자복을 입고 한쪽 손에 링거를 꽂은 아이들과 보호자가 중간중간 진료실을 찾았다.

사실상 1인 3역이다. 김정은 과장은 진료가 없는 일요일이나 휴일에도 병실 회진을 돌기 위해 병원에 나온다. 신천연합병원 소아청소년과 1진료실은 올해 1월부터 비어 있다. 4개월째 소아과 전문의를 구하고 있지만 지원자를 찾기가 쉽지 않다. 특히 대학병원 소아과들이 입원전담 전문의 채용에 나서면서 신천연합병원 같은 중소 규모 병원들은 소아과 의사들 사이에서 더욱 입지가 좁아졌다.

지금의 외래환자도 입원환자도 김정은 과장이 혼자 보기에는 힘에 부치는 숫자이다. 그러나 시흥 북부 지역에 소아 입원이 가능한 병원은 신천연합병원이 유일하다. 요즘에는 안산, 부천, 인천의 상급종합병원에서도 입원을 받아주지 않아 이곳까지 오는 환자와 보호자가 적지 않다. 그렇다고 대학병원 교수들을 비난하고 싶지는 않다. "대학병원에서도 전공의 확보가 안 되면서 수년째 교수들이 당직 시프트를 메우고 있어요. 그분들도 이제 너무나 '번아웃'이 돼버렸어요."

김정은 과장이 소아과 의사로 살아온 지도 20년이 넘었다. 대학병원 교수로도 있었고, 자신의 이름을 딴 소아과를 개원한 적도 있다. 개원의, 봉직의, 대학교수. 그 가운데 소아과를 지망하는 후배 의사들이 처음에 품었던 꿈을 실제로 펼칠 수 있는 자리가 있었던가. 소아과의 미래가 어둡게 느껴질수록 그의 고민도 깊어진다.

시선 4. 소아청소년과 폐과 선언

소아청소년과에는 큰 단체가 두 개 있다. 하나는 전체 소아과 의사들을 아우르는 '대한소아청소년과학회'이다. 한국 의료체계에는 소아청소년과, 내과, 외과, 산부인과 등 26개 진료 과목이 있는데 각 진료 과목별로 학회가 조직돼 있다. 또 다른 단체인 '대한소아청소년과의사회'는 조금 독특하다. 소아과 개원의들의 모임이다. 2023년 3월 28일 '소아청소년과 폐과와 대국민 작별인사' 기자회견을 연 곳이 여기다. 검은 옷을 입고 모인 의사들은 소아과 의원의 수입이 점점 줄어 더 이상 병원을 운영하기 어려운 수준이라고 호소했다.

취재 과정에서 만난 한 의료계 인사는 "소아과는 어찌 보면 정직한 과"라고 말했다. 소아과에서 행해지는 진료는 대부분이 국민건강보험공단에서 수가(가격)를 정해 지불하는 '급여' 항목이다. 보통 한국의 의원과 병원들은 가격을 자의적으로 정하는 '비급여' 항목에서 매출을 크게 올리는데 그런 면에서 소아과는 수익성을 기대하기 어렵다. 실제 다른 과와 비교한 통계에서도 소아과는 연평균 임금이 낮은 축에 속한다.

보건복지부의 보건의료인력 실태조사에 따르면, 2015년 의원급 병원의 소아과 의사 연평균 임금은 1억 6300만 원으로 조사에 포함된 22개 과목 가운데 19번째였다. 코로나19로 직격탄을 맞은 2020년에는 1억 870만 원으로 오히려 수입이 줄어 최하위를 기록했다. 이 의료계 인사는 "큰 수익 창출의 기회가 없는 걸 알면서도 아픈 아이를 치료한다는 가치에 비중을 두고 그 과를 선택한 사람들이 소아과 의사이다. 그런 사람들이 화를 낼 정도면 귀를 기울여줄 필요가 있다"라고 말했다.

요즘 극심하게 벌어지는 '소아과 대란'은 흔히 소아청소년과 전공의 미달 사태와 연관해서 얘기된다. 2023년 소아과 전공의 확보율은 17%에 그쳤다.* 대학병원을 포함해 전국의 소아과 수련병원 50곳 가운데 38곳이 전공의를 한 명도 확보하지 못했다. 지난해 말부터 올해까지 이런 뉴스가 속속 전해지며 위기감을 더했다.

---

* 하반기 추가 모집 등을 합쳐 2023년 소아청소년과 전공의 최종 충원율은 25%가 되었다.

〈그림 2-4〉 소아청소년과 1년 차 전공의 확보율
(전공의 합격 포기자 및 국군수도병원 근무자 제외)

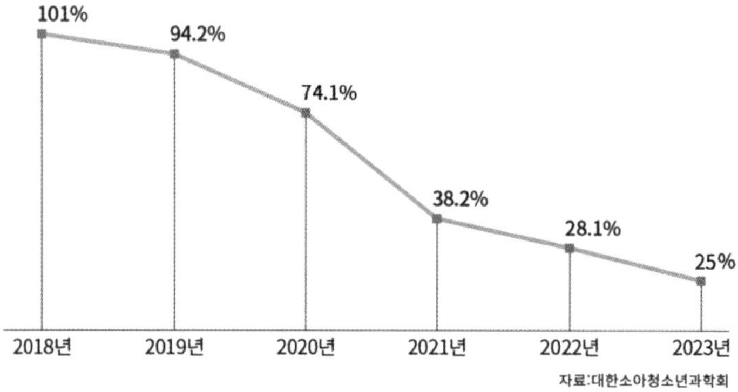

그런데 상황을 좀 더 섬세하게 들여다볼 필요가 있다. 최근 1~2년이 아니라 기간을 더 길게 잡아 살펴보면 2018년 101%, 2019년 94.2%로 정원을 거의 다 채울 만큼 소아청소년과를 지원하는 전공의 숫자가 충분했다(〈그림 2-4〉 참조). 그러나 소아과 전공의 지원율은 2020년, 2021년을 지나며 급감했다.

그렇다면 지금의 '소아과 대란'은 어떻게 설명해야 하는 걸까? 한 소아과 전문의 ㄱ 씨는 코로나19의 영향을 꼽았다. 코로나19 유행 기간 소아과는 재앙적 수준의 수익 급감을 겪었다. 아이 키우는 부모들이 의료기관 방문을 꺼린 데다 마스크 착용, 등원 · 등교 중지 등으로 소아들이 자주 걸리는 질환의 발생이 현격히 줄어들기도 했다. 그는 "지금 하루에 1000명씩 환자가 몰리는 어린이병원들이 그때는 환자 4~5명을 봤다"라고 설명했다.

〈그림 2-5〉 소아청소년과 의원 수

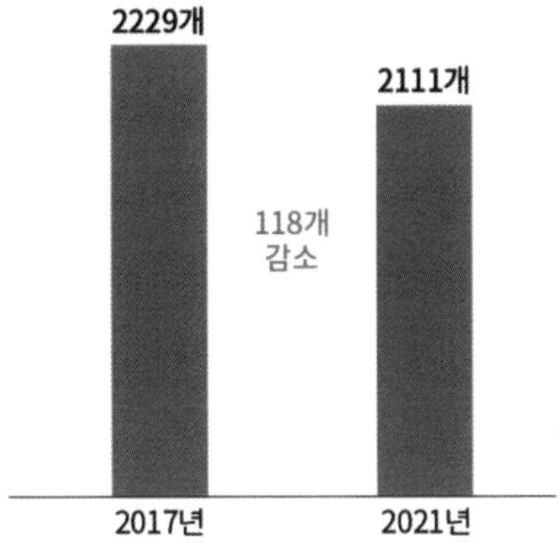

건강보험심사평가원 통계에 따르면, 2019년 2조 9000억 원이었던 소아과 진료비는 2020년 2조 1000억 원으로 27% 감소했다. 이 시기를 버티지 못한 소아과 의원들이 여럿 문을 닫았을 것이라고 의료계는 추정한다. 코로나19 영향만을 집계한 데이터는 따로 없지만 심평원 자료에 의하면, 소아과 의원 수는 2017년 2229개에서 2021년 2111개로 118곳 줄어들었다(〈그림 2-5〉 참조). 소아과 진료 '공급'은 감소했는데 마스크 해제와 일시에 몰린 감기 바이러스 유행으로 '수요'는 폭발하며 2023년 봄 '소아과 대란'이 빚어진 것이다. ㄱ 전문의는 "2020년, 2021년 소아과 면허를 따고 배출된 의사들이 구직난에 시달렸다. 그 여파가 소아과 전공의 지원율 감소까지 미쳤다고 본다"라고 말했다.

코로나19의 여파였으니 시간이 흐르면 자연스레 제자리를 찾을 문제일까? 이 '특수 시즌'이 지나면 지금 당장 목도하는 극단적 형태의 소아과 대란은 약간 풀리겠지만 소아과 의사를 찾기 어려운 상황은 앞으로 본격화될 가능성이 높다. 몇 년째 전공의를 확보하지 못한 진료 과목은 전공의 확보율을 반등시키기 점점 더 어려워진다. 전공의 정원이 비었던 그 병원, 그 과에 전공의로 들어가면 1년 차 레지던트가 2~3년 차 레지던트의 일까지 모두 떠맡아야 하기 때문이다. 가팔라지는 저출생 기조도 예비 의사들의 소아과 선택을 주저하게 한다.

2~3년째 전공의가 들어오지 않아 소아 입원 기능마저 마비된 대학병원 가운데 일부는 소아과 입원전담 전문의를 채용하는 방식으로 진료 공백을 메울 채비를 하고 있다. 전공의의 초장시간 노동에 기대는 대신 입원전담 전문의라는 직군을 정착시켜 의료 서비스를 제공하려는 시도다. 그러나 소아과 의사라는 풀이 한정된 상황에서 한쪽이 인력을 끌어가면 다른 쪽에서는 또 다른 공백이 발생할 수밖에 없다.

소아 진료 공백이 사회문제로 떠오르자 보건복지부는 2023년 1월 31일 중증 · 응급 · 분만 그리고 소아에 방점을 찍은 필수의료 지원대책을 발표했다. 2월 22일 서울대 어린이병원을 찾은 윤석열 대통령은 "소아의료체계 강화를 위해 정부가 모든 지원을 아끼지 않겠다"라고 약속했다. 그러나 현 정부가 내놓은 필수의료 지원대책에 대해 한 의료계 전문가는 1차 의원-2차 병원-3차 대학병원으로 이어지는 소아 의료체계에서 "사실상 최상층부만 보호 장치를 마련한 것"이라고 말했다.

그는 정부 발표 중 전국 9개 대학병원이 선정된 '어린이 공공전문진료센터 적자 사후 보상' 사업 정도만 사실상 의미 있는 대책이라고 짚었다. 실효성을 발휘할 만큼 획기적인 예산이 확보된 사업은 이들 대형병원의 소아 진료 적자를 메워주는 정책이 유일하다는 것이다. "'필수의료'에 중점을 두는 현 정부 기조상, 보편적인 의료복지보다는 어린이 공공전문진료센터로 지정된 대형병원을 지원해 중증 난치 소아 환자의 생명을 살리는 데에 돈을 쓰겠다는 거다. 하지만 그 아래 나머지 부분으로 자원이 흘러가긴 어렵다."

의료는 생태계다. 1차 동네의원들이 촉수처럼 뻗어 있고, 2차 병원이 지역사회의 허리 역할을 하고, 3차 대형병원이 중증환자를 맡아야 한다. 정부 대책으로 어린이가 건강하게 성장하고, 부모들은 안정적으로 아이를 병원에 데려가고, 뜻 있는 의사들이 소아청소년과를 택하는 환경이 조성될 수 있을까? 꼭대기만 비대하다면 지금의 위기로부터 소아과를 구해내기 쉽지 않을 것이다.

어젯밤, 우리 아이가 응급실을 찾지 못한 이유

아픈 아이들이 거리를 헤맨다. 소아 환자를 받아주는 응급실을 찾기 어렵기 때문이다. 지난 2023년 5월, 서울 광진구에서 급성후두염 증세를 호소하던 5세 아동이 응급실 다섯 곳을 전전하다가 응급처치를 받았지만 끝내 숨졌다. 9월에는 19개월 아기가 경북 구미에서 대구까지 응급실을 찾아다니다 여섯 번째 응급실에서 겨우 장중첩증 치료를 받았다. 굳이 뉴스로 접하지 않더라도 아이를 키우는 집집마다 한밤중에, 또 휴일과 주말에 발을 동동 구르는 경험이 늘고 있다.

단순한 체감이 아니었다. 보건복지부는 2023년 3월 전국 409개 응급의료기관을 대상으로 '소아 응급환자 진료 실태'를 점검했다. 공개되지 않았던 이 조사 결과 자료를 국회를 통해 입수했다. 의료기관의 이름은 가려졌지만 위태로운 소아 응급진료 현황은 숫자로 여실히 확인되었다. 제약 없이 어린이들을 받아주는 응급실은 네 곳 가운데 한 곳에 불과했다.

전체 409개 응급실 중 92곳만이 24시간 상시 소아 응급진료가 가능했다. 소아 환자를 받기는 하지만 시간 · 연령 · 증상 등에 따라 진료가 제한되는 응급실은 292곳이었다. 나머지 25곳은 소아 응급환자를 아예 받지 않는다고 밝혔다(〈그림 2-6〉 참조). 응급의료기관의 77%에서 소아 진료가 제한되거나 불가한 것이다.

실태 점검에서 보건복지부는 소아 응급진료 제공이 불가능한

〈그림 2-6〉 소아 환자 진료 가능 응급실 수(단위:개)

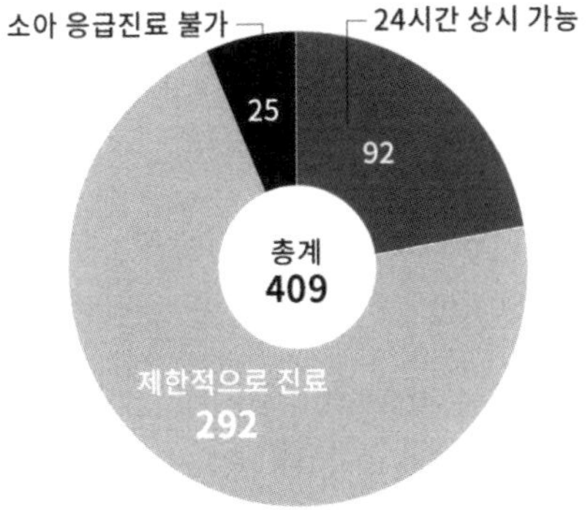

자료:보건복지부, 더불어민주당 정춘숙 의원실

상황을 시간 · 연령 · 증상 · 기타로 나누어 구체적으로 조사했다. 소아 진료를 못 하는 이유도 물었다. 자유롭게 답변할 수 있는 비고란에 소아 응급 현장의 가감 없는 목소리가 담겼다. 한 지역응급의료센터는 이런 말을 남겼다. "전국적인 문제로 국가 재난 상황으로 인식하기 바람."

깊은 밤일수록, 어릴수록 제한되는 진료

전국 409개 응급실 가운데 92곳에서만 별다른 제약 없이 소아 진료가 이루어진다. 25곳은 아예 소아 환자를 받지 않는다. 소아 응급진료를 하기는 하지만 제한적으로 이루어지고 있다고 답한 나머지 292곳의 상황은 어떨까?

보건복지부 실태조사 자료를 바탕으로 따져본 결과, '시간'에 제한을 두는 응급실은 206곳으로 파악되었다. 오전 8~9시부터 오후 5~6시까지 일과 시간에만 소아 환자를 받는다는 응급실이 가장 많았다.

치료 가능 '연령'을 제한하는 곳은 244곳이었다. 특히 '12개월 미만' '24개월 미만' '36개월 미만'은 진료가 안 된다는 응급실이 대다수였다. 영유아의 경우, 응급의학과 전문의가 보기 어려워 소아청소년과(소청과)에서 진료해야 하는데 소청과 전문의가 없다는 것이 주된 이유였다. '24개월 미만 소아 진료 불가'라고 밝힌 한 지역응급의료센터는 사유로 "소아 정맥주사를 지속적으로 시행하는 숙련된 정맥주사팀 없음"을 들었다. 아기들은 주사를 놓을 때 혈관을 잡기가 성인보다 훨씬 까다로운데 능숙한 간호사가 부족해 소아 환자를 꺼리게 된다는 뜻으로 풀이된다.

큰 병원에서도 못 보는 증상들

'증상'에 제한을 두는 경우도 빈번했다. 이 자체가 문제는 아니다. 응급실은 크게 권역응급의료센터(40개), 지역응급의료센터(131개), 지역응급의료기관(238개)으로 나뉜다. 실제로는 역할이 많이 혼재돼 있지만 기본적으로는 각각 순서대로 중증-중등증-경증 응급진료에 집중하도록 되어 있다.

문제는 응급의료체계의 꼭짓점인 권역응급의료센터에서도 상당수가 증상에 따라 소아 응급진료가 불가하다고 답했다는 점이다. 권역응급의료센터는 명칭에서도 알 수 있듯이 해당 '권역'에서 응급환자에 대한 최종 진료가 가능하도록 전국에 40곳을 지정한 병원이다. 최소 300병상에서 최대 1700병상까지 갖춘 규모 있는 종합병원 혹은 상급종합병원들이다. 그런데 권역응급의료센터 40개 가운데 19개 병원이 소아 응급진료에서 치료가 불가능한 증상이 있다고 답했다(〈그림 2-7〉 참조).

〈그림 2-7〉 권역응급의료센터가 밝힌 소아 진료 불가 증상
(※ 권역응급의료센터 총 40곳 중 21곳은 진료 안 된다고 밝힌 증상 없음)

	증상	이유
병원 1	응급 내시경, 응급 기관지 내시경, 소아 응급수술 등 전문 시술 관련 질환은 일부 시간 최종 치료 불가능	인력 부족
병원 2	기관지 내시경, 위장관 내시경	응급실에서 소아를 수용해도 배후 진료가 가능한 소아청소년과 의사가 부족함
병원 3	소아 소화기 환자	
병원 4	특정 과목 전문 치료가 필요한 경우 제한적 조치	1. 전담전문의 지원자가 없음 2. 지역사회 소아청소년과 의원 수가 줄어 후속 진료가 안 됨
병원 5	외과적 협진 필요 가능성이 있을 경우 외과 사정으로 진료 불가능할 수 있음	소아 진료 운영을 위한 자원 확충 관련 노력을 지속할 계획. 그러나 현재 지역의 소아청소년과와 소아외과 의료 상황을 고려할 때 적절한 응급진료는 매우 제한적일 수밖에 없음
병원 6	소아청소년과 진료가 필요한 모든 증상 진료 불가	본원 치료 중인 소아 응급환자 이외 소아청소년과 진료 불가능. 일반외과, 응급의학과 등의 진료가 필요한 경우는 가능
병원 7	소아 일반외과(복부), 소아 경련(증상 조절만 가능), 저체중출생아(매일 00시~08시 불가능)	본원 소아과 의료진 부족

병원 8	1. 소아 위장관 내시경, 소아 기관지 내시경 2. 소아 외상외과 만 14세 이상 가능 3. 소아 일반외과: 소아 장중첩증, 충수돌기염 만 7세 이상 가능	
병원 9	[응급 내시경]영유아 기관지 불가능(인력·장비 부재) [응급 내시경]영유아 위장관: 평일 09시~17시 가능	
병원 10	난치 뇌전증 지속 상태 등 소아 신경전문의의 개입이 필요한 소아 신경질환 1. 계속되는 각혈 2. 기관지 이물, 위장관 이물	소아 신경전문의 인력 부족 및 평일 일과시간 외 뇌파검사 불가, 중환자실 담당 인력 부재
병원 11	기관지 출혈, 이물질 만 12세 이상 가능	기관지 응급 내시경 소아청소년과 전문의 인력 부재
병원 12	중환자실 입원이 필요한 소아 전원 수용 불가	소아청소년과 소화기 세부 전문의 1인으로 인력 부족
병원 13	시술(기관지 내시경 등)이 필요 없는 경우 24시간 진료	소아 기관지 내시경 장비 및 인력 부족
병원 14	폐렴, 장중첩증, 지속 경련증, 발열	장중첩증: 일반 진료시간 외에 정복술(reduction) 시행 불가 입원이 필요한 소아환자: 중증 소아 입원 어려움
병원 15	3개월 미만 소아 발열(신생아 제외) 안과, 성형외과 봉합, 화상, 치과 등 해당 전문의 진료가 필요한 경우	신생아 제외 3개월 미만 소아 전문적 진료 및 간호 어려움
병원 16	소아 신경과, 심장, 소아 내시경	
병원 17	장중첩, 장폐색	
병원 18	소아 소화기 관련(내시경 등) 질환	
병원 19	1. 소아 심장내과 진료가 필요한 질환 2. 소아 신경과 진료가 필요한 질환	증상에 해당되는 소아 세부 전문의 부재(응급실에서는 수용 가능하지만 수술 또는 입원이 필요한 경우 배후 진료 가능한 의사 부족)

자료: 보건복지부, 더불어민주당 정춘숙 의원실, 〈시사IN〉 정리

권역응급의료센터에서 진료하기 어렵다고 밝힌 주요 증상 혹은 진료를 꼽아보면 '소아 응급 내시경(위장관 · 기관지)' '소아 신경과' '장중첩증' '소아외과' 등이다. 이 질환들은 지역응급의료센터, 지역응급의료기관에서도 진료에 어려움을 호소하는 곳이 많았다. 응급실 근무 경력이 있는 소청과 의사 A 씨는 "소아청소년과에서도 더 들어간 세부 분과 전문의가 필요하거나, 여러 진료과 간에 협진이 필요한 질환들"이라고 말했다.

장중첩증은 배 속 장기 중에 소장이 대장에 말려 들어가는 증상으로 심각한 복통을 일으키며 24시간 안에 처치를 받지 않으면 장이 괴사할 수 있는 응급질환이다. 보통은 항문을 통해 공기를 주입해 중첩된 장을 풀어주는 '정복술'을 쓴다. 소청과 의사가 치료하지만 검사와 시술 과정에서 영상의학과와 협진이 필요하다. 드물게는 배를 열고 수술을 해야 할 때도 있다. 대부분의 병원에서는 '소아외과' 의사가 없으면 수술에 난색을 표한다. A 의사는 "장중첩증에서 수술까지 가는 경우는 1% 정도밖에 안 되고, 일반외과의사가 수술을 못 하는 건 아닌데 소아외과 의사가 없다는 이유로 응급환자를 받지 않는 곳들이 있다. 진료 과목이 너무 세분화되고, 병원마다 방어 진료를 하는 경향이 심화돼 소아 응급진료를 더욱 위축시키는 것 같다"라고 말했다.

'소아 응급 내시경'을 할 수 있는 의사는 정말로 손에 꼽는다. 소청과의 세부 분야인 '소아 소화기 영양분과' 전공자 중에서도 일부만 가능하다. 응급 내시경을 필요로 하는 소아 환자 수 자체가 적어서 수련의를 키워내기도 어렵다. A 의사는 "권역응급의료센터에서 진료가 불가하다고 밝힌 증상을 보면 흔히 발생하는 질환은 아니다. 다만 드물더라도 이런 환자가 생기면 웬만큼 큰 병원에서도 처치하기 어렵기 때문에 위험한 상황에 처할 수 있다"라고 말했다.

아래, 위로 다 막힌 전원

지금 상황에서는 응급 내시경이 필요한 소아 환자가 오면 이 시술을 할 수 있는 병원으로 빠르게 이송시키는 것이 현실적인 해법이다. 그러나 이번 실태조사를 보면 소아 응급환자 전원은 아래로도, 위로도 곳곳이 막혀 있었다.

24시간 제약 없이 소아 응급진료를 제공하는 응급실들은 환자가 몰려들어 정상적인 진료가 어려워지고 있다고 호소했다. "타병원에서 수용 안 돼 환자 급증. 응급실 과밀화 문제 심각(권역응급의료센터 A)." "지역응급의료센터 중 소아 진료가 안 되는 센터로 인해 어려움. 정부, 지자체, 119상황실에서 소아청소년과 의원급 포함 야간, 휴일 소아 진료하는 의료기관 정보를 적극 제공하는 방안 필요(권역 B)." "경증 환자의 경우 지역 소아청소년과와 연계해 당직체계 수립 필요(권역 C)." "환자가 몰리면서 소아 응급실 의료진의 업무 강도가 높아지고 있음. 대책이 없다면 본 병원 응급실도 결국 의료 인력 부족으로 인해 운영에 어려움이 생길 것으로 우려됨(지역응급의료센터 D)." "주변 병원 소아 수용 불가로 본원 소아 응급실 과밀화 초래. 3월 일평균 97명, 주말 평균 115명. 119구급대도 시간차 없이 연달아 5대 이상 본원으로만 소아 환자 이송하는 실정임. 환자 안전사고 발생 위험 있음(지역응급의료센터 E)."

한편, 경증 환자를 맡도록 돼 있는 지역응급의료기관들은 진료 역량을 넘어서는 소아 환자가 왔을 때 상급 의료기관으로 이송하는 게 어렵다고 토로했다. "소아 중증 시 배후 진료 입원 어렵고, 전원 불가함(병원 F)." "2차 병원 한계로 추가적인 검사 등의 중재가 필요하여 상급 병원으로 전원 의뢰 시 수용 가능한 병원 찾기 힘듦(병원 G)." "위급 시 전원 가능한 소아 전문 응급의료기관이 부족함(병원 H)." "응급실에서 소아과 진료의 폭을 넓히기 위해서는 병원 간 전원의 수월성과 소아과 전문의의 백업 진료가 동반되어야 할 것으로 생각합니다(병원 I)."

이는 소아 환자에 대한 응급실 문턱 자체를 높이는 결과로 이어진다. 한 지역 종합병원장은 다음과 같이 말했다. "요즘 응급실에 앰뷸런스가 오면 구급차에서 환자를 내리네, 마네 실랑이가 벌어진다. 응급실에 들어오는 순간, 구급대에서 병원으로 책임이 이관된다. 만약 우리 병원에서 치료하기 어려운 경우, 환자를 보낼 다른 병원을 찾아야 하는데 전원이 너무 힘들다. 그러다 보니 배후 진료는 안 되더라도 우선 응급처치는 할 수 있는 환자조차 처음부터 받기를 꺼리게 된다."

"소아청소년과 의사 없음"

'24시간 소아 응급진료 제공이 불가능한 사유'로 답변을 남긴 응급실 거의 전부가 '소청과 의사가 부족하거나 부재해서'라고 답했다. 소아청소년과 전공의(수련의) 충원이 4년째 미달되고 올해 충원율이 25%까지 추락하면서 소청과의 위기는 사회적 이슈가 되었다. 이번 실태조사에서 응급의료기관의 육성을 통해 확인된 소청과 인력 문제는 겉으로 드러난 수치보다 한층 더 위태로웠다.

지역응급의료센터 J는 "기존 소아청소년과 야간 및 주말 당직 4인 체제였으나 업무 부담 증가로 1인 사직하였으며 후임자 구하지 못하고 있음"이라고 답했다. 전공의 자리가 채워지지 않으면서 전반적으로 소청과 업무 강도가 높아지고 연쇄적으로 원래 있던 의료진의 이탈도 심화되는 것이다.

또 다른 지역응급의료센터 K는 구인난과 인건비 부담을 구체적으로 호소했다. "소아 응급진료 및 신생아 중환자실 정상화를 위하여 소청과 의사를 적극 구인 중이지만, 전국적인 소청과 의사 부족과 비정상적인 인건비 상승으로 채용이 어려운 상황임. 소아 응급 촉탁의 5명을 추가 채용해야 정상 운영 가능. 원내 소청과 교수진(전공의 부재)에게 추가 수당 지급해 당직을 맡기더라도 최소 3명 촉탁의 채용 필요. 현재 촉탁의 구인 조건: 주 2회 야간 당직, 월 1600만 원(1회 야간 당직당 200만 원, 월 8회 야간 당직). 상기 조건으로도 채용이 불투명하며 계속적인 인건비 상승 예상됨."

소청과 의사가 없어서 소아 응급진료를 못한다는 답변들 가운데 권역응급의료센터 L은 "응급실은 응급의학과에서 진료하는 공간"이라는 다소 파격적인 의견을 남겼다. "본원도 다른 병원과 마찬가지로 소아과 전공의가 없고, 소아과가 아닌 응급의학과에서 소아를 진료하고 있음. 주변 병원에서 소아 응급을 진료하지 못할 이유를 모르겠음. 응급은 응급의학과에서 진료하는 공간임. 내과 환자든 외과 환자든 소아과든 응급환자는 모두 응급의학과가 응급치료 및 안정화시키는 것인데, 응급실에서 소아를 안 본다는 것은 우발적 또는 일시적 진료 거부가 아닌 계획적 · 의도적 진료 거부라 판단할 수 있는 매우 중대한 잘못이라 생각됨. 응급실이 정상이면 소아 환자 응급치료는 본원과 같이 할 수 있으므로 만약 하지 못한다고 하면 시정명령 등 강제해야 함."

그런데 한편으로는 보호자들이 응급의학과 의사의 진료를 원치 않아서 소아 환자를 보지 못한다는 응답도 다수 있었다. "소아과 의사가 없는 것에 대한 보호자들의 민원이 많아 응급진료가 어려움(병원 M)." "보호자분들이 소아과 전문의가 없다고 하면 진료보는 것을 꺼림(병원 N)." "응급실에 방문하는 소아 환자의 보호자들 중에서 소아청소년과 전문의 진료를 원하는 경우가 있으며, 실제로도 소청과 전문의 진료가 필요한 경우가 많음. 응급의학과 단독으로는 소아 진료를 모두 커버하기가 어려울 것으로 보임(병원 O)."

소아 필수의료 지형도, 지역은 더 빨간불

소아청소년과 위기가 사회적 문제로 떠올랐지만 그 가운데서도 대학병원 소아청소년과에 들어온 빨간불은 특히 위험하다. 동네 소아과와 달리 상태가 중한 환자들이 입원하고 중증도 높은 환자를 받는 응급실을 운영한다는 점에서 대학병원의 소아 진료 공백은 곧 어린이들의 생명을 지키는 문제와 직결된다. 2023년 연말부터 대형병원에서 소아 환자 입원을 받지 않는다든지, 야간 · 주말 진료를 중단했다든지 하는 소식이 줄줄이 이어졌다.

대학병원 소아청소년과로 한정해보면 이곳에서 발생하는 의료 공백의 이유는 비교적 명료하다. 소아청소년과(이하 소아과) 전공의가 몇 년째 들어오지 않고 있기 때문이다. 최근 4년간 소아과 전공의 충원율은 2020년 71%, 2021년 37%, 2022년 28%, 2023년 25%로 급감했다(〈그림 2-8〉 참조).

대학병원의 의사 인력은 크게 교수(전문의)와 그 밑에서 수련을 하는 레지던트(전공의)로 구성된다. 사전적인 의미로 전공의는 대학병원에서 교육을 받는 사람들이지만, 실제 의료 현장에서는 병원의 환자 진료를 떠받치는 역할을 해왔다. 서울 소재 대학병원의 한 소아과 전공의는 "교수가 환자의 치료 방향을 결정하면 거기에 따라 검사 · 처치 · 면담 · 기록 · 퇴원 등 환자를 직접 보는 실무는 대부분 전공의들이 맡는다. 신체로 치면 교수가 브레인, 전공의들은 그걸 수행하는 손발이다"라고 설명했다.

무엇보다도 전공의들은 대학병원을 24시간 굴러가게 하는 동력이다. 대학병원은 밤에도 입원 병동과 중환자실, 응급실을 지킬 당직 의사가 있어야 한다. 보통은 전공의들이 번갈아가며 당직을 서는데 소아과 전공의의 빈자리가 커지면서 이 '시프트'를 채울 수 없게 된 것이다. 대학병원 소아과의 위기가 외래 진료는 유지되지만 '입원 중단' '응급실 소아 야간·주말 진료 중단'의 형태로 나타난 이유다.

소아과 전공의 미달은 현재 한국 의료계에서 '대학병원'이 제공해온 소아 필수의료의 공백을 가늠하는 지표이다. '2020~2023년 4년간 수련병원별 소아과 전공의 정원과 모집 현황' 데이터를 확보해 분석했다. 1년 차부터 4년 차까지 4년 동안 전공의 모집 현황을 통합해야 2023년 현 시점에서 대학병원 소아과에 비어 있

〈그림 2-8〉 2020~2023년 연도별 소아청소년과 전공의 충원율

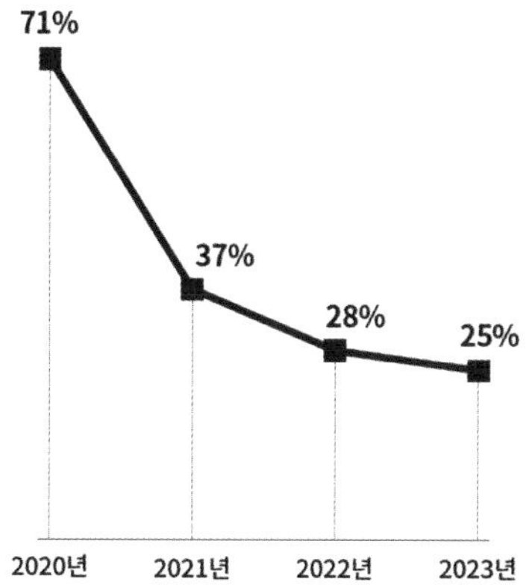

는 인력 규모를 짐작할 수 있다. 이를 다시 지역별로 분류하고, 각 수련병원별로 따져보았다. 중앙응급의료센터가 제공하는 응급실 온라인 종합상황판에서 각 병원의 소아 응급진료 상황을 체크했다. 이 자료들을 종합해 '소아 필수의료 지형도'를 살펴보았다. 한 줄로 요약하면 '전국이 빨간불인데 지역은 더 빨간불'이었다.

총 정원의 41%만 채워진 소아과 전공의

소아과 수련병원으로 승인된 종합병원은 전국에 70여 곳이다. 매해 전국적으로 모집하는 소아과 전공의 수는 200명가량이다. 2020년에서 2023년까지 4년간 총 837명을 모집했는데 이 기간 들어온 인원은 340명이다. 1년 차~4년 차 소아과 전공의 총 정원의 41%이다. 10명이 필요한데 확보된 인력은 4명뿐이라는 뜻이다. 저출생 시대에 맞게 소아과 정원을 줄여야 한다는 의견을 고려하더라도, 현재 실정에서 대학병원 소아과 진료를 정상적으로 유지하기에는 매우 부족한 숫자다.

이마저도 서울이 끌어올린 수치이다. 서울 소재 소아과 수련병원(21곳)은 전공의 총 정원 412명 가운데 228명을 확보해 충원율 55%를 기록했다. 그 외 지역들은 서울보다 전공의 모집 정원 자체가 훨씬 적음에도 불구하고 전국 평균 충원율인 41%를 넘긴 곳을 찾아보기 어렵다(〈그림 2-9〉 참조).

〈그림 2-9〉 2020~2023년 지역별 소아청소년과 전공의 충원율

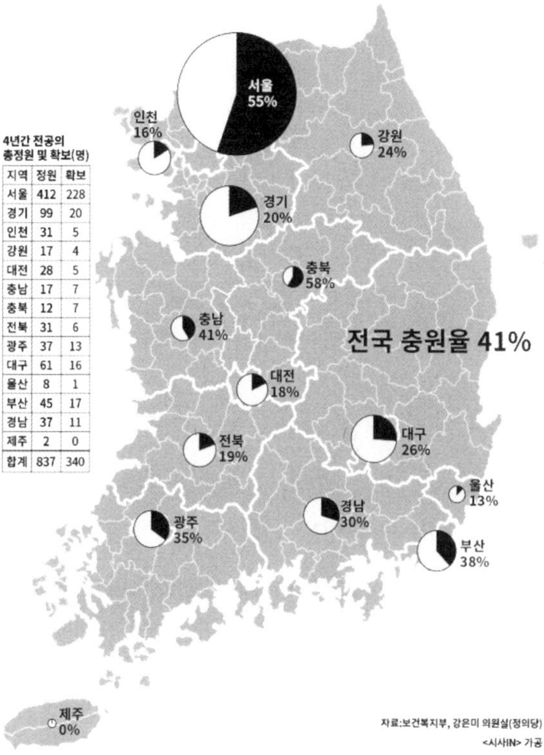

4년간 전공의
총정원 및 확보(명)

지역	정원	확보
서울	412	228
경기	99	20
인천	31	5
강원	17	4
대전	28	5
충남	17	7
충북	12	7
전북	31	6
광주	37	13
대구	61	16
울산	8	1
부산	45	17
경남	37	11
제주	2	0
합계	837	340

자료:보건복지부, 강은미 의원실(정의당)
<시사IN> 가공

지역은 소청과 전공의 '씨가 말랐다'

2023년 한 해의 모집 현황을 보면 지역은 소아과 전공의 '씨가 말랐다'는 표현이 결코 과하지 않다. 2023년 총 208명 모집에 53명이 충원되었는데 이 중 44명이 서울의 대학병원에서 근무하고 있

〈그림 2-10〉 2023년 지역별 소아청소년과 전공의 모집(단위:명)

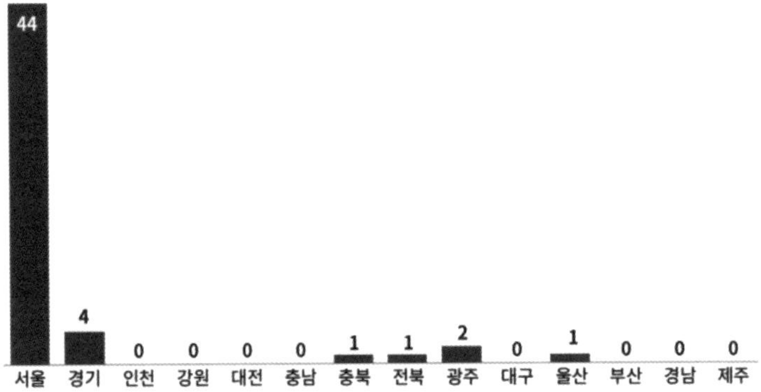

다. 인천, 강원, 대전, 충남, 대구, 부산, 경남, 제주의 수련병원들은 2023년 소아과 전공의를 한 명도 확보하지 못했다(〈그림 2-10〉 참조). 서울로 간 44명 중에서도 대다수가 서울대병원(14명), 서울아산병원(10명), 삼성서울병원(7명) 세 곳에 몰렸다.

지역의 대학병원에서 교수로 일했던 한 소아과 의사는 "지역병원들은 전공의 의존도가 더 높다"라고 말했다. "서울 대형병원들은 교수와 전공의 사이에 펠로들이 꽤 두텁게 일하고 있다(펠로는 해당 과목에서 전공의를 마치고 해당 과목의 면허를 땄지만 대학에 남아 진료와 연구를 하는 전문의를 뜻한다). 그러나 지방에는 펠로를 둔 병원들이 많지 않다. 전공의가 없어지는 순간 그 역할을 교수가 다 하거나, 일제히 중단해야 한다."

대학병원 소아과 진료를 정상화할 대안으로 '전담 전문의' 채용이 꼽힌다. 소아과 '전문의'들로 입원 전담 전문의, 중환자 전담 전문의, 응급실 전담 전문의를 뽑아 그동안 전공의들이 메우던 입원 병실, 당직 스케줄, 응급실 업무를 대체하자는 것이다. 전공의라는 값싼 인력에 의존했던 병원 운영에서 벗어나 전문의 중심 진료체계로 전환하자는 방안은 수년간 누누이 언급되었던 이상적인 방향이다. 인하대병원은 3년째 소아과 전공의를 모집하지 못하고 있지만 '전담 전문의' 인력을 충원해 인천의 다른 상급종합병원들이 소아 입원 · 응급 진료에 어려움을 겪는 동안에도 소아과 진료를 비교적 안정적으로 제공해왔다.

그러나 소아과에서 입원 전담 전문의 등을 구하기도 쉽지 않은 상황이다. 전공의보다 임금 수준이 훨씬 높은 전담 전문의를 뽑는 데에 난색을 보이는 병원도 있고, 적극적으로 구하려는 병원이라도 지원자가 없거나 몸값이 크게 뛰어 인력 확보에 어려움을 겪는다. 게다가 전공의 미달로 현재 대학병원 소아과에 벌어진 인력 공백의 규모 자체가 워낙 커서 단시일 내에 전문의로 빈자리를 다 메우기에는 한계가 있다. 대한소아청소년과학회가 2023년 12월 집계한 바에 따르면, 소아과 수련병원 가운데 입원 전담 전문의가 1인 이상 근무하는 곳은 27%(서울 30% · 타 지역 24%)에 그쳤다. 대학병원 한 곳에서 소아과 입원 전담 전문의를 구하면 지역의 중소병원 소아과의 의사 자리가 비는 일이 연쇄적으로 벌어지고 있기도 하다.

안타까운 뉴스를 통해, 또 소아 진료에 어려움을 겪었던 환자와 보호자들의 경험을 통해 부쩍 소아과 위기가 피부로 와닿고 있지만, 대학병원 소아과의 필수의료 공백은 몇 년간 더 심화될 가능성이 높다. 최근 4년간 전공의 지원 현황을 살펴보면 소아청소년과는 2020년 충원율 71%를 기록한 뒤 2021년 37%로 급락했다. 그나마 전공의 지원자가 비교적 많았던 2020년 소아과에 들어왔던 4년 차 전공의들은 2023년을 마지막으로 병원을 떠났다. 대한소아청소년과학회에서 임원을 맡고 있는 은병욱 노원을지대병원 소아청소년과 교수는 "2023년도 힘들었지만 2024년이 더 두렵다"라고 말했다.

3
고령화에 무방비로 노출된 한국 의료

+

고령화의 해일에서 건강보험을 지키려면

장면 1. 국무회의

2022년 12월 13일 국무회의는 여러모로 눈여겨볼 지점이 있었다. 5월 정권 출범 이후 '자유'라는 모호한 방향성만 되풀이하던 윤석열 정부가 이 시기를 기점으로 본격적인 '정책 드라이브'에 시동을 걸었다. 정책 행보를 걷겠다는 의지를 드러낸 이날 국무회의에서 윤석열 대통령이 공격적으로 던진 의제는 정권 초부터 예고했던 노동 · 연금 · 교육 등 '3대 개혁'이 아니라 건강보험이었다.

대통령은 모두발언에서 강경한 어조로 그 필요성을 역설했다. "국민 건강을 지키는 최후 보루인 건강보험에 대한 정상화가 시급합니다. 지난 5년간 보장성 강화에 20조 원을 넘게 쏟아부었지만 정부가 의료 남용과 건강보험 무임승차를 방치하면서 대다수 국민에게 그 부담이 전가되고 있습니다. 국민 혈세를 낭비하는 인기 영합적 포퓰리즘 정책은 재정을 파탄시켜 건강보험제도의 근간을 해치고 결국 국민에게 커다란 희생을 강요하게 돼 있습니다. 그래서 건강보험 개혁은 선택이 아닌 필수입니다."

여기서 '인기 영합적 포퓰리즘 정책'은 '문재인 케어'를 뜻한다. 이전 정부의 대표 정책을 정면으로 겨눈 것이다.

장면 2. 두 개의 진실

2017년 8월 9일 문재인 전 대통령은 건강보험 보장성 강화 대책을 직접 발표했다. 의학적 필요가 있지만 현재 비급여로 지정돼 환자가 직접 내고 있는 의료비를 급여화해 국민건강보험에서 보장하겠다고 약속했다. 주요 내용을 살펴보면 선택진료비 폐지, 2~3인실 병실 급여화, 간호 · 간병 통합서비스 확대가 있다. MRI · 초음파 검사 급여화도 굵직한 줄기이다. 이 정책 패키지는 '문재인 케어(문케어)'라고 불리게 됐다. 대통령의 이름을 딸 만큼 문재인 정부의 상징적 정책으로 떠올랐지만 사실 정권을 떠나 국민건강보험의 보장성은 대체로 꾸준히 확대돼왔다(〈그림 2-11〉 참조).

건보 개혁이 예고된 뒤 문케어를 두고 두 개의 주장이 부딪쳤다. 현 정부와 보수진영은 문재인 케어가 과잉 진료를 유발하며 건보 재정을 악화시켜 국민건강보험의 지속가능성을 침식시켰다고 비판한다. 반면 문재인 정권 출신 인사들은 그간 보험료로 걷은 건보 수입이 지출을 능가해 누적 적립금이 쌓이고 있었으니 건강보

〈그림 2-11〉 국민건강보험 보장률(단위:%)

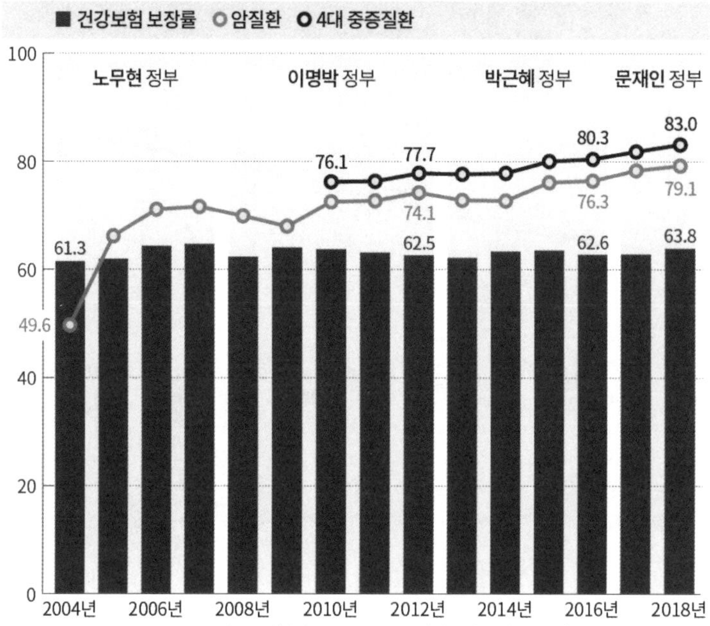

자료 : 정형선(2020) '비급여 관리 종합대책 수립 연구' 정책연구 공청회

험 보장성을 강화해 국민에게 돌려주는 것이 옳다고 주장한다.

두 주장 모두 일말의 진실을 담고 있다. 바꿔 말하면 양쪽 다 자신에게 유리한 대목에만 렌즈를 들이대고 있다는 뜻이다. 〈그림 2-12〉는 국회 예산정책처가 2021년 10월 발표한 국민건강보험의 중기재정 수지이다. 코로나19 유행 기간에 비코로나 환자들의 병원 방문이 줄어들어 전체 의료비 지출이 감소한 덕분에 2021년과 2022년 실제 건보 적립금 액수는 좀 더 많다. 액수는 다소 차이가

〈그림 2-12〉 국민건강보험 재정 추계(단위:조원)

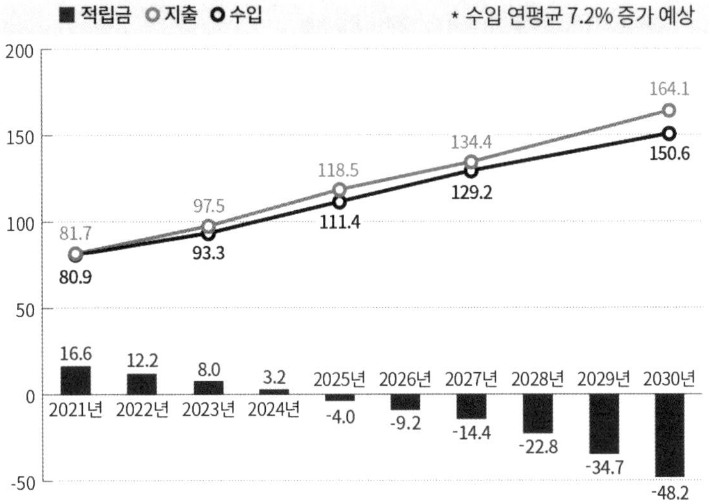

자료 : 국회예산정책처

있지만 건강보험 재정을 추계한 그래프는 하나같이 〈그림 2-12〉와 같은 패턴을 보인다.*

2005년부터 쌓여가던 건강보험 적립금은 2020년대 들어 감소세로 돌아선 뒤, 2020년대 후반부터 바닥이 난다. 건보 지출은 2021년 약 80조 원에서 2030년 약 164조 원으로 2배 이상 불어나

* 2023년 건보 수입(94.9조는)은 예상보다 크고 지출(90.7조)은 적어 누적 적립금은 27.9조를 기록했다. 2021년 이루어진 이 추계와 액수 차이는 있으나 장기적인 추세선은 이 그래프와 같은 모양을 띤다. 2023년 10월 국회예산처는 건강보험 재정 수지가 2024년 적자로 전환되고 2028년에는 적립금이 소진될 것으로 내다봤다.

고 건보 수입은 이 증가 속도를 따라잡지 못한다. 감사원이 추산한 장기 재정전망에 따르면 2040년에는 건보 지출과 수입의 격차가 1.8배, 2050년에는 2.6배까지 벌어진다. 이대로라면 건강보험은 지속 가능하지 않고, 불과 몇 년 사이에 위기가 닥칠 거라는 주장은 진실이다.

그런데 건강보험 지출 증가를 전부 문케어 탓으로 돌릴 수 있을까? 문케어는 건강보험 보장성을 확대하는 제도이니 당연히 건보 지출을 늘렸겠지만 늘어난 지출에서 문케어의 영향이 얼마나 되는지는 다시 따져볼 문제이다.

또 하나의 그래프가 있다. 〈그림 2-13〉은 '2018년 건강보험통계'를 기반으로 2011년부터 2018년까지 건강보험 진료비(건보 급여+본인부담금)를 연도별로 나타낸 그래프이다. 매년 진료비가 상승하는 흐름 속에서 65세 이상의 진료비 증가와 규모가 압도적이다. 2018년 기준, 건강보험 가입자 1인이 연간 진료비 152만 8000원을 쓸 때 65세 이상 가입자 1인은 456만 8000원을 썼다.

건보 지출을 증가시키는 요인은 추세적 요인과 정책적 요인으로 나뉜다. 건강보험 급여를 확대하는 문케어는 정책적 요인이다. 문케어를 비판하든 지지하든, 보건의료계 전문가들은 대체로 '고령화'라는 추세적 요인이 정책적 요인을 뛰어넘어 건보 지출 증가를 이끄는 대세라는 데에 동의한다. 고령화란 생애에서 가장 많은 의료비를 쓰는 시기의 인구가 늘어난다는 뜻이기도 하다. 1990년 건보 전체 진료비에서 8.2%를 차지했던 65세 이상 진료비 비중은

〈그림 2-13〉 65세 이상 건강보험 진료비

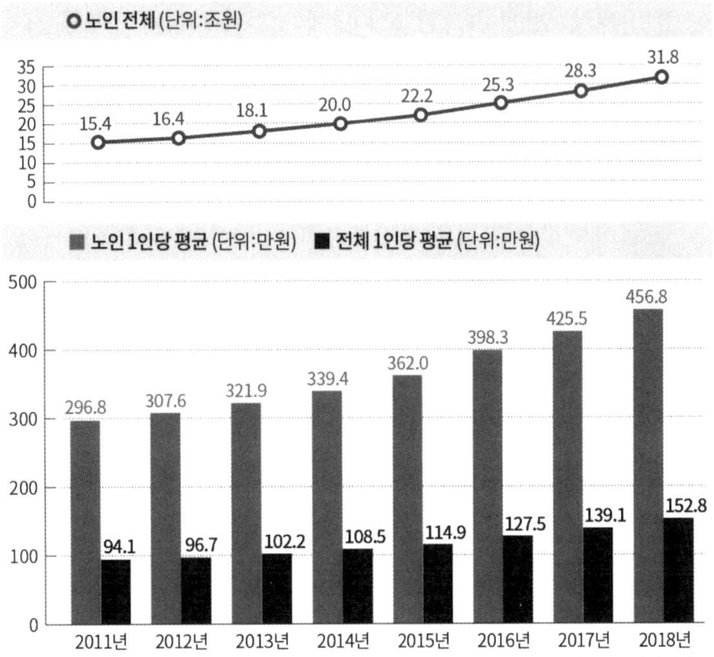

자료 : 국민건강보험공단, 건강보험심사평가원

2018년 40.8%까지 증가했다. 베이비부머 세대가 고령인구로 진입하는 2020년대를 지나며 이 추세는 더욱 급물살을 타게 된다.

초고령화 사회를 앞두고 건강보험 개혁은 분명 피할 수 없는 시대적 과제이다. 평소 진보 성향으로 분류되는 한 보건의료계 전문가는 "윤석열 정부에서 지금 타이밍에, 현재의 국민건강보험은 지속 가능하지 않다는 담론을 제기한 것은 100번 옳다고 생각한다"라고 말했다. 그러나 동시에 문케어가 추세를 가속화했을지는 몰라도 건보 지출 증가를 이끄는 핵심 요인은 따로 있다는 점에서, 건보 개혁이 문케어 때리기에 급급하다면 거대한 파도가 덮쳐오는데 조개를 줍는 일에 지나지 않게 된다. 윤 정부가 추진하려는 개혁 조치들은 '고령화'라는 해일에서 건강보험을 지켜낼 수 있을까.

장면 3. 보건복지부 공청회

2022년 12월 8일 보건복지부는 공청회를 개최해 '건강보험 지속가능성 제고 및 필수의료 지원 대책안(건보 개편안)'을 발표했다. 12월 13일 국무회의, 12월 15일 국정과제 점검회의에서 윤석열 대통령이 역설한 건보 개혁의 내용을 채우는 구체적인 콘텐츠라 할 수 있다.

그러나 12월 8일 발표된 보건복지부의 건보 개편안을 하나씩 뜯어보면 '문케어 폐기'라고 하기에는 무리가 있다. 굳이 따지자면 그동안 이어져 오던 보장성 강화 기조를 중단하고 현 상태를 유지 보수하는 재정비에 가깝다. 복지부는 다방면에 걸쳐 재정건전성 제고와 효율화 방안을 마련했는데, 가장 중점적으로 언급된 정책이 'MRI · 초음파 검사'와 '외국인 무임승차 방지'이다.

이 개편으로 MRI · 초음파 검사에 대한 건강보험 보장이 철회되는 건 아니다. 비급여였던 MRI · 초음파 검사가 문케어의 일환으로 급여화되면서 비용이 저렴해지자 의학적 필요가 떨어지는데도 MRI · 초음파 검사를 과도하게 이용하는 실태가 생겨났다. 이 개편안은 이런 남용을 막기 위해 급여 기준(건보 적용 기준)을 좀 더 명확하게 세우겠다는 것이었다. 문케어 설계에 관여한 보건의료계 인사는 '필요한 조치'라고 말했다. "의료적 필요성이 있으면 보장한다는 정책 취지에서 벗어나 급여를 부당하게 청구하는 행태를 바로잡고 재정 누수를 방지하는 것은 문재인 정부든, 윤석열 정부든 해야 할 일이다."

두 번째로, 외국인들이 건강보험에 무임승차해 건보 부담을 가중시키고 있으며 이를 막겠다는 정책은 '마타도어'에 가깝다. 국내 거주 외국인 건강보험 재정은 2018년 2251억 원, 2019년 3651억 원, 2020년 5715억 원 흑자를 기록했다. 다만 중국 동포로 범위를 좁히면 적자로 나타난다. 이 개편안은 외국인 피부양자가 입국한 뒤 6개월이 지난 시점부터 건강보험을 이용할 수 있도록 요건을 강화했다.

개편안에 대한 전문가들의 공통적인 반응은 주변적인 이슈에 한정됐다는 것이다. 건보 지출 효율화라는 방향성을 지지하는 전문가들도 건보 개혁의 핵심이 담기지는 않았다고 평가한다. 우선 이 조치들을 통해 줄일 수 있는 지출이 건보 재정에 비하면 극히 일부분이다. 가장 굵직한 예산이 MRI · 초음파 검사 진료비일 것이다. 윤석열 대통령 취임 이후 감사원에서는 MRI · 초음파 검사 과잉으로 인한 재정 누수를 대략 2000억 원으로 추정했다. 큰 금액이지만 한 해 100조 원에 육박하는 건보 지출과 비교하면 0.2% 수준에 불과하다.

건강보험의 수입 측면인 재원 조달과 관련해서는 어떤 방안도 발표되지 않았다. 앞서 살펴봤듯이 고령화로 인한 의료비 증가는 예정된 추세이기에 건강보험료 인상은 외면할 수 없는 의제이다.

오랜 기간 한국의 건강보험 제도를 연구해온 한 학자는 "건강보험 문제의 해결 방안은 건보 내부가 아니라 건보 밖에 있다"라고 말했다. 경기도의료원 안성병원의 임승관 경기도의료원 원장도 비슷한 취지의 말을 했다. "건강보험 개혁은 한국의 의료체계를 '재구조화'하는 논의 위에서 전개되지 않으면 답을 찾을 수 없다." 임 원장은 "89년 체제의 시효가 다해간다"라는 표현을 썼다. 1989년은 전 국민 의료보험 가입이 완성된 해이다.

장면 4. 황금기

한국의 의료는 이용자(국민)-공급자(의료기관)-사회보험(건보)이라는 세 주체가 독특한 균형을 이루며 성장해왔다(〈그림 2-14〉 참조). 주요 국가 가운데 의료를 시장에 맡기는 나라는 미국이 거의 유일하다. 대부분의 나라는 의료 보장에 정부가 개입한다. 아플 때 치료를 받을 수 있는 권리는 가장 기본적인 사회안전망이다. 예기치 않게 병에 걸리는 건 일생의 큰 위험이다. 조세든, 보험료든 공적으로 재원을 마련해 의료비에 대비하는 것은 이 위험을 사회적으로 분산시키는 역할을 한다.

자본주의 사회일지라도 의료 영역을 시장경제에만 맡겨둘 수 없으니 각 나라는 저마다 고유성을 가진 체계를 구축해왔다. 크게는 두 가지 유형으로 분류할 수 있다. 하나는 정부가 직접 의료를 공급하는 방식이다. 세금으로 운영하는 의료기관에서 공무원 신분인 의사가 일하는 영국 국영 의료서비스(NHS)가 대표적이다. 다른 하나는 의료 공급과 재원 조달이 분리된 사회보험 방식이다. 독일, 한국 등이 여기에 해당한다.

사회보험 유형이라는 큰 틀 아래서 한국 의료는 몇 가지 구별되는 특징을 가지고 있다. 첫 번째로 전 국민이 건보 가입자이고, 모든 병의원이 국민건강보험공단과 의무적으로 계약을 해야 한다(의료보험은 1977년 박정희 정부에서 처음 도입했다. 1989년 전 국민 의료보험 가입이 의무화되었고 김대중 정부에서 직장이나 지역별로 나뉘어 있던 의료보험을 '국민건강보험'으로 통합했다). 두 번째는 민간 병의원에서 거의 전적으로 의료를 공급한다. 한국은 전체 의료기관 대비 공공병원 비중이 5% 정도로 OECD 평균(약 50%)을 한참 밑돈다.

건강보험이 병의원에 의료비를 지불하는 방식으로 한국은 오랫동안 '행위별 수가제'를 채택해왔다. 행위별 수가제는 진찰료, 입원료, 검사료 등 의료 행위별로 가격(의료수가)을 정해놓고 그 가격대로 급여(보험금)를 의료기관에 지급하는 것이다. 이 가운데 일정 부분은 의료 이용자(보험 가입자)가 내는데 이것이 흔히 말하는 본인부담금이다.

'89년 체제'라고 통칭할 수 있는 이와 같은 보건의료 구조는 고도성장기를 배경으로 한국 의료 인프라를 급속도로 키워냈다. 예방의학자로서 의료관리학을 공부한 박건희 평창군 보건의료원

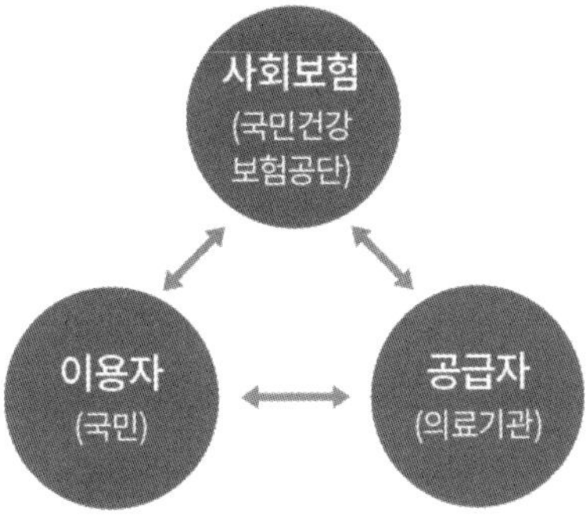

〈그림 2-14〉 한국 보건의료제도의 세 주체

장은 이렇게 설명했다. "행위별 수가제는 의료 행위별로 비용이 카운트되기 때문에 의사가 진료를 많이 할수록 수입도 커지는 구조이다. 재원 조달은 건강보험이 도맡고, 의료 공급은 민간이 주도하며, 행위별 수가제가 이 둘을 이어주는 시스템이 극도의 효율성을 발휘했다. 병원과 의원 수가 빠르게 증가했고 의사들은 더 많은 환자를 봤다. 그 덕분에 국민들의 의료 접근성과 선택권은 대폭 확대됐다. 정부 재정이 넉넉하지 못했던 시절 공공병원으로 의료 공급을 커버하려 했다면 지난 30~40년 동안 경험한 것처럼 빠르게 의료 인프라가 갖춰지지는 못했을 것이다."

여러 기형적인 문제를 안고 있음에도 한국 보건의료 모델은 분명 성공적인 결과를 거두었다. OECD 평균(80%)에 비해 공공에서 보장해주는 의료비 비율은 다소 낮지만 영국 국영 의료서비스처럼 위급하지 않은 질환으로 의사를 보려면 몇 달씩 기다려야 하거나, 미국처럼 민간 보험이 없으면 의료비 폭탄을 맞게 되는 양단의 폐해에서 벗어난 시스템을 만들었다. 거시적인 지표들은 더욱 뚜렷하다. 한국은 OECD 평균보다 의료비를 적게 쓰면서도 건강 지수는 가장 높은 수준을 달성했다. OECD 회원국의 평균 기대수명은 1970년 70세에서 2019년 81세로 늘었는데, 같은 기간 한국은 62.3세에서 83.3세로 늘어났다. 그러나 박건희 원장은 "이 성공이 계속되지 못할 것"이라고 말했다. "지금까지는 이용자 · 공급자 · 건강보험이라는 한국 보건의료의 세 주체가 나름대로 만족해왔다. 그러나 모두 불만족으로 돌아설 날이 멀지 않았다."

장면 5. 무한 증식

보건의료계에는 '철의 삼각'이라는 개념이 있다. 의료의 질, 접근성, 비용은 동시에 긍정적 방향으로 달성되기 어렵다는 개념이다. 예를 들어 치료의 수준(질)이 높아지고, 병원을 더 자주 찾으면(접근성), 상식적으로 거기에 드는 돈(비용)도 늘어날 수밖에 없다. 그런데 앞서 살펴봤듯이 한국 의료는 그동안 이 세 마리 토끼를 얼추 다 잡는 데에 성공해왔다. 어떻게 가능했을까?

〈그림 2-15〉는 보건의료 철의 삼각형을 도식화한 모형이다. 사실 이 삼각형 밖에는 좀 더 근본적인 틀이 하나 더 있다. 바로 한 국가의 전체 의료비 총량이다. 정재훈 가천의대 예방의학교실 교수는 질, 접근성, 비용이라는 세 개의 동그라미가 그려진 풍선에 빗대어 이를 설명했다. "풍선에 바람을 불어넣으면 풍선이 부풀어

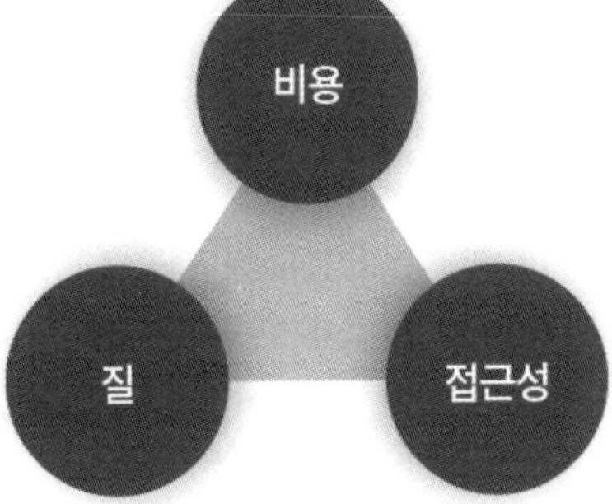

〈그림 2-15〉 보건의료 '철의 삼각'

오르면서 그 위에 그려진 동그라미 세 개가 모두 커지면서 좋아지는 것처럼 보인다. 이때 풍선에 불어넣는 바람이 전체 의료비 총량이라고 할 수 있다."

한국의 전체 의료비는 2022년 기준 OECD 평균에 비해 낮지만 같이 눈여겨봐야 할 지표가 하나 더 있다.* 의료비 증가 속도이다. 정재훈 교수는 "한국은 지난 30년간 의료비 증가 속도가 가장 빠른 나라 가운데 하나였다"라고 말했다. 이 속도는 점점 빨라지고 있다. 한국 의료비는 2008년부터 2013년 연평균 5.4% 증가했지만 2013~2018년에는 7.3%씩 늘어났다(〈그림 2-16〉 참조).

이처럼 가파른 확장을 뒷받침하는 동력은 고도성장과 생산가능인구(15~64세)의 증가였다. 나라의 경제력이 커지고 생산활동

* 이후 2023년 한국의 GDP 대비 경상의료비 비율(9.7%)은 OECD 평균(9.5%)을 넘어섰다.

〈그림 2-16〉 OECD 회원국의 의료비 증가 속도(단위:%, 연평균)

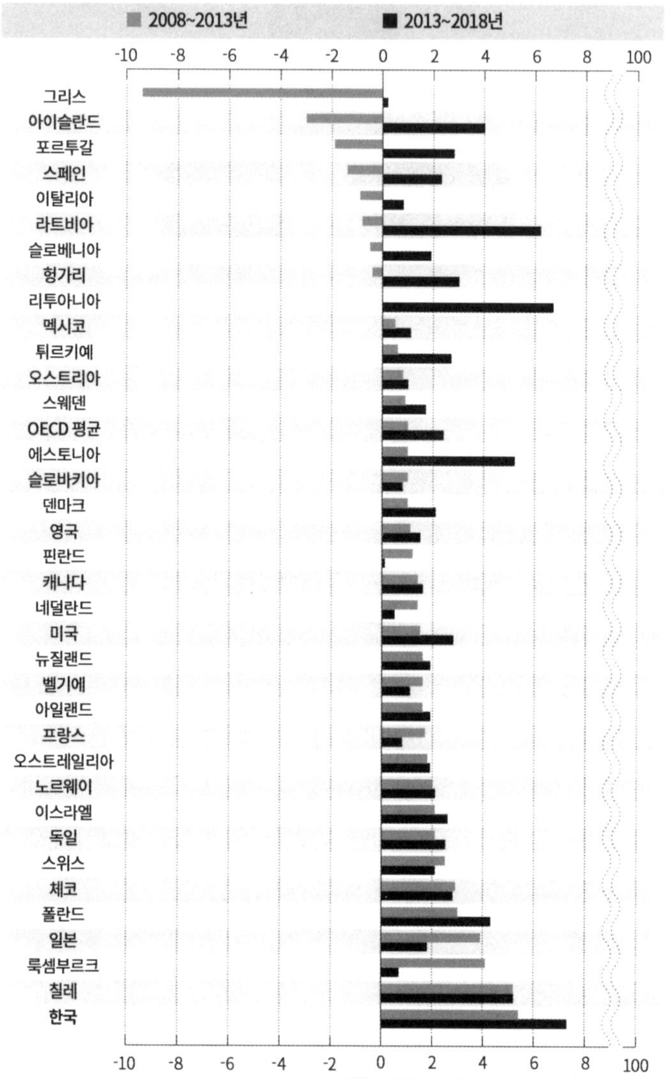

자료 : OECD(2019), Health at a Glance 2019

을 하는 사람들이 많아지니 늘어나는 의료 수요를 따라잡고도 남을 만큼 의료비를 확대할 수 있었다. 그러나 이 동력은 빠르게 꺾이고 있다. 고령화·저출생의 여파로 인구구조가 급격히 재편되고 있기 때문이다. 2019년 통계청이 발표한 '장래인구특별추계'에 따르면 생산가능인구 비율은 2017년 전체 인구의 73.2%로 정점을 찍은 뒤 줄어들어 2030년에는 65.4%, 2050년에는 51.3%까지 떨어진다(〈그림 2-17〉 참조). 의료의 질, 접근성, 비용이라는 동그라미를 그려 넣었던 아까의 그 풍선을 떠올려보면 숨이 차서 더는 풍선을 불 수 없는 상태가 된 것이다.

문제는 풍선을 부풀릴 연료가 소진되고 있는데도 한국 의료는 확장적인 방향으로 돌진 중이라는 것이다. 아니 좀 더 정확하게 말하자면 '89년 체제'라 일컬을 수 있는 한국 보건의료체제 자체가 의료량과 의료비를 끊임없이 늘리는 방식으로 설계돼 있다.

행위별 수가제는 의료 행위가 증가할수록 수입이 많아지기 때문에 공급자(의료기관) 측면에서 과잉 진료를 유발하는 쪽으로 작용한다. 민간 병의원에 의료 공급을 거의 전적으로 의존하는 환경에서 이런 유인은 더욱 강화된다. 이용자(환자·국민) 측면에서는 거의 무제한적으로 허용된 의료 접근성이 과다한 의료 이용을 불러온다. 한국처럼 질환의 경중을 따지지 않고 1·2·3차 의료 피라미드에서 가장 고도의 의료를 제공하는 상급종합병원에서 진료받을 수 있는 나라는 거의 없다. 이처럼 의료 공급이 수요를 늘리고, 확대된 수요를 다시 공급이 채워주면서 한국은 의료를 가장 빈번하

〈그림 2-17〉 한국 인구구조 변화(단위:%)

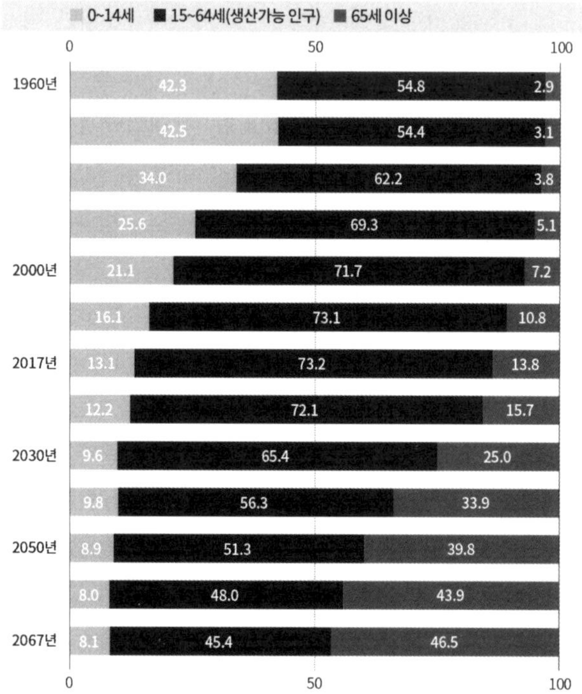

자료 : 통계청(2019), 장래인구특별추계

게 쓰는 나라가 되었다. 2019년 기준 한국의 연평균 1인당 의사 방문 건수는 17.2회로 OECD 회원국 가운데 1위이다. OECD 평균(6.8회)보다 월등히 높으며 2위인 일본(12.3회)과도 차이가 크다.

이런 토양에서 2000년대 중반 도입된 실손보험은 의료량과 의료비 증가에 기름을 붓는 격이 되었다. 정재훈 교수는 실손보험이 출시된 이후 기존 질서를 교란시킬 때까지 걸린 시간이 불과

3~4년도 되지 않는다고 말했다. "상품마다 조금씩 차이는 있지만 실손보험 가입자는 보험금을 내고 나면 의료비가 거의 무상의료에 가까워진다. 의사 입장에서는 '이것 필요하다, 저것 필요하다' 하지 않아도 된다. 대신 환자가 왔을 때 '실손보험 있으세요?' 물으면 되는 것이다."

공적으로 의료 재원을 마련하는 여러 나라에서는 의료 지출을 통제하는 장치도 갖추고 있다. 가장 이해하기 쉬운 방식이 영국 NHS의 주치의 제도이다. 주치의는 장기적으로 담당 환자의 건강을 관리한다는 취지도 있지만 기본적으로 '게이트 키핑'의 역할을 한다. 환자가 과다하게 자주 진료를 받거나, 쓸데없이 2 · 3차 병원으로 가서 값비싼 의료를 이용하는 것을 막는다. 한국 보건의료체계는 영국 NHS에 비해 이러한 통제장치의 허들이 훨씬 낮기 때문에 이용자가 의료 접근성과 선택권을 폭넓게 누린 측면이 있다. 강력하지는 않더라도 한국 모델에서 불필요한 의료 이용을 통제하는 장치가 환자가 내는 '본인부담금'이었다. 그런데 비급여 진료와 본인부담금까지 보장해주는 실손보험이 도입되고 가입자가 대거 늘어나면서 이마저도 거의 무력화되고 말았다.

이처럼 무한증식 루프에 올라탄 보건의료체계에 고령화라는 거대한 지각변동까지 더해진 것이 현재 한국이 마주한 현실이다.

장면 6. 새로운 규범

장면 3에서 등장했던 보건의료학자의 말로 돌아가보자. "건강보험 문제의 해결 방안은 건보 내부가 아니라 건보 밖에 있다."

건보만 들여다본다면 건보 개혁의 원리는 간명하다. 윤석열 정권의 기조처럼 보장성 확대를 중단하고 재정 누수를 막아 '지출'은 줄인다. 보험료를 올리고 법으로 정해져 있지만 정부가 매년 지키지 않았던 국고보조금 20%를 건보공단에 제대로 지원해 '수입'은 늘린다. 물론 이런 정책들을 현실화하는 건 어려운 일이지만 '해법' 자체는 비교적 단순하다.

그러나 건보 개혁이 덧셈 뺄셈의 접근법에 그친다면 정말 목표로 했던 건보의 지속가능성은 지켜낼 수 없다. 우리 앞에 놓여 있는 문제의 스케일이 너무 크기 때문이다. 한국 보건의료체계에 내재한 '무한증식 루프'를 그대로 둔 채 초고령화 사회에 본격 진입한다면 건보 수준에서 지출 조정을 한다 해도 보험료를 엄청나게 올리지 않고는 이를 따라잡을 수 없다. 실효성 있는 '진짜' 건보 개혁이 되려면 건강보험뿐만 아니라 한국 보건의료체계의 나머지 두 주체인 이용자와 공급자도 움직여야 한다. 그러니 건보 개혁은 곧 '한국 보건의료 개혁'과 동의어인 셈이다.

"건보 문제 해결 방안은 건보 밖에 있다"라고 했던 보건의료학자는 '건강한 국민'과 '합리적인 공급자'가 개혁의 키워드라고 말했다. 인구 전체의 고령화는 막을 수 없더라도 '건강수명'을 늘려서 노인성 질환으로 의료비가 증가하는 시기를 미루고, 앞서 살펴봤듯이 지나치다 싶을 만큼 빈번하게 병의원을 찾는 의료 이용 패턴을 전환하는 과제가 이용자들 앞에 놓여 있다. 공급자들은 과잉 진료 관행에서 벗어나 환자의 건강을 지키는 데 꼭 필요한 '적정 의료'를 제공하는 방향으로 나아가야 한다. 전체적으로 보면 확장 지향적이었던 한국 보건의료 시스템을 멈춰 세우고 대신 질적·구조적 상향을 꾀하는 작업이 이루어져야 한다.

불필요한 의료 수요를 조절하기 위해 국민들은 지금까지 누리던 의료 접근성과 선택권에 일부 제한을 두는 정책을 받아들여야 할 수도 있다. 공급자 측면의 과잉을 방지하기 위해서는 '행위별 수가제'에서 의료비 총액을 제한하는 '묶음 방식'의 지불제도로 변경하는 방안이 제시된다. 공공병원을 확대하려는 노력은 '적정의료'를 제공하는 합리적 의료 공급자 모델을 정착시키려는 목적도 가지고 있다.

보건의료 개혁과 관련해 다양한 정책과 제안이 쏟아지고 무수히 많은 논의가 오갈 수 있다. 한 가지 분명한 사실은 그 가운데 무엇을 택하든 이용자인 국민과 공급자인 의료계가 '새로운 규범'을 받아들이도록 설득해내야 나아갈 수 있는 길이라는 것이다. 민간 상품인 실손보험이 얽혀 있고, 노령인구에 접어든 윗세대와 더 많은 건강보험료를 부담해야 할 아랫세대 간의 조율이라는 성격까지 고려한다면 이는 실로 다양한 이해관계를 조정해야 하는 과업이다.

이 과정에서 각 주체는 지금까지 누리던 것 중 일부를 양보하고 내려놓아야 할 가능성이 높다. 그러니 건보 개혁이란 '한국 사회의 미래'라는 공동체의 가치를 내걸고 긴 시간 설득과 조정, 양보와 타협을 거쳐야 하는 고도의 정치 행위이기도 하다.

장면 7. 다시 국무회의

한 보건의료계 전문가는 '정권 지지율 90%가 필요한 정책'이라는 말로 건강보험 개혁의 어려움을 에둘러 표현했다. 대결적이고 적대적인 구도로는 넘을 수 없는 과제인 것이다. 2022년 12월 13일 국무회의에서 건보 개혁의 필요성을 역설하는 대통령의 발언은 이전 정부를 비난하는 언어들로 채워졌다. 미래를 위해 지금 쥐고 있는 것을 조금씩 내려놓고 힘을 모으자는 호소는 들어설 자리를 찾지 못했다. 윤석열 정부는 '건강보험 개혁'이라는 분명한 시대적 의제를 꺼냈다. 그러나 건보개혁 앞에서 드러난 대통령의 리더십은 시대를 따라가지 못했다.

노인을 위한 의료는 없다

1940년생 김도연 씨(가명)는 80대 중반이라는 나이에 비해 정정하다는 얘기를 듣는다. 관절염을 오래 앓아 다리가 펴지 않지만 바퀴 달린 '구르마'를 밀며 동네 마실도 자주 다니고, 가까이 사는 친구, 이웃과 왕래도 활발하다.

그러나 최근 들어 부쩍 몸 여기저기가 불편했다. 소변이 시원치 않고, 등에 찌릿찌릿한 통증이 계속되었다. 소화도 도통 잘되지 않았다. 평소 다니던 동네의원에서 약을 타 먹어도 별 효과를 보지 못했다. 큰 병원에 가봐야겠다는 생각에 그는 근처에 있는 내과, 비뇨기과, 정형외과 의원을 돌아다니며 일일이 진료의뢰서를 발급받아왔다. 그런데 막상 큰 병원에서 진료를 받으려니 어느 과를 찾아가야 할지 막막했다. 그가 가려는 병원은 그 지역에서 가장 큰 상급종합병원 가운데 하나로 진료과만 30개가 넘는다.

진료의뢰서를 받기 위해 동네에 있는 내과, 비뇨기과, 정형외과 의원을 갔을 때 큰 병원에 가보려 한다고 얘기했지만 그럼 어느 과를 찾아가라는 안내 같은 건 받지 못했다. 증상을 들은 의사는 기계적으로 서류를 써줬을 뿐이었다. 집에 돌아온 뒤 의뢰서를 살펴봤지만 환자 입장에서 쓸모 있는 정보는 없었다. 3통 모두 그가 호소하는 증상과 알 수 없는 의학 용어가 1~2줄 적혀 있는 게 전부였다. 1통은 특이하게 '고진선처를 바랍니다'라는 말로 끝났다. 손주를 시켜 인터넷 검색을 해보니 '높은 진료와 선한 처방(苦

盡善處)'이라는 한자어로 의사들이 소견서나 진료의뢰서를 쓸 때 상투적으로 쓰는 표현이라고 했다.

이튿날 아침, 도연 씨는 역시 연로한 남편과 둘이서 무작정 큰 병원을 찾아갔다. 반나절을 기다리고, 또 반나절은 이름도 다 기억하기 어려운 여러 과를 전전했다. 그날 그가 병원에서 받아온 영수증은 총 9장이었는데 심장혈관내과, 호흡기내과, 소화기내과, 비뇨의학과, 신장내과에서 진찰과 검사를 받은 것으로 나온다. 이날 산정된 진료비 총액은 118만 원이었다. 그중에 도연 씨가 직접 낸 돈은 국민건강보험 자기부담금과 비급여 진료비를 합쳐 77만 원이었다.

2주 뒤, 검사 결과를 확인하기 위해 다시 병원을 찾았다. 몇 가지 사소한 문제 이외에 큰 이상은 없었다. 건강에 이상이 없다니 그와 가족들은 그제야 안심이 되었다. 그러나 결과적으로 애초에 해결하고 싶었던 불편한 증상과 관련해서는 도움을 받은 것이 거의 없는 셈이었다.

사실 김도연 씨에게 찾아온 증상은 질병이라기보다는 노화 현상에 가깝다. 병을 치료하고 없애는 특별한 의료적 처치가 아니라, 꾸준한 관리를 통해 증상을 완화하는 방식이 더 적합할 수 있다. 노년기에 찾아오는 신체적 문제들은 젊은 환자와는 다른 접근법이 요구된다.

노인성 질환의 특징은 '복합적'이라는 데에 있다. 단일한 증상이 아니라 신체 여기저기에 여러 문제가 생기고 그 증상의 원인이 맞물려 있는 경우가 많다. 노인의학을 전문으로 하는 노년내과에서는 개별 질환이 아니라는 점에서 노쇠로 인한 문제를 '노인 증후군'이라 부르기도 한다. 정희원 서울아산병원 노년내과 교수는 근감소증을 예로 들어 노인성 질환의 특성을 설명했다.

"근감소증으로 병원에 가면 보통 단백질을 섭취하고 근력운동을 하라고 한다. 그러나 그 처방으로는 대부분 좋아지지 않는다. 근감소증 같은 노인증후군은 여러 요인이 맞물려 생긴 악순환의 결과이기 때문이다. 근육이 빠지는 이유 중에 우울증이 있다. 우울증이 있으니 밤에 잠을 못 자고, 식사를 못하고, 활동량이 줄어든다. 이런 분들이 일반 진료과에 가서 식욕촉진제나 소화제를 처방받는다. 그러면 더 빨리 나빠진다. 이런 약은 장의 예민성을 낮추는 효과가 있는데 동시에 사람을 더 가라앉게 만든다. 그 결과 활동량, 식사량이 줄어드니 근육이 또 빠진다. 이렇게 해결되지 못한 노인증후군이 쌓여갈수록 신체기능이 점점 떨어진다. 어느 정도가 되면 밥을 지어 먹거나 청소·빨래 등 집안일을 하기 어려워진다. 그러면 장기노인요양보험에서 4등급이 나온다. 여기서 더 진행돼 스스로 씻을 수가 없으면 노인장기요양 3등급이 나온다. 돌봄 요구가 생기는 것이다."

한국의 의료 시스템은 매우 세분화돼 있다. 눈은 안과, 코와 귀는 이비인후과, 복통은 내과, 이런 식으로 그 증상이 생긴 부위와 장기에 따라 진료과목이 특정된다. 2~3차 종합병원뿐만 아니라 일차의료를 담당해야 할 동네 의원들까지도 대다수가 전문 과목을 내걸고 진료를 한다. 우리에게는 당연한 풍경이지만 사실 이는 한국의 특수한 현상에 가깝다. 일차의료는 일반적인 진료를 할 수 있는 가정의학과 혹은 주치의가 담당하고, 좀 더 전문적인 치료가 필요하다면 일차의료 의사가 환자를 진단한 뒤 2차 병원의 특정 진료과로 연계하는 방식이 여러 나라에 정착된 보편적인 의료제도이다. 곰곰이 생각해보면 전문 의학 지식이 없는 일반인이 자신의 증상에 따라 알맞은 진료과목을 찾아간다는 것은 쉬운 일이 아니다.

질환이나 증상의 개수가 적고 특정하기도 쉬운 젊은 환자의 경우에는 이렇게 분절화된 시스템으로도 비교적 무리 없이 치료가 가능하다. 그러나 여러 질환이 다발적으로 생기는 '노인 증후군'이라면 얘기가 달라진다. 정희원 교수는 "혈압은 순환기내과, 당뇨는 내분비내과, 요실금은 비뇨기과, 관절 통증은 정형외과, 이런 식으로 찾아가다 보면 다녀야 할 곳이 7~8개 끝도 없이 늘어난다. 그런데 이 환자의 전체적인 기능은 누구도 보지 않는다. 어르신이 휠체어를 타고 이 과, 저 과를 전전하다 요양시설로 들어가게 되는 것이 지금의 상황이다"라고 말했다.

이대로라면 의료비의 가파른 상승은 정해진 미래이다. 기본적으로 고령화는 의료 수요와 비용을 높이는 강력한 요인인데 분절적 의료체계에서는 의료비를 이중, 삼중으로 더 지출하게 된다. 한국의 70대 이후 인구가 평균적으로 앓고 있는 질환의 개수는 4~5개라고 한다. 노년기의 건강한 삶이라는 측면에서도, 건강보험제도의 지속가능성이라는 측면에서도, 초고령 시대*에 접어든 한국 사회에 새빨간 불이 켜진 것이다.

이 틈새를 메우기 위한 분야가 노인의학 혹은 노년내과이다. 특정 장기별로 문제를 들여다보는 다른 과와 달리, 노인증후군의 특성에 맞춰 통합적 관점에서 치료를 하고 신체 · 정신 · 사회 · 기능적 문제를 포괄적으로 풀어가는 것이 노년내과의 진료 방식이다. 서구 여러 나라에서는 보건의료의 한 분야로 일찌감치 자리를 잡았다. 영국은 1940년대부터 노인의학(geriatrics)을 운영해왔다. 영국 NHS(국영 의료서비스) 홈페이지에서는 의료체계를 크게 소아과 · 성인과 · 노인과로 분류한다. 미국과 캐나다에서는 1970년대에 노인의학이 시작됐다. 한국과 노화 속도가 비슷한 오스트레일리아, 타이완, 싱가포르는 부지런히 노인의학을 도입하고 있다. 성인기의 질병과 타인의 돌봄을 요할 정도로 신체기능이 나빠진 노인, 그사이의 시기를 지탱하는 의료서비스의 필요성이 대두되었기 때문이다.

그러나 한국에서 노인의학은 아직까지 생소한 분야이다. 노년내과가 개설된 병원도 매우 드물다. 서울아산병원이나 연세 세브란스 병원처럼 재정 여력이 충분한 대형병원에서 실험적으로 운영하는 수준에 그친다. 정희원 교수는 본인도 병원에 돈을 벌어주기

---

* 초고령사회는 65세 이상 고령인구가 총인구에서 차지하는 비율이 20% 이상인 사회를 뜻한다. 한국은 2017년 고령사회가 됐으며 통계청에 따르면 2026년 초고령사회에 진입할 것으로 예상된다.

보다는 손실을 끼치고 있다고 말했다.

"현재 우리나라 의료체계에서는 노인의학이 전문 분야로 인정받지 못하고 있다. 건보(국민건강보험) 진료비에서 노인의학 수가가 따로 책정되어 있지 않다. 우리는 진료를 보면 포괄진료를 하기 때문에 환자를 20~30분씩 봐야 한다. 그런데 전문 분야가 아니라 노인의학에 맞게 지정된 수가가 없으니 일반 내과 선생님들이 받는 초진 진료비(약 2만 원)를 동일하게 받는다. 수익이 나질 않는다. 종합병원에서 노인과를 개설하지 않고, 노인의학을 하는 사람들도 갈 자리가 없다." 고령화의 해일이 몰려오지만 한국 보건의료시스템의 변화는 더디기만 하다. 그 속에서 한국의 노인들은 오늘도 병원 여기저기를 미로처럼 헤매고 있다.

4
외면당하는 공공병원

+

헌신의 대가로 수렁에 빠진 공공병원

인천의료원은 코로나19 '1번 환자'를 치료한 곳이다. 2020년 1월 20일 중국에서 입국한 35세 여성이었다. 보름 가까이 입원했던 이 환자는 완치돼 병원을 떠나면서 의료진에게 손편지 하나를 남겼다. 그는 "당신들은 나에게 영웅이고 절대 잊지 않겠다"라며 "우리가 이 질병을 극복하는 날이 오면 내 고향으로 초대하고 싶다"라는 바람을 영문 편지에 담았다.

그로부터 2년이 넘게 인천의료원은 코로나19 의료 대응의 최전선에 섰다. 2022년 5월 감염병 전담병원에서 해제될 때까지 인천 내 코로나19 입원환자의 약 70%를 이 병원 한 곳이 감당했다. 2023년 코로나19 위기 단계가 낮아지며 '1번 환자'가 염원했던 '이 질병을 극복하는 날'이 공식적으로 찾아왔다. 그러나 신종 감염병과 맞서며 시민들의 건강을 지키는 보루가 되었던 이 병원은 또 다른 위기 속으로 빠져들었다.

2023년 9월 21일, 접수 · 수납 창구가 있는 인천의료원 1층 로비는 한산했다. 코로나19 유행 시기 꼭 통과해야 병원에 들어설 수 있었던 '체온 측정, 문진표 작성 부스'는 사라졌지만, 예전의 활기는 여전히 병원 문턱을 넘지 못하고 있었다. 2019년 하루 평균 659명이던 외래환자 수는 2023년 6월 기준 462명으로 30% 줄어들었다. 병상가동률은 절반(51.28%)을 겨우 넘기는 수준이다. 2019년 인천의료원은 33억 원의 당기순이익을 냈다. 의료원 역사상 최고치였다. 그러나 2023년에는 6월까지 누적된 적자만 해도 43억 6000만 원이었다.

인천의료원이 코로나19 진료를 전담했던 780일 동안 이 병원을 다니던 기존 환자들은 다른 의료기관으로 발길을 돌려야 했다. 2022년 5월 감염병 전담병원에서 해제되고 정상 진료를 재개한 지 1년 6개월이 다 되어가지만 떠난 환자들은 좀처럼 되돌아오지 않고 있다.

인천의료원만이 아니다. 공공병원으로서 감염병 대응에 동원되었던 전국 지방의료원 35개 대부분이 코로나19 여파를 회복하지 못하고 있다. 보건복지부에서 제출받은 자료에 따르면, 2019년 80.5%였던 지방의료원의 평균 병상가동률은 2023년 6월 기준 46.4%에 그쳤다. 지방의료원 35곳 가운데 34곳에서 20~60%까지 병상가동률이 줄어들었다(〈그림 2-18〉 참조). 당연한 순서로 경영실

〈그림 2-18〉 지방의료원 코로나19 유행 전후 병상가동률 근황(단위:%)

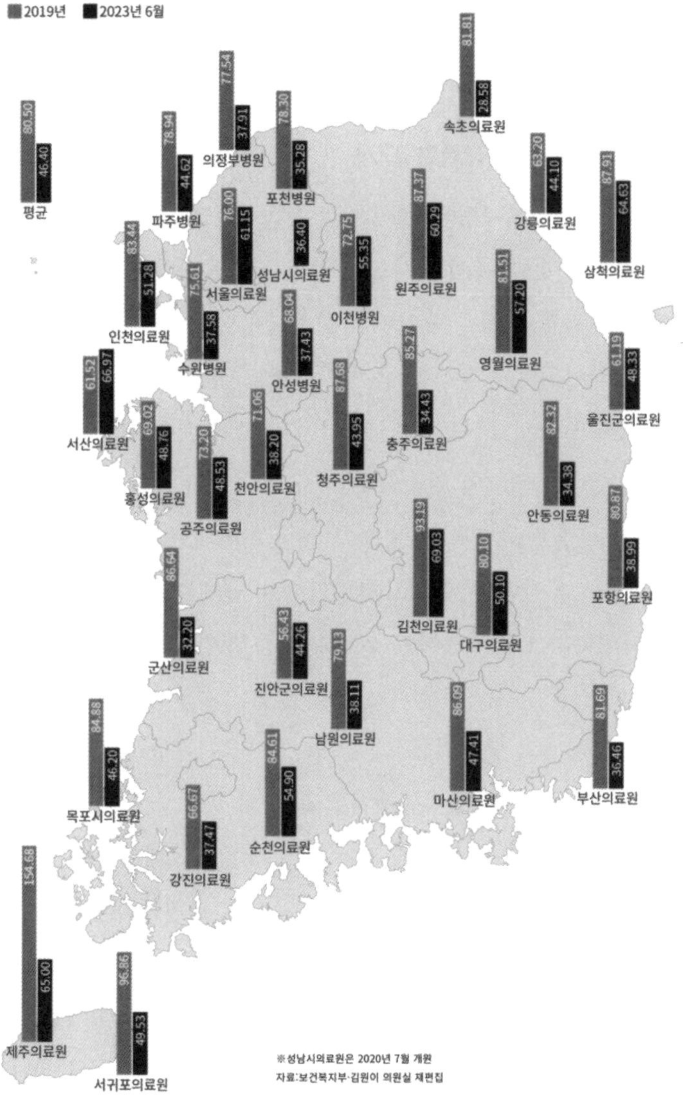

적도 악화되었다. 2019년 17개 병원이 당기순이익 흑자를 기록했지만, 2023년 6월 기준으로 지방의료원 거의 모두가 적자를 보고 있다.

의사 없어서 휴진한 진료과 37개

의료진 이탈도 심각한 상황이다. 2년 넘게 코로나19 환자만 보다 보니 다른 진료 과목의 의사들이 하나둘 공공병원을 떠나갔다. 의료계 전체적으로 의사 구인난이 심화되면서 더 높은 보수를 제시하는 민간병원으로 자리를 옮긴 의사들도 적지 않다. 이는 종합병원으로서 지방의료원들의 진료 기능을 크게 훼손하는 결과로 이어지고 있다. 9월 1일 기준으로 의사가 없어서 본래 개설했던 진료 과목을 휴진하고 있는 병원이 전국 지방의료원 35곳 중 23곳에 달한다. 휴진한 진료과로 따지면 2017년에는 남원의료원의 진단검사의학과 1개 과였지만, 2023년에는 정형외과 · 재활의학과 · 소아청소년과 등 총 37개 과로 급증했다(〈그림 2-19〉 참조).

주요 국가의 코로나19 의료 대응을 비교 연구하고 있는 김명희 국립중앙의료원 정책통계지원센터장은 "현재 상황은 한국의 감염병 대응 정책이 초래한 결과"라고 말했다. "대부분의 나라는 공공병원이든 민간병원이든 가리지 않고 코로나19 환자를 봤다. 반면 한국은 공공병원에 코로나19 환자들을 대부분 밀어주고, 민간 의료기관들은 기존 진료 기능을 유지하게 했다. 공공병원을 다니던 환자와 의료진이 민간병원으로 빠져나가는 현상이 심화된

〈그림 2-19〉 지방의료원 진료 과목 휴진 현황 (2023년 9월 1일 기준)

병원	종별 구분	과목
강원도 삼척의료원	종합병원	피부과, 성형외과, 호흡기내과
강원도 영월의료원	종합병원	신경과
강원도 속초의료원	종합병원	정형외과
강원도 강릉의료원	종합병원	재활의학과
경기도의료원 의정부병원	종합병원	소아청소년과
경기도의료원 포천병원	종합병원	재활의학과
경기도의료원 안성병원	종합병원	외과
성남시의료원	종합병원	순환기내과, 정신건강의학과
울진군의료원	병원	신경과, 재활의학과
경상북도 포항의료원	종합병원	소아청소년과, 신경외과
경상북도 안동의료원	종합병원	소아청소년과, 정신건강의학과
대구의료원	종합병원	직업환경의학과
인천광역시의료원(백령병원 포함)	종합병원(백령병원:병원)	신장내과, 산부인과
목포시의료원	종합병원	안과
전라남도 강진의료원	병원	외과
전라북도 남원의료원	종합병원	안과, 진단검사의학과, 이비인후과
전라북도 군산의료원	종합병원	이비인후과, 안과
제주특별자치도 서귀포의료원	종합병원	정신건강의학과, 비뇨의학과
충청남도 공주의료원	종합병원	안과
충청남도 천안의료원	종합병원	안과
충청남도 서산의료원	종합병원	정신건강의학과, 성형외과, 이비인후과
충청북도 청주의료원	종합병원	신경과
충청북도 충주의료원	종합병원	이비인후과, 안과

자료:더불어민주당 정춘숙 의원실

배경이다.”

한국 전체 의료기관 가운데 공공병원 비율은 5%에 지나지 않는다. 그럼에도 코로나19 입원환자의 대다수는 지방의료원을 비롯해 공공병원을 거쳐 갔다. 민간병원들이 감염병 전담병원으로 코로나19 환자 치료에 대거 참여한 것은 팬데믹 막바지인 2021년 말에 이르러서다. 2022년 코로나19 유행주가 오미크론 변이로 바꿔며 감염자는 폭증하지만 입원 치료까지 필요한 중증 환자의 비율은 현격히 낮아졌다. 정부는 민간병원은 놔둔 채 2022년 5월 공공병원들부터 감염병 전담병원 지정을 해제했다. 코로나19 병상은 환자를 받지 않고 비워만 두어도 손실보상금을 지급해야 했기 때문이다.

국립중앙의료원은 지방의료원이 2019년 병상가동률로 복구되는 데에 감염병 전담병원에서 해제된 시점에서 4.3년(52개월)이 걸릴 것으로 분석했다. 한번 병원을 옮긴 환자는 쉽사리 발걸음을 돌리지 않는다. 자신의 병력과 치료 과정, 그동안 썼던 약제 등을 잘 알고 있는 의료진과 주치의 같은 관계가 형성되기 때문이다. 그러나 보건복지부가 지방의료원에 지급한 '회복기' 손실보상금은 최대 기간이 6개월이었다.

2020년 4월부터 올해 3월까지 보건복지부가 의료기관에 지급한 코로나19 손실보상금은 총 8조 6544억 원이다. 보건의료노조는 같은 기간 전국 지방의료원에 지급된 손실보상금 합계가 1조 5598억 원에 그친다고 추산했다. 국립대학 병원과 국립중앙의료원이 받은 손실보상금 규모는 보건의료노조의 계산에 포함되지 않아 전체 공공병원이 받은 예산은 알 수 없지만, 정부가 지출한 코로나19 손실보상금 가운데 상당한 금액이 민간병원으로 흘러갔다고 볼 수 있다.

조승연 인천의료원 원장은 '재난 자본주의'라는 표현을 썼다. "코로나19 환자를 보는 동안에는 손실보상금이 나와서 그때는 지방의료원의 재정도 안정적이었다. 시민들 사이에서 존재감도 커졌으니 오랫동안 외면당했던 한국의 공공의료가 성장하겠구나, 기대감을 품었다. 천문학적으로 풀린 정부 예산 대부분이 민간병원으로 가서 우리 의사와 간호사들을 빼가는 데 쓰일 줄은 몰랐다." 인천의료원은 코로나19 유행 기간 병원을 떠난 신장내과 전문의 자리를 1년 6개월째 채우지 못하고 있다. 혈액투석기 35대가 들어선 인공신장실도 운영이 중단된 상태다.

천안·서울·포천을 떠돌던 외국인 산모

이처럼 지방의료원들이 열악한 처지로 내몰리고 있지만 필수의료 공백이 심화되며 공공병원의 필요성은 갈수록 더 커지고 있다. 2023년 9월 19일 찾은 경기도의료원 포천병원. 병원 4층 원장실에 들어서자 벽면에 걸린 '대한민국 국무총리 단체표창' 리본이 눈에 들어왔다. 이 상을 포함해 코로나19 유행 기간 포천병원이 받은 중앙정부 표창이 11개다.

영예 뒤에 찾아온 그림자는 짙다. 2023년 9월 기준 병상가동률은 40% 내외, 한 달 평균 적자는 10억 원가량이다. 지난해 하반기에 임금 체불 위기가 닥쳤지만 중앙정부가 지급한 6개월 치 회복기 손실보상금과 경기도 지원금으로 최악의 상황만은 막았다. 백남순 원장은 "2023년을 넘기기는 어려울 것 같다"라고 말했다.

그런데 최근 들어 경기도 최북단에 위치한 이 종합병원을 다급하게 찾는 환자가 생기고 있다. 한 달 새에도 두 건이 있었다.

그중 하나는 32주 차에 조기 출산을 하게 된 외국인 산모 케이스다. 아내는 대구에서, 남편은 충남 천안에서 일하는 이주노동자 부부인데 분만할 곳이 없다며 천안의 의료기관에서 의뢰가 왔다.

대도시에서도 산부인과의 '산과'는 사라지고 '부인과'만 남고 있지만 포천병원은 적자를 감수한 채 분만을 이어가고 있다. 여기 산부인과마저 문을 닫으면 경기 북동부 지역에서는 아기를 낳을 수 있는 곳이 거의 없기 때문이다. 출산 병원을 찾는 데 애를 먹는 이주노동자 임신부들은 경기도 안산 등지에서도 포천병원 산부인과를 찾아왔다. 이제는 그 반경이 천안까지 넓어진 것이다.

산부인과 의사에게도 처음 보는 임신부의 아기를, 그것도 오자마자 받는 것은 "굉장히 위험한 행위"라고 백남순 원장은 말했다. 산전 진찰을 통해 임신부와 태아의 상태를 파악하고 적절한 의료적 준비를 해둬야 하는데 응급 분만은 그럴 수가 없다. 무엇보다도 포천병원 신생아실에는 32주에 태어난 미숙아를 돌볼 신생아 집중치료실이 없었다.

고심 끝에 서울의 규모 있는 병원으로 임신부를 보냈다. 그런데 그 병원에서 야간 분만, 응급 분만을 하지 않는다며 다시 포천병원으로 환자를 돌려보냈다. 결국 포천병원 의료진이 아침 7시 급하게 모여서 제왕절개 수술을 한 끝에 이 여성은 아기를 낳을 수 있었다. 아기가 신생아실에 있는 동안에는 포천병원에 한 명뿐인 소아청소년과 의사가 밤낮으로 병원을 지켰다. 다행히 열흘 뒤 아기와 산모는 건강하게 퇴원했다.

또 다른 케이스는 급성후두염 증세를 보이는 소아 응급환자였다. 급성후두염은 심각한 질환은 아니지만 신속하게 기도를 확보하고 호흡기 치료를 하지 않으면 생명이 위험해질 수도 있다. 경기도 동두천에 사는 이 어린이는 우선 의정부에 있는 큰 병원들을 찾아갔지만 소아 응급환자는 진료가 어렵다는 답변에 발길을 돌려야했다. 아이는 20km를 달려 포천병원 응급실에 와서야 기본적인 처치를 받을 수 있었다.

백남순 원장은 "이 병원과 지역에 애정을 가진 의료진이 있어서 겨우겨우 해내는 일"이라고 말했다. "우리 산부인과 과장님은 포천병원에서 30년 가까이 근무했다. 이 지역에서 본인이 분만을 받아야 한다는 사명감으로 1년 365일 일한다. 소아청소년과 과장도 포천에서 오래 진료를 해온 분이니까 신생아실도 보고, 외래진료도 하고, 일주일에 한 번씩 공공산후조리원도 나가고 하는 일을 혼자서 도맡고 있는 거다."

"정부는 책임감을 가져야 한다"

포천병원은 재활의학과 진료실이 6개월째 공석이다. 뇌경색을 앓거나 후유증이 생긴 환자들은 재활치료를 받아야 하기 때문에 요양시설과 고령인구가 많은 포천에서는 재활의학과 진료 수요가 높다. 그러나 연봉 3억 원을 제시해도 의사를 구하지 못하고 있다. 국립대병원에서 의사를 파견받는 제도도 알아봤지만 포천병원까지 오겠다는 사람이 없었다. 백남순 원장은 "보건복지부에서 시행하는 지역거점 공공병원 파견 의료 인력 인건비 지원사업의 맹점" 이라고 말했다. "그런 방식으로는 민간 재활병원이나 사설 운동치료실이 이미 많은 수도권과 대도시에만 의사가 채워진다." 포천에 사는 장애인들과 노인들은 서울, 의정부의 병원을 찾아가거나 재활치료를 포기해야 하는 상황이다.

비단 의료 취약지에서만 공공병원의 역할이 중요한 것이 아니다. 인천 같은 대도시에 공공병원이 필요한 이유를 묻자 인천의료원 조승연 원장은 "민간 의료기관만으로 국민들의 생명과 직결된 필수의료를 보장하는 것이 한계에 다다르고 있기 때문"이라고 답했다. "요즘 일명 '구급차 뺑뺑이' 사건들이 잇따르는 건 영리적인 분야로 자꾸 의사들이 빠져나가서 중환자 치료, 수술, 응급실 운영처럼 비용과 인력은 많이 들어가는데 돈 안 되는 과목들은 진료가 축소되기 때문이다. 안정적으로 필수의료를 국민에게 제공하려면 이제는 공공병원이 지역책임의료기관으로 제 역할을 해야 한다."

역설적인 상황이다. 공공병원에 요구되는 시대적 과제는 점점 무거워지는 데 반해, 지방의료원들은 경영난과 의료진 이탈 등 좀처럼 출구를 찾기 어려운 수렁 속으로 빠져들고 있다. 가뜩이나 취약했던 한국의 공공의료 기반도 나날이 침식되고 있다.

경기도의료원 안성병원의 임승관 원장은 긴급한 대책과 장기적인 계획을 구분해야 한다고 말했다. 임 원장은 코로나19가 공공병원의 위기를 가속화시킨 방아쇠임에 틀림없지만 그것만으로는 현재의 위기를 다 설명할 수는 없다고 본다. "근본적 요인은 한국의 의료 환경 변화이다. 특히 의사 인력 시장의 불균형이 최근 몇 년 사이에 엄청나게 증폭되었다. 우리 병원이 예전의 모습을 되찾고 더 나아가 지역의료의 중추 역할을 하려면 휴진 중인 외과도 다시 열어야 하고, 한 명으로 근근이 버티는 정형외과 의사도 충원해야 한다." 공공병원에 의사 인력이 유입되는 경로를 설계하고, 의대부터 수련의까지 의사 양성 과정과도 연계하는 긴 호흡의 정책이 뒷받침되지 않으면 공공의료를 살려내기 어렵다는 것이다.

물론 당장은 공공병원들이 쓰러지는 것을 막기 위해 "대폭적인 보조금으로 시간을 벌어야 한다"라고 임승관 원장은 말했다. 조승연 인천의료원 원장 역시 비슷한 취지의 말을 했다. "예전에 연간 20억 원 정도 예산이 부족할 때는 인천시에서 보전을 해줄 수가 있었다. 지금은 매달 적자가 20억 원이다. 지자체에서 감당할 수 있는 수준을 넘어섰다. 감염병 전담병원으로 지방의료원을 동원한 건 중앙정부였다. 6개월 회복기 손실보상금을 줬으니 그 뒤로는 망하든 말든 알아서 하라는 식인데 책임감을 가져야 한다."

지자체 보조와 손실보상금으로 폭탄 돌리기 하듯 막았던 경영 위기가 2024년 본격화할 거라는 우려가 지방의료원에 감돌고 있다. 몰락하는 건 고작 5%에 지나지 않는 공공병원이지만, 그것이 미칠 영향은 그 이상이다.

“윤석열 정부에선 ‘공공병원’이란 단어가 사라졌다”

‘공공의료’ 정책이 뒷걸음질 치고 있다. 지방의료원을 지원하는 ‘지역거점병원 공공성 강화’ 사업은 2023년에 이어 2024년에도 2년 연속 예산 규모가 축소됐다. 공공병원을 키우고 공공병원의 수를 늘려 공공의료 인프라를 구축하려던 정책적 흐름에도 제동이 걸렸다.

보건복지부는 2023년 1월 필수의료 대책으로 ‘공공정책수가’를 도입한다고 발표했다. 중증 응급, 분만, 소아 진료 등 꼭 필요한 의료서비스이지만 공백이 발생하고 있는 분야의 수가를 높게 책정해주는 제도다. 필수의료를 제공하기만 하면 의료기관이 공공병원이든 민간병원이든 구분을 두지 않는다.

을지대 의대 나백주 교수는 보건의료 정책을 연구하는 예방의학자이다. 서울시 서북병원 원장으로 직접 공공병원을 운영하기도 했고, 서울시 시민보건국장으로 보건행정을 다룬 경험도 있다. 서울시를 떠나 학교로 돌아온 뒤 2022년 ‘좋은공공병원만들기운동본부(준)’ 설립에 참여했다.

한국 의료는 민간병원을 중심으로 발전해왔다. 전체 의료기관 가운데 공공병원은 5%에 지나지 않는다. 95%를 차지하는 민간병원들은 나름 성공적으로 한국 시민들의 건강과 생명을 지켜왔다. 그런데 왜 ‘공공병원 만들기’가 필요한 걸까. 2023년 9월 22일 만난 나백주 교수는 “민간병원만으로는 지방 소멸과 고령화라는 시대적 과제에 대처할 수 없다"라고 말했다.

정부가 필수의료 지원대책을 발표했는데 '공공정책수가'가 큰 비중을 차지한다. 중증 응급, 분만, 소아 진료 등의 수가(국민건강보험에서 의료기관에 지불하는 가격)를 올려서 의료 공백을 해결하겠다는 취지다.

현 정부 들어 보건의료 정책에서 사라진 단어가 있다. '공공의료' '공공병원'이다. 필수의료 수요가 충족되지 않는 분야와 지역에 공공의료 인프라를 확충하기보다는 '공공정책수가'를 도입해 정부가 가격을 잘 쳐주는 식으로 민간의 진입을 유도하는 정책이다. 사실 새로운 제도는 아니다. 예전부터 '의료 취약지 수가 가산'이라고 해서 필수의료가 부족한 지역에서 하는 진료에 대해선 돈을 더 얹어줬다.

문제는 시장원리에 따라 어느 정도는 수요와 공급이 맞아야 수가로 유인하는 정책이 작동한다는 것이다. 지금 공백이 발생하는 필수의료 과목들은 그럴 상황이 아니다. 최근에 산부인과를 대상으로 공공정책수가의 효과를 분석한 논문이 나왔다. 분만 수가를 올려주면 병원 수입이 증가하긴 하지만 대도시의 분만 산부인과에서만 거의 혜택을 봤다. 지방 도시에서는 분만이 계속 줄어들고 있으니 올려놔 봤자 수익이 그다지 돌아오지 않는다.

또 하나 중요한 것이 분만을 하려면 마취과 의사, 소아과 의사, 숙련된 간호사 등이 연계돼야 한다. 공공정책수가는 필수의료 공백이라고 해서 그 진료 과목 하나만 딱 집어서 수가를 올려

준다. 의료는 그런 방식으로 돌아가지 않는다. 필수의료를 제대로 하려면 지역 내에서 완결적 의료가 가능하도록 공공보건의료 전달체계를 구축해야 하는데 윤석열 정부에서는 프레임이 완전히 달라지고 있다. 염려가 많이 된다.

공공의료 정책의 후퇴라고 할 만한 사례가 또 있나?

울산의료원 설립이 무산되었다. 올해 5월 완료된 타당성 재조사를 통과하지 못했다. 광역시 가운데 지방의료원이 없는 지역이 울산과 광주 두 곳이다. 울산은 대도시이지만 의료 환경이 열악하고, 객관적 지표로도 의료 자원이 부족하게 나온다. 큰 병원이 울산대병원 정도밖에 없다. 울산 인구가 110만 명인데 22만 명이 서명에 참여할 정도로 주민들의 관심도 뜨거웠다. 타당성 재조사에서 경제성 분석(B/C)이 0.65로 낮게 나왔다. 조사를 면밀하게 살펴본 울산 지역의 의료 전문가에게 들어보니 공공의료가 창출할 수 있는 편익이 지나치게 협소하게 계산되었다고 하더라. 나도 타당성 재조사 보고서를 읽어봤는데 보건복지부는 공공병원의 필요성에 대한 입체적 구상이 부족하고 기재부는 경제성 잣대를 엄격하게 들이댔다. 대선 당시 윤석열 후보의 공약이기도 했는데 지켜지지 않았다.

광주의료원은 지금 타당성 조사가 진행 중이다. 경제성에 걸려서 울산의료원이 탈락하는 걸 보고 병상을 350개에서 300개로 변경한 신청서를 부랴부랴 다시 제출했다. 그런데 병원이 높은 수준의 진료 기능을 갖추려면 구조적으로 일정 규모 이상의 병상이 있어야 한다. 그래야 관련 인프라, 인력 등을 확보할 수 있기 때문이다. 경제성을 이유로 투자를 하지 않고, 투자를 하지 않으니 경제성이 다시 떨어지는 것이 한국 지방의료원이 처한 현실이다.*

최근 '응급실 뺑뺑이' 등 필수의료 공백으로 인한 사건들이 생기고는 있지만 한국 의료계는 민간병원을 중심으로 성장했고 시민들도 어렵지 않게 병원을 이용해왔다. 공공병원의 필요성이 피부에 잘 와닿지 않는다.

두 가지 이유를 들고 싶다. 첫 번째는 지방의료의 위기다. 진주의료원을 다시 짓기 위해 부지 선정을 하고 있어서 얼마 전 자문을 다녀왔다. 입후보 지역이 진주시, 하동군, 남해군 세 군데였다. 가기 전에는 진주가 제일 크고 중심적인 도시이니 '진주에 짓는 게 당연하지, 의사결정이 어렵지 않겠네' 했다. 막상 가서 보니까 머리가 복잡해지더라. 하동군에 응급실을 여는 병원이 하나 있었는데 2년 전에 그 병원이 문을 닫아서 지역 주민들이 갈 곳이 없는 거다.

충북 단양도 2015년에 서울병원이라는 곳이 문을 닫으면서 응급실이 없어졌다. 단양군 보건소에 병원 기능을 일부 추가해 단양군 보건의료원을 2024년 개원할 예정이다. 전남 영암에도 영암병원이라는 곳이 몇 년 전에 문을 닫았다. 이런 식으로 지역에 있

* 광주의료원은 인터뷰 이후인 2023년 10월 예비타당성 조사에서 탈락했다.

〈그림 2-19〉 인구 10만 명당 치료 가능 사망자 수(2021년 기준)

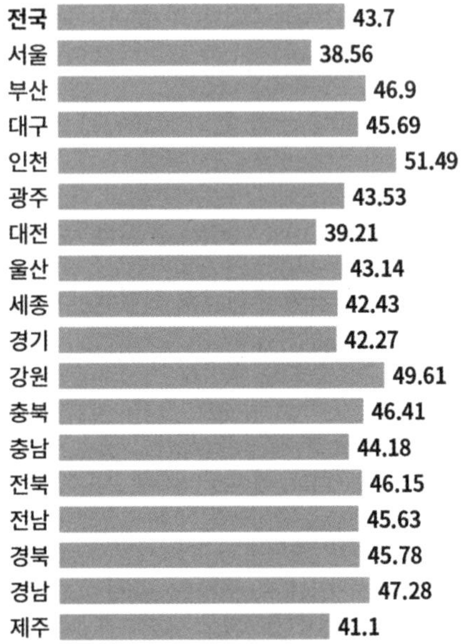

자료:보건복지부, 국민의힘 최영희 의원실

는 병원들이 속속 없어지고 있다. 전남 장흥과 보성 지역의 종합병원은 홈페이지에 들어가서 보면 소아과, 산부인과, 외과 등 종합병원이면 개설해야 하는 과목 가운데 상당수가 없다. 이런 곳은 곧 문을 닫을 가능성이 크다.

한국 보건의료가 민간병원을 중심으로 발전해왔다는 것, 정말 맞는 얘기다. 농촌, 시골, 지방 소도시에도 다 민간병원이 들어가 있다. 공공병원인 지방의료원은 전국 통틀어 35개밖에 되지 않는다. 그런데 지방 소멸이 심화되면서 지역에서 민간의료가 더 이상 지속 가능하지 않게 돼버렸다. 심폐소생을 해도 더 이상 살아나기 힘든 지경이다. 지금도 '치료 가능 사망률' 등 지역별로 의료 격차가 상당하다(〈그림 2-19〉 참조). 이대로 가면 지역 주민들의 의료 이용은 정말로 심각한 위험에 처할 수 있다.

물론 인구가 적은 군 단위 지역마다 300~500병상짜리 대규모 의료원을 지을 수는 없다. 외국을 보면 규모 있는 공공병원 한 곳이 거점이 되어 주변의 소규모 지자체와 연계를 한다. 예를 들어 진주의료원이 진주에 들어서면 의사를 여러 명 뽑아서 요일을 정해 하동 같은 곳에 소아과, 산부인과, 정형외과, 비뇨기과 의사를 파견하고 진료를 보게 하는 식이다. 단양군 보건의료원은 충주의료원과 이런 관계를 맺어 소아청소년과 의료진을 구할 예정으로 알고 있다.

공공병원이 필요한 또 하나의 이유는 무엇인가?

초고령화이다. 노인 인구가 늘어나면 의료 수요도 가파르게 증가한다. 거기에 맞춰서 단순히 병원이 많아지면 되는 거 아니냐 생각할 수도 있지만 현재 고령화 추세는 그렇게 일대일로 대응할 수 있는 수준을 넘어선다. 아픈 노인들을 지금처럼 다 입원시킨다면 병상을 어마어마하게 늘려야 한다. 노인들이 지역사회와 자신이 살던 집에서 최대한 건강하게 노후를 보낼 수 있도록 접근법 자체가 바뀌어야 한다.

민간병원은 기본적으로 환자가 많이 와야 돈을 번다. 공공병원은 그와 달리 예방적인 관리에 집중해 환자가 병원에 덜 오게, 안 오게 만드는 걸 미션으로 삼을 수 있는 의료기관이다. 의료만으로 되는 일도 아니다. 지역 보건소, 동네 의원들과 협업해서 주민들을 교육하고, 건강 프로그램을 정착시키고, 체계적으로 관리하는 등 거버넌스 역할이 중요해진다. 이것도 지역거점병원인 지방의료원이 맡아야 하는 일이다.

그런데 필수의료를 책임지기에는 현재 공공병원의 진료 역량이 많이 떨어지지 않나? 코로나19 유행 때도 지방의료원에서는 중환자 치료를 거의 하지 못했다.

그렇다. 우선 공공병원들의 규모가 너무 작다. 병원은 병상수 규모가 커질수록 볼 수 있는 진료 과목도 많아지고, 진료 수준도 높아지는 사업장이다. 서울의료원(655병상), 부산의료원(543병상) 정도를 제외하면 대부분의 의료원이 100~200병상 수준인데 이런 규모에서는 중환자를 볼 수 없다.

두 번째로 민간병원에 비해 의사와 간호사 수가 적다. 2차 민간병원과 비교해보면 전문의는 53~57%, 간호사는 65~87% 수준에 불과하다. 병원이 원활하게 돌아가려면 한 진료 과목당 최소 의사 3명이 있어야 당직도 서고, 연수도 가고, 휴가도 쓸 수 있다. 지방의료원은 한 과에 의사 한 명인 경우가 많다. 외래 · 입원 · 응급환자를 다 보면서 혼자 고군분투하는 경우도 있지만 애초에 어려운 환자를 받지 않는 것이 관행으로 굳어져버리는 곳도 있다. 진료 기능이 축소되는 결과로 이어지는 것이다.

지방의료원이 수억 원 연봉을 제시해도 의사를 구하지 못해 이슈가 되었다. 비단 공공병원뿐만 아니라 민간병원도 의사 구인난을 겪는다.

기본적으로 의사 증원이 필요하다. 그런데 늘려놨더니 피부 · 미용하는 의사만 많아지면 뭐하겠나. 공공병원은 의사들이 보람을 가지고 환자를 볼 수 있는 환경이 돼야 하고, 의사 육성 면에서는 공공의대 등을 통해 공공병원으로 진출할 의사들을 키워내야 한다. 사실 정부가 의과대학에 지원해주는 게 별로 없다. 보건복지부가 평가를 제대로 해서 지역의료에 복무할 의사를 양성하는 대학에 정원도 늘려주고 재정적인 지원도 해야 한다.

코로나19 유행을 거치며 사회적으로 공공병원에 대한 관심이 높아지고 공공의료를 강화해야 한다는 공감대도 커졌다. 하지만 현실은 정반대로 흘러가고 있다.

우선은 현 정부의 국정 철학이 공공의료 확대와 배치되는 측면이 있다. 보건의료에 대해서는 정치적 중립성이 보장되고, 기획재정부의 경제 논리에서도 어느 정도 보호되었으면 하는 바람이다. 공공의료 강화는 거스를 수 없는 시대적 과제이다. 구체적인 방안으로 '공공의료기금' 신설을 제안하고 싶다. 전국이 70개 중진료권으로 나뉘는데 지방의료원은 35곳뿐이다. 공공병원이 없는 곳에는 지방의료원을 신설하고, 이미 있는 곳은 인력 충원과 장비 구비에 쓸 수 있도록 1년에 1조 원씩 10년간 10 조원을 공공의료에 투자해보자는 것이다. 현재 담배세가 연간 약 2조~3조 원 규모로 걷힌다. 45%는 소방안전교부세로 배정된다. 나머지 55%를 재원으로 활용하면 매년 1조 원 정도 공공의료기금을 조성할 수 있다.

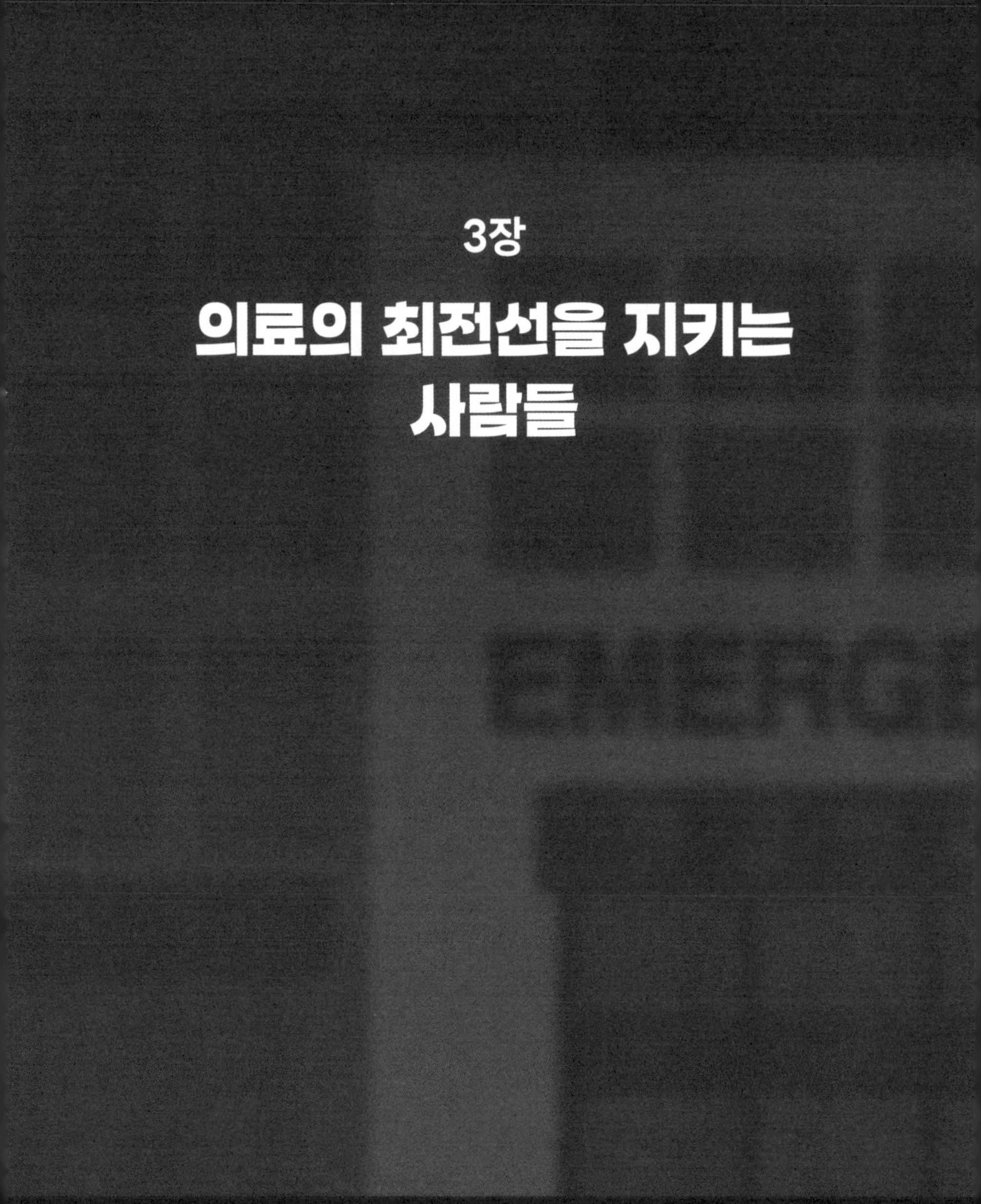

3장

의료의 최전선을 지키는 사람들

1
26년 차 소아과 의사의 '작심 고언': 신천연합병원 소아청소년과 전문의 김정은

+

소아청소년과 위기를 취재한다고 했을 때 의료계 전문가 여럿에게 "김정은 선생을 만나보라"는 얘기를 들었다. 아이들과 소아청소년과에 대한 애정이 크고 이를 실천으로 옮기는 의사라는 것이 추천 이유였다.

김정은 씨는 26년 차 소아청소년과 전문의이다. 충주 건국대병원에서 조교수로 근무했고, 서울 중구보건소에서도 일했다. 한때 본인 이름을 딴 소아과를 개원한 적도 있다. 지금은 경기도 시흥시 신천동 인근의 공익적 민간병원인 신천연합병원 소아청소년과에서 환자들을 보고 있다. 1차 · 2차 · 3차 병원, 그리고 의대교수 · 개원의 · 봉직의까지 한국의 소아 진료 현장을 두루 누빈 셈이다.

매번 밤 8시가 넘어서야 연락이 되었다. 아침 8시 30분부터 외래 진료를 시작해 입원 병동 회진을 돌고 나면 그 시각이다. 틈틈이 소아 응급환자가 오면 콜을 받고 응급실에 뛰어 내려갔다 오는 것도 그의 일이다. 인터뷰 요청을 받았을 때 망설였다고 했다. 소아과의 위기가 깊어지면서 의사 사회도 날이 서 있다. 전공의가 들어오지 않는 대학병원에서는 교수들이 그 자리를 메우느라 지쳐가고, 개원의들은 의원을 유지할 여력이 없어서 폐과 선언을 한다. "돌아보니까 제 경력이 짧지가 않더라고요. 책임이 있구나 싶었어요."

2023년 5월 1일 신천연합병원 인근에서 김정은 선생을 만났다. 노동절인 이날 병원은 쉬는 날이었지만 입원 병동 회진을 돌고 오는 길이었다. 3시간 넘는 인터뷰 동안 그는 자주 지쳐 보였고, 또 그만큼 자주 눈을 반짝였다. 고질적인 의료수가 문제, 소아 진료 특유의 어려움에 대해 들을 거라 예상했는데 그는 '소아 · 청소년 건강의 안전망'이라고 쓰인 도표를 들이밀었다.

소아·청소년 건강의 안전망이요?

소아과 위기에 관해 논의할 때 지향점을 잘 설정해야 한다고 생각해요. 우리가 이런 얘기를 하는 이유는 우리의 아이들이 안전하게, 건강하게 자라는 체계를 만들고 싶은 마음인 거잖아요. 제가 말씀드리고 싶은 건 (몇몇 단편적 대책들이 아니라) 소아 · 청소년 건강의 안전망을 돌아보자는 거예요. 어디에서 무얼 놓치고 있는지 얘기해보자는 거죠. 아이를 둘러싼 환경은 생각보다 다양해요. 사는 곳, 공부하는 곳, 노는 곳, 식사를 제공받는 곳 등등. 의료는 아

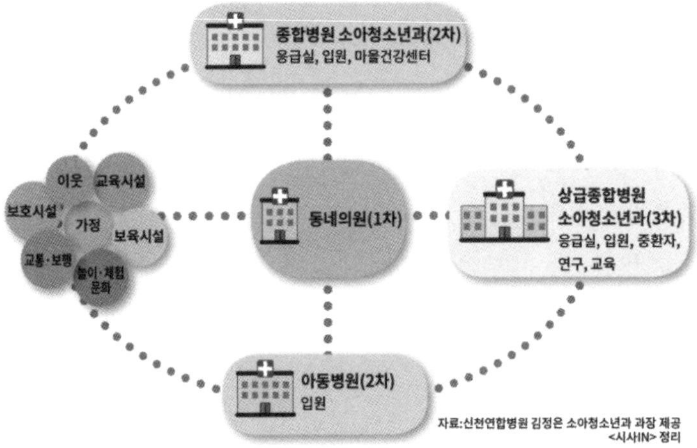

〈그림 3-1〉 소아·청소년 건강의 안전망

이를 지키는 안전망에서 하나의 축일 뿐이에요. 소아 진료를 하는 사람은 반드시 이 전반적인 돌봄 체계의 틀 안에서 아이를 봐야 해요.

소아청소년과(소청과) 문제가 사회적 이슈로 떠오른 계기는 전공의 미달 사태였죠. 그동안 전공의들이 휴일 없이 밤낮으로 환자를 봤는데 소청과에 지원하는 전공의가 수년째 줄어드니까 대학병원이 소아 응급, 입원 진료를 중단하면서 피부로 와닿기 시작한 거잖아요. 그런데 소청과 문제는 사실 1차 · 2차 · 3차 병원이 모두 연결돼 있어요. 뿌리라고 할 수 있는 소청과 의원(이하 동네의원)에서 정상적인 진료가 이루어진다면 우리가 지금 목격하는 여러 문제가 많이 완화될 수 있어요.

소아 1차 진료가 제대로 이루어지지 못하고 있다는 건가요?

소청과만 그런 건 아니에요. 콧물이나 가벼운 발열 환자들도 상급 종합병원 외래진료, 응급실로 많이 가잖아요. 한국 의료는 전체적으로 병원 기능이 뒤섞여 있죠.

소아 진료에 한정해서 말씀을 드리자면 동네의원이, 즉 1차 진료가 제 기능을 다한다면 대부분의 소아 환자가 여기에 흡수돼요. 중증 환자를 봐야 하는 3차 병원이나, 중등증 환자를 받는 저희 병원 같은 2차 병원 외래까지 올 이유가 없어요. 또 불안해하는 보호자들을 충분히 상담하고, 교육하고, 육아 조언도 해줄 수 있어요. 그러면 의료 수요에서 과도하게 부풀려진 부분도 줄일 수 있어요. 소아 · 청소년 건강의 안전망이라는 틀에서 보면 위기 가정, 아동학대의 징후를 빠르게 캐치해서 알람을 울릴 수 있는 곳도 동네의원이고요.

이렇게 정상적인 1차 진료가 이루어지려면 소위 '3분 진료'로는 안 돼요. 그래서 얼마 전에 정부가 소청과에 '심층상담 수가'*라는 걸 신설했어요. 소아과 의사들이 수가가 너무 낮다고 하니, 그

---

* 보건복지부는 2022년 12월 '아동 일차의료 심층상담 시범사업'을 시작했다. 36개월 미만 영유아에게 15~20분가량 심층 교육과 상담을 제공한 소청과 의사는 기존 진료비 수가 1만 9000원보다 높은 심층상담 수가 5만 원을 지급받게 된다. 아동 한 명당 1년에 최대 세 번 '심층상담'을 받을 수 있다.

리고 육아에 충분한 전문성을 발휘해도 진료비에는 반영이 안 되니 심층상담 수가를 도입한 거예요. 그런데 이게 소아과 진료실에 적용되는 순간 상당히 부자연스러운 상황이 돼버려요.

심층상담 수가를 받으려면 건강보험 급여를 청구할 때 수가 코드를 넣어야 돼요. 이 코드를 넣으면 '이때부터 몇 분간 상담해야 한다'라는 규칙이 있어요. 보호자도 아이가 일반 진료 볼 때는 나이에 따라 몇백 원가량 내던 본인부담금을 1만 원 정도까지 내야 해요. 이 제도를 이용해서 길게 상담하려면 이렇게 되는 거죠. "엄마, 지금부터 심층상담할 거예요. 본인부담금이 얼마고요. 이거에 동의하실 겁니까? 그럼 여기 사인하세요. 자 이제부터 시간 잽니다." 그러면 보호자는 머릿속에 이런 생각이 스치겠죠. '이거 갑자기 뭐지? 약 파는 건가?(웃음)'

현실적으로 소아과 진료실에서 적용하기가 쉽지는 않겠네요.

시범사업이라 의료기관을 모집하는데, 저는 신청하지 않았어요. 자칫하면 의사와 보호자 사이에 쌓아왔던 '라포(신뢰)'가 깨질 수도 있거든요. 소아과에서는 진료와 심층상담이 명확하게 구분되지 않아요. 예를 들어서 감기약을 타러 온 아기인데 엄마가 계속 질문을 하기 시작해요. '애 먹는 거는 어떡하죠? 싸는 거는 괜찮나요? 여기 한 번 봐주세요.' 원래부터도 소아과 의사들은 그런 상담을 다 해왔어요. 아이는 아픈 곳만 특정해서가 아니라 통으로 봐줘야 해요. 소청과 수련 과정에서 제일 중요하게 배우는 내용이

'아이는 작은 어른이 아니라 독립적인 주체이다. 아이의 성장 발달은 어른과 다르다. 아이는 어른 환자처럼 현재 증상만이 아니라 변화를 봐줘야 한다'라는 거예요.

소아과 진료실에 있으면 예방접종 때 보호자와 가장 많은 대화를 해요. 접종하는 날은 아파서 오는 게 아니잖아요. 건강한 아이들을 옆에 두고 보호자들은 궁금했던 걸 물어보고, 우리는 여기저기 살펴보고. 그런데 이날 청구할 수 있는 수가는 예방접종 주사 행위료(1만 9000원)가 전부예요. 아이가 아파서 왔을 때보다 진료를 훨씬 더 충분히 했음에도 표도 안 나지, 증거도 없지 그러니 빵 원이에요.

소아과 의사들은 대체로 소명이라고 생각하고 이 역할을 해왔어요. 하지만 시간이 지날수록 힘도 빠지고 깎여나가는 거죠. 만약 환자 한 명당 10분 정도를 진료하면 한 시간에 6명, 하루 50~60명을 보게 되잖아요. 소아과는 진료비가 수익의 거의 전부인데, 임차료도 내야 하고 최소 한 명의 간호조무사 월급도 나가야 해요. 사실상 인건비도 남기기 어려워요.

그렇다면 소청과 진료비 수가를 전반적으로 높여야 하는 건가요?

이게 참 항상 앞에 말을 '이따만큼' 해놓으면 결국은 돈 얘기처럼 돼버려요(웃음). 건보료든 세금이든 공적 자금이 쓰이게 되니 합당한 선이 어디인지는 국민적 합의가 필요해요. 다만 소아과 의사들이 수가가 너무 낮아서 정상적인 진료가 어렵다고 했을 때 '심층상담 수가' 같은 형태를 바란 건 아니었어요. 같은 진료라도 소아과 의사의 전문성을 믿어달라는 거였어요. 꼭 (심층상담 수가) 코드를 넣지 않아도 기본적인 진료비가 보장된다면 소아과 의사들이 아이의 상태에 더 주의를 기울이고, 발달 단계에 따라 충실한 진료를 할 수 있어요.

물론 이건 쌍방 간의 믿음이에요. 소아과 의사들도 노력해야 돼요. 우리도 그만큼 국민들에게 보여주지 못했어요. '니들도 3분 진료 하면서 약 주고 땡이던데'라는 인식이 있으니까 하루 약 먹이고 감기가 떨어지질 않으면 다른 의원 가는 식의 닥터 쇼핑이 생기는 거라고 생각해요.

지금 몸담고 있는 신천연합병원은 2차 종합병원입니다. 1차 의원을 개원했다가 2020년 다시 신천연합병원으로 돌아왔어요. 뜻한 바가 있는 건가요?

전체 의료 시스템에서 1차 의원과 3차 상급종합병원을 이어주는 허리가 2차 병원이에요. 그런데 한국 의료계에서는 입지가 점점 좁아지고 있어요. 의료가 소아·청소년을 둘러싼 안전망의 한 축이 되려면 2차 종합병원이 동네 커뮤니티의 거점으로 튼튼하게 서 있어야 해요. 소아과 진료실에서는 신체적 문제에 집중하지만 아이가 아픈 이유는 다층적이에요. 예를 들어 아빠가 다리를 다쳐서 일을 못 하게 된 집이 있어요. 가정 형편이 기우니까 돌봄도 소홀해지고 아이는 여기저기가 자주 아픈 거죠. 그런 아이가 우리 병원 소청과에 오면 아빠는 정형외과로 진료 의뢰를 할 수가 있죠.

지역에 좋은 '종합병원'이 뿌리내리면 한 가족을 돌볼 수 있어요. 사회복지기관과 연계해서 지원할 수도 있고요.

소아과에서 외래를 보면 더 들어가고 싶은 가족들이 있어요. 모든 소아과 선생님 눈에는 들어와요. 한 걸음만 더 들어가면 엄마도 울고 애도 울고. 툭 터져요. 그런데 시간에 쫓기는 데다 감정만 소모시키고 도움 줄 방법이 없으니 못 건드려요. 개별 동네의원으로서는 아무래도 한계가 있어요. 그런 안타까움에서 출발한 게 신천연합병원으로 돌아와서 시작한 '작은별 프로젝트'예요. 지원이 필요한 아동을 중심에 두고 지역의 돌봄, 교육, 놀이 · 운동, 영양 그리고 의료 자원을 연계하는 거예요. 신천연합병원의 마을건강센터가 등록 · 관리 · 의뢰 등 전반적인 코디네이터 역할을 하고 있어요.

대형병원조차 소아 응급과 입원 진료를 중단하는 케이스가 늘어나는데 신천연합병원은 그 역할을 이어가고 있습니다.

그것이 2차 병원의 본래 기능이에요. 환자를 경증-중등증-중증으로 분류했을 때 중간 정도 난이도의 중등증 환자들의 입원과 응급진료를 2차 병원에서 맡아야 해요. 그래야 3차 병원의 의료자원 낭비도 막을 수 있어요. 제가 이 병원에 꽂혀서 일하고 있는 건 입원 환자를 볼 수 있어서예요. 시흥시 북부에서 소아 입원이 가능한 병원은 여기밖에 없어요. 시흥이랑 인접한 인천이나 부천의 대학병원에 입원해도 되지 않냐고 쉽게 생각할 수 있지만 입원한 아이를 따라서 보호자가, 주로 엄마가 며칠씩 집을 비울 수 있는 환경이 안 되는 가정도 많아요. 그러면 최대한 미루다가 아이 상태가 심각해져서야 병원에 데려가는 거예요. 지역사회 복지 측면에서도 신천연합병원의 소아 입원과 응급 진료 기능은 꼭 유지를 해야 돼요.

소청과 외래진료부터 입원, 응급환자까지 혼자서 보고 있는 거죠?

원래는 우리 병원 소청과가 1진료실, 2진료실 이렇게 두 개였어요. 2023년 1월에 같이 계시던 선생님이 나가고 계속 의사를 구하고 있는데 어렵죠. 대학병원에서도 전공의의 빈자리를 대신하기 위해 입원전담 전문의를 많이 뽑고 있는 데다 2차 종합병원이 소청과 전문의들 눈에 썩 좋은 일자리는 아니에요. 우리는 공익적 민간병원이라 의사들 기준으로는 봉급이 낮은 편이기도 하고요. 사실 2차 종합병원에서 소아과 전문의를 두 명씩 두는 건 상당한 투자예요. 소아과는 진료비로 벌어들이는 수익 이외에는 비싼 약도, 비싼 검사도 없잖아요. 반면에 추가로 써야 하는 비용들은 많아요. 아이들은 링거 바늘을 꽂을 때도 성인과 달리 움직이지 않게 잡아야 하니까 간호사가 적어도 둘은 있어야 돼요. 낙상 방지를 위해 가드레일이 올라오는 소아 전용 침대도 필요하고, 원내용으로 링거를 매달 수 있는 유아차도 따로 구비해요. 병원 입장에서는 다 추가 지출이죠. 병원도, 의사도 쉽지만은 않은 선택이에요.

어떤 사람들이 소청과 의사가 되나요?

잠깐 개인 얘기를 해도 되려나요. 의대 졸업하고 1년간 인턴 생활을 하면서 병원의 여러 과를 돌잖아요. 신생아 중환자실에 갔을 때였어요. 인큐베이터 안에 요만한 아기가 있는데 소청과 레지던트(전공의) 선생님이 '밤새 얘 등을 때려줘' 그러는 거예요. 밤을 새우라니까 처음에는 투덜투덜했죠. 아기들 가래를 빼주거나 트림시킬 때 집에서도 쓰는 '팜컵'이라는 게 있어요. 인큐베이터에 손을 넣어서 그걸로 통통통 밤새 때려주는 거예요. 어른들은 흉벽이 두꺼워서 안 되지만 아기들은 이렇게 쳐주면 액액액 기침을 하면서 폐가 살살 풀려요. 그날 밤이 지나고 사진을 찍었더니 진짜로 폐가 더 펴진 거예요. '와 되게 신기하다. 이거는 의사로서 보람이 있겠다.' 그러면서 그 아기가 너무너무 예뻤죠. 애들은 화분에 물 주듯이 제때 적절한 조치를 해주면 '짜잔' 하고 살아나요. 그게 소아과의 엄청난 매력이에요.

제가 거기 빠져서 정작 저희 큰애는 몇 번을 놓칠 뻔했어요. 첫째 임신했을 때 충주 건대병원 조교수로 가게 됐어요. 2002년이었는데 지역 대학병원들은 그때부터도 교수가 당직을 섰어요. 제가 계속 동동거리고 다니니까 애가 배 속에 있는 동안 한 번도 태동이 없었어요. 그러다가 병원에서 CPR(심폐소생술)을 하고 온 날이었어요. 아직 37주인데 몸에 무리가 갔는지 새벽에 양수가 터졌어요. 응급 제왕절개로 우리 애가 태어났죠. 그러고도 정신을 못 차렸어요. 신천연합병원에 처음 왔을 때가 첫째 초등학교 1학년

때였는데 큰애의 초등학교 생활 6년이 제 머릿속에 없어요. 아이가 중학교에 진학했는데 적응하는 데에 한동안 애를 먹었어요. 그때 머리를 빵 얻어맞은 것 같았어요. '내가 얘를 또 놓쳤구나.' 지금은 어엿한 성인이 됐지만, 저처럼 하면 안 돼요. 혹여나 제가 헌신적이거나 귀감처럼 비춰져서는 안 돼요. 우리가 고민해야 하는 것은 스스로를 갈아 넣지 않고 소아과 의사로서 뜻을 펼칠 수 있는 환경과 시스템이에요.

정부가 발표한 '필수의료 지원대책'에서 소아 진료가 주요 과제로 꼽혔습니다.

소아 상시 진료체계 유지, 소아응급, 공공정책수가 등등 모두 의료 현장의 요구가 반영돼 있는 필요한 정책이에요. 그런데 이 대책들이 러프하게 제시돼 있는 상태예요. 구체적으로 예산과 지원이 어디로 갈지가 중요한데 쭉 살펴보면 결론은 대부분 3차 병원으로 가게 될 것 같아요. 지금 대학병원의 소청과가 마비 수준이니 거기를 보호해야 한다는 데 십분 동의해요. 전공의가 안 들어오는 걸 걱정하는데 사실 시급한 문제는 전공의가 아니라 교수조차 버티기 어렵다는 거예요. 다들 번아웃이고, 나가는 걸 진지하게 고민하는 분이 많아요. 하지만 그걸로 '소청과 위기'를 해소할 수는 없을 거라고 생각해요. 중증 환자를 보는 상단만 남아서는 소아 진료가 정상적인 기능을 할 수 없어요. 제 기본적인 관점은 소청과 전문의가 갈 곳이 다양해져야 관심과 소질이 있는 사람들이 이 길을 택할 수 있다는 거예요. 그래서 저는 대한소아청소년과학회 교육수련위원회에 전공의 제도에 대한 제언을 하고 싶어요.

어떤 제언인가요?

위기라고 하지만, 지금이 전공의 시스템을 바로잡을 과도기이기도 해요. '전공의를 못 구해서 대학병원 소청과가 안 돌아간다'가 아니라 전문의 중심으로 3차 병원 시스템이 재구축돼야 해요. 전공의는 소청과 전문의가 되기 위해 배우고 수련 받으러 온 사람들이잖아요. 주치의로서 환자를 맡아야겠지만 적정한 수의 환자를 배정하고 공부할 수 있는 시간적 여유나 환경을 마련해줘야 해요.

두 번째로 수련 과정에서 여러 일자리를 경험할 수 있어야 해요. 소청과 전문의가 100명이 배출된다면 대학병원에 남는 건 1~2명 정도예요. 여기로만 진로를 한정하면 길이 너무 좁죠. '소아·청소년의 건강 안전망'이라는 틀에서 보면 소아과 의사가 뜻을 펼칠 수 있는 다양한 길이 열려요. 대학병원에서 희귀 난치병, 중환자, 응급환자, 전문 과목을 배운 소청과 전공의가 2차 종합병원에서 몇 달 정도 수련을 받으면 새로운 시야가 열려요. 진료의 질적인 확장이라고 할까요. 아이를 둘러싼 환경을 살피고, 지역의 자원과 연계하는 법을 배우고, 2차 병원에서는 어떤 중증도의 환자를 보는지도 익히고요. 만약 우리 병원에 전공의가 온다면 소아과 의사가 지역에서 얼마나 할 일이 많은지, 어떤 변화를 이끌어낼 수 있는지 가르쳐주고 싶어요.

출생아 수 감소를 고려하면 소청과의 미래가 밝다고만은 할 수 없습니다.

현실을 타개할 명쾌한 해법은 없죠. 내년부터 갑자기 아이들이 많이 태어나지도 않을 거고요. 그래도 소청과를 지원하는 사람들은 계속 나올 거예요. 결국은 아이들이 좋고, 아이들의 생명을 구하고 싶고, 안전하고 행복한 성장을 돕고 싶은 사람들이 여기에 오는 거잖아요. 소청과가 가야 할 방향은 이런 꿈을 품고 온 젊은이들이 보람을 갖고 정상적인 진료를 하면서도 삶을 유지할 수 있도록 각자 좋은 자리가 돼주는 거죠. 어떤 이슈를 대할 때 가치를 잃으면 답이 안 나와요. '소아과 의사를 살려달라'가 아니라 '우리 사회가 소아들에게 충분히 투자하고 있는가'라는 관점에서 이 문제를 봐주셨으면 합니다.

2

WHO를 뒤로하고 시골로 간 의사: 강원도 평창군 보건의료원장 박건희

+

강원도 평창군에는 '보건의료원'이 있다. 병원급 의료기관이 없는 지역의 보건소에 병원 기능을 일부 더해 설립한 시설이 보건의료원이다. 경기도 연천, 강원도 화천과 평창, 충남 태안, 경남 산청 등 전국에 총 15개가 운영되고 있다. 흔히 말하는 '의료 취약지'이다. 평창군 보건의료원에는 내과, 외과, 소아청소년과 등이 개설돼 있고 24시간 응급실을 운영한다. 의사가 없어 오랫동안 진료를 하지 못했던 가정의학과는 최근 의사를 구했다.

평창군 보건의료원 박건희 원장의 스펙은 화려하다. 한국에서 손꼽히는 의대를 졸업했고 예방의학 전문의이자 보건학 박사이기도 하다. 2009년부터 국제보건기구(WHO)의 라오스 · 피지 사무소, 필리핀 지역본부에서 8년 동안 근무했다. 2017년 한국에 돌아온 후 그의 행보는 세태에 비춰본다면 쉽사리 이해가 가지 않는다. 경기도 안산시 상록수보건소장, 경기도 감염병관리지원단장을 거쳐 2023년 3월 강원도 평창군 보건의료원 원장으로 부임했다. 서울로, 서울에서도 강남 3구로 가는 것이 성공의 지표로 통하는 시대, 그는 왜 반대 방향을 향해온 것일까?

2024년 2월 7일, 여러 질문을 안고 평창군 보건의료원 2층 원장실에서 박건희 원장을 만났다. '지역의료 공백'이라는 말은 이중의 고민을 내포하고 있다. 의료기관 혹은 의사가 없어 지역주민들의 건강과 생명이 위험으로 내몰린다. 그러나 동시에, 인구가 적은 탓에 큰 병원이 들어선다 해도 이용률이 저조하고 병원 기능을 제대로 유지하기 어렵다. 실제로 지역의 건강을 책임질 수 있는, 혹은 지역주민이 필요로 하는 보건의료 형태는 무엇일까? 박건희 원장의 진단과 구상을 들어보았다.

우선 평창군의 현황이 어떤지 묻고 싶습니다.

의료 취약지이기 이전에 인구소멸 지역이지요. 면적은 서울보다 2.4배 더 넓은데 인구수는 4만여 명이에요. 처음 왔을 때 이곳의 주인은 인간이 아니라 자연이구나 싶더라고요(웃음). 의료기관은 병원급이 없고, 1989년에 개설된 평창군 보건의료원이 20병상을 두고 작게나마 병원 역할을 해왔던 거죠. 그런데 2020년부터 코로나19 대응 업무를 하다 보니 기능이 많이 축소돼서 지금은 입원 환자를 받지 못하고 있어요. 의원급 의료기관은 여기 평창읍에 3개, 북쪽 진부면에 7개 정도 있습니다.

전반적으로 건강지표가 좋지 못해요. 우선 연령 표준화를 해도 암 사망률, 심뇌혈관 질환 사망률이 전국은 물론 강원도보다 더 높습니다. 외래 진료나 입원 등 의료기관 이용률도 평균보다 낮고, 의료비도 덜 씁니다.* 뿐만 아니라 건강 생활 실천율도 떨어져요. 고위험 음주율, 흡연율이 높고, 운동은 적게 하시고 비만도도 높습니다.**

의료기관 이용은 어렵더라도 농촌이라 일상생활은 더 건강한 환경이지 않을까 싶은데 의외네요.

정확한 원인을 알려면 인류학적으로 살펴봐야겠지만, 제가 보기로는 농한기 때에 생활환경이 좋지 않은 것 같아요. 게다가 겨울에는 눈이 많이 와서 밖으로 돌아다니기 어렵잖아요. 댁에서 술 드실 기회가 많고 활동량은 떨어지고요. 이 시기에 건강관리가 매우 어렵습니다. 어떻게 보면 병원보다도 '마루 걷기'처럼 집에서 할 수 있는 운동, 일종의 홈 트레이닝 프로그램을 보급하는 것이 지역주민 건강을 위해서는 더 중요할 수도 있겠다 싶어요.

---

* 2020년 기준으로 의사 1명당 인구수는 서울이 308명, 평창군은 1,092명이다. 2021년 기준 70세 이상 인구 1명당 내원 일수는 평창군 37.0일(전국 46.3일, 강원도 41.1일)이고 진료비는 462.7백만 원(전국 558.6백만 원, 강원도 514.3백만 원)이다. 2021년 기준 인구 10만 명당 암, 뇌혈관질환, 심혈관질환 사망률은 강원도가 각각 217.1명, 24.4명, 160.1명인데 반해 평창군은 248.4명, 46.3명, 207.3명으로 높다.

** 2021년 기준 고위험 음주율, 중등도 이상 신체활동 실천율, 비만율은 전국 평균이 각각 9.9%, 18.5%, 31.2%인데 평창군은 각각 12.9%, 11.3%, 36.3%이다.

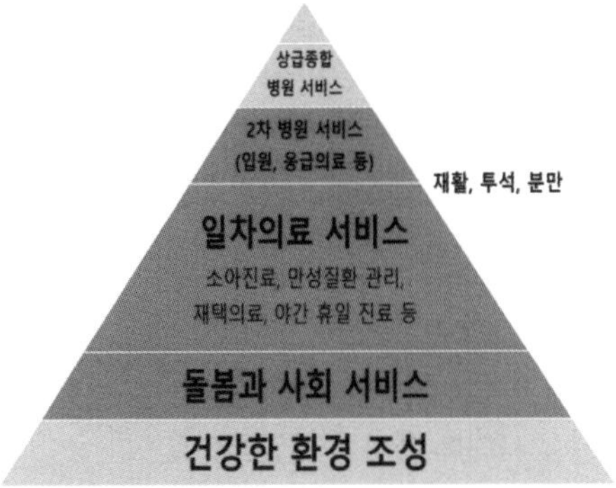

〈그림 3-2〉 지역이 필요로 하는 보건의료 환경
자료: 박건희 평창군 보건의료원장

보통 보건의료 시스템이라고 하면 '1차 · 2차 · 3차(동네의원 · 종합병원 · 상급 종합병원)'으로 된 피라미드 모형을 떠올리는데 저는 그 아래를 받쳐주는 층이 두 개가 더 있다고 봐요(〈그림 3-2〉 참조). 맨 아래는 건강한 환경이에요. 맑은 공기, 자전거 길, 금연, 운동, 사회적 관계 등이 여기에 해당돼요. 그다음은 돌봄과 사회 서비스예요. 그 위에 1 · 2 · 3차로 된 의료전달체계가 있는 거죠.

저는 예방의학을 한 사람으로서 이 아래를 받치는 두 개의 층(건강한 환경 · 돌봄과 사회서비스)이 가장 중요하다고 생각해요. 사실 의대 정원을 2000명 더 늘리는 것에 회의적인 의견인데, 그것도 메디컬 모형 안에서 접근하는 거거든요. 고령화 때문에 의사가 더 필요하다는 건 평균 수명이 늘어나는 만큼 오랫동안 아프고 오랫동안 입원할 거라는 가정이 깔린 것이죠. 바람직한 접근이 아니라고 생각합니다. 평균 수명이 70세에서 100세로 늘어났다면 99세까지 어떻게 건강을 유지할 것인가가 정책의 핵심이자 목표가 되어야죠. 그렇지 않으면 현실적으로 후기 고령자들의 의료 수요를 감당할 수 없어요.

평창에 온 지 1년가량 되었습니다. 도시에서 생각했던 지역의 상황과 구체적으로 접한 현실 사이에 차이점이 있을까요?

코로나19 유행을 거치면서 우리 보건의료원의 병실 운영이 중단됐고 지금까지도 입원 환자를 받지 못하고 있잖아요. 지역 주민들께서 많이 아쉬워하시고 밖에서 볼 때는 큰 문제처럼 여겨질 수 있는데 여기 와서 보니 실상은 좀 달라요. 입원실을 운영하려면 24시간 당직을 돌아가면서 서는 의사 · 간호사가 필요해요. 그런 인력을 구하기도 어렵지만 세팅을 해놓아도 환자 수가 많지 않아요. 코로나19 전에 원래 입원실을 운영할 때도 입원 환자가 1~2명 수준이었더라고요. 그것도 진짜 의료서비스가 필요해서라기보다는 '사회적 입원'이라고 하는데 주거가 불안하거나 사정상 집에 있기 어려운 분들이 대부분이었고요.

평창군은 넓은 면적에 적은 인구가 흩어져서 분포해 있기 때문에 병원급 의료기관을 운영하기에는 무리가 많아 보여요. 입원이나 중등증* 이상 진료가 필요한 환자라면 인근 지역의 종합병원

* 환자의 상태는 중증도에 따라 경증-중등증-중증으로 나뉜다. 시간 경과에 따라서는 급성기-회복기-재활기로 분류한다.

으로 원활하게 연계할 수 있도록 시스템을 갖추는 것이 현실적 방안이라고 생각합니다. 평창군의 북동쪽은 보건의료원이 있는 평창읍보다는 강릉이, 북서쪽은 원주가 더 가깝고, 남부에서는 영월의료원까지 20~30분이면 가거든요. 실제로 지금도 입원 치료가 필요한 주민들은 거기 병원을 이용하고 있고요.

그러면 평창군 보건의료원은 무엇을 해야 하나요?

급성기 입원 서비스를 제공하기는 어렵더라도 24시간 응급실은 계속 운영해야 돼요. 평창군에 야간이나 휴일에 1차 진료를 볼 수 있는 의료기관이 없기 때문이죠. 다행히도 지금은 응급실은 전담하는 전문의 공보의(공중보건의사)가 5명 배정돼서 응급실을 운영할 수 있어요. 우리가 입원은 되지 않으니까 빠르게 응급처치를 해서 인근의 2·3차 병원으로 이송하는 역할을 강화해야겠죠. 나머지 역할은 전반적으로 재구성을 할 필요가 있습니다. 1층은 종합 외래 진료소로 외래서비스를 강화하고, 2~3층은 군립 요양원으로 전환하는 것이 적합한 방향이라고 생각합니다.

'종합 외래 진료소'라면 입원은 없지만 여러 과가 모여서 일차의료를 하는 형태인 건가요?

맞습니다. 지역에 꼭 필요한데 수지타산이 맞지 않아서 들어오지 못하는 진료과가 있어요. 대표적인 게 소아과이죠. 평창군은 0~10세 인구가 1000명밖에 안 돼요. 반면에 60대 이상은 만 명이 넘어요. 그래도 소아과는 있어야 하잖아요. 보건의료원이 아니면 하기 어렵죠. 소아과 공보의 선생님 한 분으로 지금 운영하고 있는데 공보의가 제대하면 다음 사람 올 때까지 진료가 중단돼요. 지난해에도 한 달가량 소아과 운영을 못 했어요. 그보다는 안정적으로 유지할 수 있는 방안이 마련돼야 합니다. 그다음에 산부인과. 출산을 받는 산과까지는 아니더라도 여성 질환을 진료하는 부인과는 있어야 돼요. 정신건강의학과도 필요해요. 치매 환자들이 꾸준히 진료를 받아야 되고, 지역 내에 우울증과 자살 비율도 높은 편이거든요.

여기에 더해서 투석실과 재활치료실을 개설하고 싶어요. 지금은 평창에서 투석을 받지 못해요. 재활치료실도 잘 갖춰진 곳이 없어서 뇌졸중 환자들이 강릉이나 원주에서 재활을 받고 있어요. 물론 투석실, 재활치료실 모두 평창에서는 규모의 경제가 실현되지 않아요. 데이터를 살펴보면 평창에 투석 받는 환자가 20명가량 되는 걸로 나와요. 더 정확한 자료를 연구 용역을 통해 확인하고 있는데, 혈액 투석기계는 15대 정도를 설치하고 이용 환자 수가 60명가량이 되어야 이익이 남는다고 그래요. 하지만 인구가 고령화될수록 투석 환자는 늘어나고, 투석실이 없어서 평창으로 들어오지 못했던 인구까지 고려하면 장기적으론 어느 정도 수지를 맞출 수 있을 것이라 생각해요.

작지 않은 변화네요.

사실 하나가 더 있어요(웃음). 이런 진료과목들로 1층에 종합 외래 진료소를 만들고 가정의학과 등 외래를 보강해서 지역의 '일차의료 지원센터'까지 나아가는 것이 저의 구상이에요. 단순히 진료만 하는 게 아니라 간호사, 영양사, 운동처방사, 사회복지사 등 다양한 직종이 협업하여 평창군 내에 있는 민간 의원들이랑 네트워크를 구축하고 백업하는 역할을 수행하는 거죠. 일차의료 지원센터가 긍정적으로 실현된다면 지역사회 전체의 건강을 민과 관이 협력하여 통합적으로 관리하는 모형을 만들 수 있을 거라고 생각합니다.

지금 사무실과 병실이 있는 2~3층은 군립 요양원으로 바꿨으면 하는 거고요?

현재 국립중앙의료원에 연구 용역을 위탁하여 몇 가지 안을 검토하고 있어요. 회복기 병상, 호스피스 병상 위주의 병상을 둘 수도 있고 아니면 2~3층을 공공 요양원으로 분리하는 방안도 있고요. 평창군 남부 지역에는 20병상 넘는 중규모 요양원이 없어요. 북쪽 진부면의 오대산에만 큰 기관이 하나 있고 나머지는 소규모 시설이에요. 방문 돌봄 서비스를 받으면서 집에서 노후를 보내면 제일 좋지만, 좀 더 강도 높은 돌봄과 의료서비스가 필요한 분들도 있거든요. 게다가 시골 지역은 요양보호사들도 잘 들어가지 않아요. 낮에는 1층 종합 외래 진료소에서 방문 진료, 방문 간호를 하고 2~3층 입소자가 밤에 혹시 급한 의료서비스가 필요할 때는 1층 응급실을 이용하는 것이지요.

폴리클리닉(polyclinic, 종합 외래 진료소) 더하기 요양원 정도가 현재 평창군 보건의료원에는 가장 최적이라고 생각해요. 올해 4~5월쯤에 군민 설명회를 할 계획이에요. 몇 가지 안을 정리해서 제시하고, 각 안으로 진행할 때 예상되는 어려움과 소요되는 예산을 최대한 설명 드리려고 합니다. 어떤 안으로 할지, 하게 되면 어느 수준까지 해볼지 주민들의 의견을 수렴하는 과정을 거칠 거예요.

돈도 돈이지만 '폴리클리닉'을 꾸릴 의사를 추가로 구할 수 있을까요? 지역에 의사가 없는 것이 큰 사회적 문제인데요.

방법이 있다고 봐요. 지역의 공공의료기관에서 4억 원 넘는 연봉을 줘도 몇 달 동안 의사를 구하지 못한다는 뉴스가 계속 나오잖아요. 온라인 의사 커뮤니티에서는 '주 7일 일하고 24시간 콜 받아야 한다더라. 사고가 나면 혼자서 독박 쓴다더라. 그러니까 4억 원을 주는 거다' 이런 얘기들이 막 돌아요. 사실 그렇지 않거든요. 실제로는 오전 9시부터 저녁 6시까지, 주 40시간 근무예요. 관(官)에 대한 불신이 크기 때문에 의사 사회의 여론이 그런 식으로 형성돼 있는 거죠.

정년이 가까워진 의대 교수님들 중에 1억 원 정도만 받아도 내가 가진 의술을 지역 주민을 위해 쓰고 싶다는 분들이 대단히 많아요. 그런데 불편하고 위험한 자리라는 인식 때문에 차마 선택을 못 하는 거죠. 중간에서 이걸 매칭해주는 프로그램이 있어야 돼요. 대학병원에서 일하셨던 분들은 너무 '서브스페셜티(세부 전문성)'가 강하거든요. 예를 들어 외과라고 해도 간, 담도, 쓸개, 이런 식으로 좁은 영역의 어려운 환자들을 진료해온 거죠. 이런 의사들이 지역에서 일하려면 3개월이든 6개월이든 재교육 코스가 필요해요. 시골에서 환자를 보는 법, 환자와 관계 맺는 법은 대학병원 진료실에서 환자를 만나는 것과는 또 다른 노하우를 요하기도 하고요. 지금은 이런 중간 단계가 전혀 없어요. 드물게 지역에 왔던 의사도 적응을 못하고 금세 다시 돌아가는 경우가 대부분이에요. 이 프로그램이 정착된다면 지역의료 문제를 해결하는 데 상당한 도움이 될 거예요.

은퇴 연령에 가까워진 의사들의 노후를 보장해줄 다음 일자리 용도로 들리기도 하는데요. 그 방법으로 지역의료를 활성화시킬 수 있을까요?

그런 뜻이 아니에요. 지역에서, 특히 일차의료를 하는 의사는 환자의 얘기를 귀 기울여 듣고 포괄적으로 진료할 수 있는 역량이 가장 중요해요. 풍부한 경험을 바탕으로 환자가 왔을 때 머릿속 지식을 이렇게 저렇게 연결할 수 있어야 되는 거죠. 그런 점에서 시니어 의사들이 능력을 발휘할 수 있다는 거예요. 물론 이렇게 유입된 시니어 의사들만으로 지역의료를 다 지탱할 수 없죠. 제가 보다 중점적으로 생각하는 방안은 '지역의료 과정' 제도를 신설하고 수련 과정을 체계적으로 만드는 거예요.

지역의료 과정이요?

전공의들이 대학병원에서 소아과, 내과, 외과, 정형외과 등 각 진료과별로 3~4년 수련을 마치고 시험을 통과하면 전문의가 되잖아요. 그런 것처럼 지역의료라는 분야에 대해 교육 과정을 만들고 그걸 이수하면 자격증을 주는 거죠. 미국 같은 곳은 '커뮤니티 헬스', '루랄(rural, 시골) 헬스'라고 해서 지역의료에 종사하는 의사의 전문성을 인정해줘요.

지금 우리는 지역의 의료 취약지를 공보의들로 메우고 있거든요. 지역의료 과정이 있으면 공보의 제도도 훨씬 효율적으로 굴러갈 수 있어요. 저희만 해도 의사는 13명, 한의사, 치과의사까지 포함하면 공보의가 총 21명이에요. 의사 공보의는 5명이 응급실에 있고 2명은 보건의료원, 5명은 보건지소에서 외래 진료를 봅니다. 전국 의료 취약지의 기초지자체마다 보건지소에 근무하는 공보의가 5명 안팎은 될 거예요. 하지만 하루에 보는 환자가 그리 많지 않아요. 공보의 인력을 제대로 활용하는 비율은 제 생각에 4분의 1에도 미치지 못할 것 같아요.

농어촌 지역에 방문 진료와 의료 · 돌봄 통합 서비스가 필요한 주민들이 상당히 많잖아요. 그런데 보건소나 보건의료원에서 공보의들에게 이 일을 해보자고 권하는 경우가 거의 없어요. 게다가 상당수 기관에서 공보의와 소통을 어려워해요. '군 복무 대신 와서 자리만 지키고 있다' 이렇게 생각하는 거죠. 반대로 공보의 입장에서는 답답한 거예요. 한창 왕성하게 활동해야 할 시기인데 기관에서는 근태 관리만 하려고 드니까 무력하게 3년을 보내다 가는 거죠.

여기 와서 1년 동안 공들였던 일이 몇 가지 있는데 그중에 하나가 공보의 선생님들이랑 자주 얘기하는 거였어요. '당신들 하고 싶은 거 있으면 내가 도와주겠다' 그러면서. 처음에는 의심의 눈초리로 절 봤죠. 그런데 그렇게 독려하고 존중하고 발판을 마련해주다 보면 조금씩 변화가 생겨요. 우리 공보의 선생님 중에 한 명은 1월부터 방문 진료를 시작했어요. 직접 가정에 가기도 하고 관내 보건진료소로 오시라고 해서 약도 바꿀 건 바꿔주고, 건강관리도 상의해주고. 다른 선생님들도 고혈압, 당뇨병 등 만성질환 관리를 더 잘하기 위해 같이 공부를 하더니 얼마 전에는 새 검사기기를 사용할 수 있게 예산 요청을 하더라고요.

공식적으로 '지역의료 과정'이 있으면 공보의들은 3년 동안 그 코스를 밟고 지역의료 자격증을 하나 더 취득할 수 있는 거죠. 대학병원 레지던트처럼 3년 차가 1년 차 선생님에게 일차의료에서 필요로 하는 여러 가지 스킬이나 그 지역의 특수한 환경도 가르쳐줄 수 있고요. 그 과정을 잘 설계하면 지역 주민들이 필요로 하는 실질적인 의료서비스를 상당 부분 원활하게 수행할 수 있을 거예요. 좀 더 확장하자면 공보의만을 대상으로 하는 것이 아니라, 남녀 구분 없이 의대 졸업생들이 2년 정도 '지역의료 과정'을 밟도록 제도화할 수 있다고 봅니다.

이런 식으로 커리어패스(Career Path)를 마련해주면 거기서 재미와 의미를 찾는 사람들이 나올 거라고 생각합니다. 서울이나 수도권처럼 경쟁적 시장에서 개원의로 살아남으려면 환자를 엄청 많이 보거나 값비싼 의료행위를 해야 하잖아요. 평창 같은 지역에서는 다른 의료를 할 수 있어요. 우리 소아과 선생님을 예로 들면 하루에 환자를 20명 정도 보니까 양 중심이 아니라 관계 중심의 진료가 가능해요. 시간이 지나면서 그 아이가 유치원 가고, 초등학교 가고, 청소년이 되고, 이러한 성장과정을 지켜보는 보람을 도시에서 추구하기는 어렵죠.

2025년부터 의대 신입생 선발 시 지역인재 전형을 기존 40%에서 60% 이상으로 확대하겠다는 것이 정부 발표입니다. 실효성이 있을까요?

그 정책은 장려하고 싶어요. 지난해에 의대 본과 학생 2명이 저희 기관으로 실습을 왔었어요. 각각 서울 강남, 경기도 용인에 사는 학생들이었는데 해외여행은 여러 번 가봤지만 시골은 와본 적이 없대요. 제 차를 타고 보건지소와 보건진료소를 방문했는데 사람이 이렇게 뚝뚝 떨어져 사는 걸 처음 봤다고 하더라고요. 의대 교육 과정에서 특별한 자극이 없는 한 이러한 학생들이 졸업 이후에 취약 지역에서 의사로 일하기는 어려울 것이라 생각해요. 그에 비해 시골에서 중고등학교를 다닌 학생들은 지역이 어떤 곳인지도 알고, 서울에 진출하더라도 다시 돌아올 가능성이 열려 있잖아요.

의대 지역인재 전형이 전체 정원의 40%인데 강원 · 제주는 예외적으로 20%가 기준이었어요.* 지역 교육계 분들이랑 얘기하다 알게 되었는데 실제로는 강원도 학생들이 강원도 소재 의과대학 정원의 20%도 채우지 못한대요. 예를 들어 '수능 전과목 3등급 이상' 이런 식으로 의대에서 요구하는 최소한의 입학 기준이 있는데 그 기준을 충족하는 수험생 수가 20%가 안 된다고 하더라고요. 제 생각은 일단 뽑아보자는 거예요. 수능 최저 등급 이런 걸로 자르지 말고, 일단 지역인재전형으로 할당된 인원만큼 강원도 학생들을 선발하자. '의대 수업을 따라가지 못해 졸업 못 하면 어쩔 수 없는 거지만 그 학생들이 1~2년 고생하더라도 적응하고 졸업하면 어떤 의사가 되는지를 보자' 그렇게 주장하면서 다니고 있어요.

서울 강남에 산다는 것이 성공이나 특정 계급의 척도가 된 시대입니다. 의사는 강남에 입성하기 가장 좋은 직종으로 통하지요. 평창은 물론이고 강원도에도 연고가 없는데 왜 이곳으로 온 건가요?

저는 통계를 공부한 사람이라서 정규 분포를 믿거든요. 의사 사회를 정규 분포로 놓고 보면 한쪽 끝에는 극단적으로 시장주의적인 사람이 있겠죠. 중간에 60~70%는 평균적 그룹일 거고, 또 다른 한편에는 사회적 의미나 영적 가치에 좀 더 끌리는 의사들이 있을

* 2023년 입학 전형부터 충청권·호남권·대구·경북권·부산·울산·경남권은 해당 지역에 거주하면서 지역 소재 고등학교를 졸업한 학생으로 전체 정원의 40%, 강원권·제주권은 20%를 뽑도록 지역인재 선발 전형이 의무화되었다.

거고요. 시골 생활에 잘 맞는 사람들 분포도 그렇겠죠. 저도 그런 성향을 가진 사람인 거죠.

평창에 와서 방법을 모색해보고 싶은 문제가 크게 두 개 있었어요. 하나는 지역에서 소신을 펼치고 싶은 의사들이 있더라도, 앞서 말씀드린 여러 이유 때문에 서울이나 도시를 떠나지 못하는데 그들이 지역에서 만족스럽게 활동할 수 있는 커리어패스를 정착시키고 싶다는 것이에요.

다른 하나는 한국 보건의료체계가 직면한 문제 때문이에요. 그동안 우리나라 보건의료를 지탱해온 기존의 시스템이 한계에 다다른 상황이에요. 그 핵심이 저는 '행위별 수가제'라고 생각해요. 건강보험이 의료행위 하나하나마다 수가(의료비)를 지불하는 제도이죠. 의료 인프라가 부족했지만 인구와 경제가 성장할 때는 이 제도의 이점이 컸어요. 많이 하면 많이 할수록 수입이 늘어나니까 의사들이 엄청나게 많이, 또 열심히 환자를 봐서 시민들의 의료수요를 충족시킨 거죠. 하지만 고령화 저출생 추세와 지역의 인구소멸이 닥쳐온 현시점에는 이 제도의 부작용이 빠르게 커지고 있어요. 의료비를 폭증시키고 필수의료를 흔들리게 하는 근원이 저는 행위별 수가제가 주도하는 보상체계 때문이라고 생각해요.

향후 10년 안쪽이 될 거라고 보고 있어요. 의료비 지출이 폭발하고, 건강 수준의 지역 간 격차가 더 커지기 전에, 환자의 건강도 지키고 의료인의 직무 만족도도 올리고, 의료비 증가도 조절할 수 있는 대안적 지불제도(의료비 지급 방식)가 정착되어야 합니다. 그중에서 제가 관심을 두고 있는 건 '가치기반 지불제도'예요.

가치기반 지불제도요?

간략하게 설명을 하자면, 예를 들어 평창군 보건의료원이 일차의료 지원센터 역할을 하게 되고 네트워크를 맺은 동네 의원이 있으면, 진료 횟수 같은 의료 양이 아니라 거기에 등록된 환자들의 건강 개선 정도에 따라서 차등 보상하는 방식이에요. 지역의 의료인들이 서비스 양을 늘리기 위해 경쟁하는 것이 아니라, 환자를 더욱 건강하게 하기 위해 경쟁하는 것이지요. 아울러 인근 도시의 상급 병원과 네트워크를 형성하고 의료 인력을 교류하면서 지역의 부족한 의료 자원을 보충할 수도 있고요. 현 행위별 수가제로는 보상하기 어려워 불가능했던 협력 의료가 가능하게 될 거라고 봅니다.

민간 의료기관이 빽빽하게 들어찬 도시에서는 이런 대안 모델을 시도해본다는 것 자체가 매우 어려운 일이에요. 지난해 보건의료원으로 자리를 옮기면서 주변에 이렇게 메시지를 드렸어요. '서로 돌보는 공동체, 지역의 힘, 건강한 노화, 일차의료, 공공과 민간의 협력, 스마트한 건강 도시 등을 마음에 담고 갑니다만, 도전 과제가 무척 많아 보입니다.' 1년이 다 되도록 밑 작업만 하고 있는데(웃음)…. 그 가능성의 토대를 평창에서 만드는 데 기여하고 싶습니다.

3
공공병원이 미래가 되려면:
경기도의료원 안성병원장 임승관

+

임승관 경기도의료원 안성병원장은 팬데믹 기간 언론이 자주 찾는 전문가 중 한 사람이었다. 지속가능성이라는 측면에서 코로나19 대응을 조명하는 그의 관점에는 남다른 구석이 있었다. 지자체의 코로나19 긴급대책단 단장으로서, 또 감염병 전담병원 역할을 수행한 지방의료원의 원장으로서, 코로나19 재난 시기 내내 공동체를 지키는 일에 힘써왔다.

2024년 2월 6일 조금 다른 얘기를 하기 위해 임승관 원장을 만났다. 바로 '공공병원'이다. 그는 시장 중심의 한국 의료계에서 '의료의 공공성'을 지향해온 진보적 성향의 의사이다. 그러나 임 원장은 모든 문제의 해법으로 공공의료를 제시하거나 공공병원을 절대적 이상향으로 바라보는 시선과는 거리를 둔다.

기존 시스템의 한계가 필수의료 · 지역의료 공백이라는 형태로 나타나고 있는 2024년 한국에서 새로운 보건의료 모델은 외면할 수 없는 시대적 과제이다. 공공의료가 좁은 틀을 깨고 나와 보건의료체계의 한 축을 담당하기 위해서는 구호를 넘어선 실질적 도약이 필요하다. 공공병원의 현실과 그곳에 발 딛고 있는 이의 고민이 궁금했다. 가능성이란 현실을 정직하게 마주하는 태도 끝에서 출발할 테니 말이다.

의대 교수로 10년 가까이 재직했던 아주대병원을 떠나 2018년 경기도 의료원 안성병원에 왔습니다. 의료계 사람들 얘기를 들어보면 쉽지 않은 선택이라고 하더라고요.

그렇게까지 말할 건 아니고…. 좀 독특한 일로 보였을 것 같아요. 지금은 의대 교수들이 개원가로 많이 빠져나가는 상황인데 2018년까지만 해도 교수가 되면 정년까지 쭉 한다는 생각이 강했거든요. 특히 감염병을 한다는 것은 다른 진료과와는 약간 다른 면이 있습니다(임승관 원장은 감염내과 전문의이다). 내과지만 내시경을 볼 수 있는 것도 아니고, 심장 스텐트 시술을 할 수 있는 것도 아니고. 메르스, 코로나19 거치면서 좀 달라졌지만 대학병원처럼 큰 규모의 의료기관이 아니면 감염내과 의사를 거의 뽑지 않았어요. 세부 전공으로 감염내과를 선택했다면 의대 교수를 목표로 한다는 것이 거의 정해진 트랙이나 다름없는 거였죠. 아마 그런 이유로 '저희 동네'에서 약간 회자가 되었던 것 같아요.

왜 그런 '독특한' 선택을 했나요?

무슨 주도면밀한 계획이 있었던 건 아니고요. 한국에서 의대 교수는 크게 세 가지 정도 역할이 주어집니다. 연구자, 진료의사, 교육자. 감염내과 의사로서 환자들을 진료하거나 의대생 · 전공의들을 가르치는 일은 정말 좋아했는데 연구자로서 정체성이 저와는 잘 맞지 않았어요. 대학에 더 있기는 어렵겠다고 마음을 정하고 사직서를 낼 즈음에 마침 경기도의료원 안성병원에서 원장을 구했어요. 계속 민간병원에 있었지만 감염병 하는 사람은 보건복지부, 질병관리청, 지자체 등 정부 사이드와 협업해야 할 일이 많아요. 퍼블릭 헬스 섹터에 대해서도 어느 정도 계속 관심이 있었고요. 대학병원은 시스템으로 돌아가는 곳이니까, 거기서의 경험을 바탕으로 공공병원을 좀 체계적으로 운영해볼 수 있지 않을까, 어설프게 이 정도 생각이었던 것 같습니다. 지금 돌아보면 오만했다 싶죠. 순진했던 걸 수도 있고요.

실제 공공병원에 와서 보니 예상과 다른 점이 있었나 보네요.

음. 이렇게 얘기해볼게요. 처음에는 '좋은 공공병원'을 해보고 싶었어요. 그러다가 어느 정도 시점이 지나서는 좋은 빼고 '공공병원'을 하고 싶었어요. 그리고 지금은 공공도 빼고 그냥 '병원'을 잘하고 싶습니다(웃음).

전국에 지방의료원이 35개 있는데 우리 병원을 포함해 30개 가량이 종합병원이에요. 지역책임의료기관이기도 하고요. 의료기관은 종별로 수행해야 하는 고유의 기능이 있어요. 종합병원은 100병상 이상을 두고 필수의료 과목 3개를 포함해 7개 이상 진료과를 운영해야 합니다. 좀 더 메디컬하게 설명하면 이런 진료과목에서 '중등중 상병' 이상의 '급성기 환자' 진료를 책임지는 곳이 종합병원이에요. 지방의료원 대부분이 종합병원으로서 기능을 제대로 하지 못하고 있는 것이 현실입니다. 제가 얻은 결론은 접근 순서를 바꿔야 한다는 것이에요. "공공의료가 우선이 아니라, 종합병원을 잘해야 공공의료도 잘할 수 있다."

무슨 뜻이지요?

공공병원, 공공의료라고 하면 흔히 제일 먼저 떠올리는 것이 이런저런 보건사업이에요. '찾아가는 진료'라든지, '건강한 마을 만들기'라든지, 따뜻하면서 사회적 취약계층을 보듬는 것처럼 들리는 사업이 권장되고, 또 그걸 하면 표창장도 많이 받아요. 저는 '혁신적' '선도적' '바람직한' 이런 수식어가 붙은 사업들을 걷어내야 한다고 생각해요. 물론 의미 있고 좋은 사업이지만 그건 지금의 공공병원이 해야 할 일이 아니에요. 에너지와 리소스에는 한계가 있잖아요. 자꾸 이런 사업이 늘어나면 혁신 시늉만 낼 뿐 사실은 '공공병원'도 못 하고, '병원'으로서 제 기능도 부실해집니다.

병원이 제 기능을 한다는 뜻은 119에서 연락이 오면 거절하지 않고 응급실에서 환자를 받아주고, 수술이 필요한 환자라면 웬만한 건 우리 병원에서 하고, 그 뒤에 병동에 입원시키고, 외래 진료는 2~3시간씩 기다리지 않도록 기본적인 예약 시스템 만들어주고. 즉 병원이라면 으레 하는 것들이요. 지금 공공병원은 '오늘 우리 과장님(의사) 진료 다 되셔서 내일 오세요' 하고, 다음 날 환자가 다시 오면 '오늘 진료 마감됐으니 내일 다시 오세요' 이런 경우가 적지 않아요. 정작 지역주민 입장에서는 아플 때 믿고 의지할 수 있는 병원이 아닌 거죠. 그러니 환자들이 찾아오질 않고, 병원의 역량도 떨어지는 악순환에 빠지게 됩니다. 그런데 한국 사회에서는 '착한 보건의료 사업'이 곧 공공의료라고 착각하고 있어요. 바깥에 있는 교수님들, 운동가들이 이걸 주장하고, 정치권에서는 선거 때마다 공약으로 내걸고, 언론에서는 선례로 보도하면서 이런 착각이 점점 더 확대재생산 되고 있고요.

한국에서는 공공병원이 왜 이렇게 잘 안되는 걸까요?

공공의료가 보건의료 정책의 관심에서 밀려나 있었고 공공병원에 대한 정책적 지원이 긴 시간 미비했다는 점은 익히 알려진 사실이지요. 오늘은 잘 알려진 얘기보다는 공공병원을 5년간 운영해온 일종의 매니저로서 저 나름대로 파악한 바에 초점을 맞춰 말씀을 드리고 싶어요. 제가 보기에 공공병원이 가진 특성은 크게 두 가지로 나눌 수 있습니다. 하나는 '준법 경영'이고, 다른 하나는 '소신·적정 진료'예요.

여기는 의료기관이면서 동시에 공공기관이니까 기본적으로 법 제도를 잘 지킵니다. 진료 측면에서도 그렇지만, 인사 업무나 노무 관리에 있어서도 특히 민간병원과 차이가 많아요. 사실 대부분의 병원 사업장에서는 의사직 · 약사직 같은 전문직을 관리할 때 여러 가지 비준법적인 행위들이 관행처럼 이루어지거든요. 간단한 예를 하나 들자면, 공공병원에서는 법적으로 지정된 연차 휴가를 의사든, 간호사든, 행정 직원이든 거의 자유롭게 쓸 수 있습니다. 보통 민간 의료기관은 그렇지 못해요. 당연히 보장되어야 하는 권리이지만, 노무나 행정에서 준법 경영을 하는 병원이라는 뜻은 다른 민간병원보다 인건비가 많이 든다는 얘기이기도 한 거죠.

두 번째로 '소신 · 적정 진료를 한다'. 이건 과잉진료 하지 않는다는 뜻이죠. 돈벌이를 위해서 불필요한 치료를 권하거나 이윤이 많이 남는 비급여 상품을 일부러 파는 일은 없다는 거예요. 예전에 정형외과 의사를 뽑으려고 면접을 본 일이 있는데 그분이 전날 다른 민간병원에서도 면접을 보고 왔다고 하시더라고요. 그 병원에 면접을 보러 갔더니 거기 원장님이 허리 엑스레이 사진을 띄워놓고 이렇게 물어봤대요. '이 환자 오면 수술할 거예요?' 아마도 상태가 애매하거나 꼭 수술을 안 해도 회복될 수 있는 환자였겠죠. 거기서 수술할 거라고 답해야 면접에 합격하는 걸 테고요. 요즘 진료실 들어가면 의사가 제일 먼저 묻는 게 증상이 아니라 '손실보험 있어요?'라고 하잖아요. 공공병원에서는 있기 어려운 일이죠.

두 가지를 합해보면 '준법 경영'은 비용과 연결되고, '적정 · 소신 진료'는 수익과 연결됩니다. 비용은 많이 들고, 수입은 적게 들어오는 구조인 거잖아요. 그럼 회계 다 한 거죠. 경영 측면에서 보자면 손실을 피하기가 대단히 어려운 사업장인 거예요. 공공병원이 만성적 적자에 시달리고 점점 부실해지는 건, 흔히 말하듯 취약계층 진료를 많이 해서가 아니라 공공병원이라는 기관이 가진 이런 특성에서 기인한다는 것이 제 판단입니다.

공공병원이 생존하기 위해서는 민간병원처럼 해야 한다는 소리인가요?

아니요. 그런 얘기가 아니에요. 공공병원의 특성을 뒤집어 생각하면, 경영을 맡은 병원장 입장에서는 무척 괴로운 일이지만 이 조직의 구성원들과 환자에게는 더없이 좋은 환경인 거잖아요. 내가 의료인인데 실적 압박 없이, 환자 건강을 위해서 자신의 지식과 배움을 동원해 최선의 진료를 할 수 있다면 전문가로서 그보다 나은 가치가 어디 있겠어요. 게다가 민간병원에서는 요구하기 어려웠던 개인의 권리도 다 지켜지잖아요. 현재 한국 의료 환경이 의사에게 너무 유리하기 때문에 임금 수준도 여타 병원과 다를 바 없이 높은 수준이고요.

또 공공병원이 탄탄하게 자리 잡고 제 기능을 수행한다면 지역 주민에게도 아주 유익한 일이죠. '저 의사가 나한테 과잉 진료하는 것 아닌가?' 불안해할 필요 없고, 자부심과 보람을 가진 의료진에게 적절한 치료를 받을 의료기관이 공적으로 운영되는 거잖아요. 한국 사회에서 '공공' '퍼블릭'이라는 의미가 사회적 약자를 돌보거나 시혜적 의료복지로 다소 협소하게 이해되고 있지 않나

싫어요. 왜곡된 의료 시장에서 의료 공급자와 의료 소비자 사이에 '적정 진료' '적정 치료'라는 기준을 세운다는 점에 공공의료의 진정한 가치와 의미가 있다고 생각해요. 이 얘기를 공개적으로 꺼내려면 한국 의료의 '불편한 진실'을 마주해야 하지만요.

불편한 진실이요?

지금까지 한 얘기를 바꾸어 말하면 '준법 경영' 하고 '소신 · 적정 진료' 하면 적자 나는 것이 한국 의료의 실상이라는 뜻이 되는 거지요. 의사 집단이나 의협(대한의사협회)에서 주장하는 것처럼 건강보험이 저수가 체계라는 걸 얼마간 인정해야 이 논의를 진전시킬 수 있어요. 건보에서 지불하는 수가(급여 · 의료가격)로는 수지타산이 맞지 않으니까 수익을 올리려면 많이 팔거나, 비싸게 팔 수 있는 의료행위에 더 몰두하는 거죠. 민간병원에서 과잉진료, 3분 진료 관행이 굳어지고 비급여 의료시장만 점점 비대해지는 건 이런 구조적 원인에도 책임이 있어요. 그런데 공공병원은 속성상 박리다매 · 과잉진료 할 수 없잖아요. 소신 · 적정진료 해야 하잖아요. 이런 구조 속에서 공공병원이 살아남기 위한 길은 '기능상향'밖에 없어요. 또 한편으로는 그렇게 탈바꿈해야 시대적 요구에도 부응할 수 있고요.

병원의 기능상향이라면 예전에는 보지 못했던 보다 난이도 높은 진료를 해야 한다는 의미인가요?

쉽게 말하면 지금보다 큰 병원이 되어야 한다는 얘기예요. 병원은 대체로 병상 규모가 진료 기능의 수준을 결정합니다. 안성병원의 병상수가 250개에 좀 못 미치는데 지방의료원 대부분이 200~300 병상 규모예요. 여기가 어떤 위치냐면 의료전달체계에서 2차 병원에 해당하는데 2차에서도 아래쪽인 거죠. 우리 병원 얘기를 해보자면 명색이 종합병원이지만 뇌혈관 질환이나 뇌졸중 환자는 거의 보지를 못하고 있어요.

왜죠? 뇌졸중이 그렇게 어려운 병인가요?

솔직히, 아주 어려운 질환이라고 할 수 없어요. 의사 숫자만 충분하면 2차급 종합병원에서 충분히 치료할 수 있는 병입니다. 다만 중등증 이상의 뇌졸중 환자는 입원이 필요할 수도 있는데 그러려면 적어도 24시간 365일 신경과 의사가 병원에 있어야 해요. 우리 병원은 지금 신경과 의사가 1명이고, 많을 때도 2명이었어요. 이 숫자로는 야간과 주말 근무를 커버할 수가 없으니 외래 진료 이상의 치료가 필요한 환자들은 받지 못해요. 500병상 내외는 돼야, 전체 의사는 80~100명, 각 과마다는 5~6명의 의사를 둘 수 있습니다. 그래야 여러 진료과 간에 협진을 하고 응급수술, 입원 진료가 가능한 종합병원으로서 기능할 수 있으니까요. 안성병원을 기준으로 말씀드리면 의사 수가 30명 내외인 수준이에요. 사실 병상 규모보다 실질적으로 중요한 건 의사 수이지만 병원은 규모가 인력 수와 기능을 결정하는 면이 크기 때문에 병상을 기준으로 보통 얘기가 되는 거지요.

2차급 종합병원을 더 키워야 한다고 보는 것 같네요.

전체적으로 한국의 의료기관 분포를 보면 2차 병원급에서 위쪽에 해당하는 500병상 이상 규모의 종합병원 자리가 비어 있어요(〈그림 3-3〉 참조). 제가 의사 면허를 1999년에 취득했는데 그때는 안성병원 정도 규모(200~300병상)의 종합병원에서 지역 필수의료를 담당하는 데에 크게 무리가 없었어요. 그로부터 25년 동안 한국 사회만큼이나 한국 보건의료계에도 엄청난 변화가 있었죠. 일단 보건의료의 규모 자체가 큰 폭으로 확대되었어요.* 내용적으로는 의료가 매우 고도화된 산업이 되었고요. 소규모 병원 사업장에서 중등증 이상 급성기 환자에게 필수의료를 제공하는 것이 사회 · 경제 · 문화 등 다방면에 걸쳐서 시대의 요구와 맞지 않는 일이 된 거예요.

바꿔 말하면 지난 20~30년간 2차 종합병원의 규모와 기능을 상향하는 작업이 점진적으로 이루어졌어야 했어요. 그러나 이 오류를 제대로 인식하지 못하고 바로잡을 시기를 놓치면서 의료전달체계의 구조는 여전히 과거에 머물러 있는 상황이에요. 중상급 규모의 2차 종합병원이 거의 없고, 있어도 현재 제도에서는 생존이 매우 어렵습니다. 필수의료 공백이 심각해지고 있잖아요. 응급

---

* 한국의 경상 의료비는 2000년 25조 1230억 원에서 2022년 209조 460억 원으로 약 8배 이상 늘어났다.

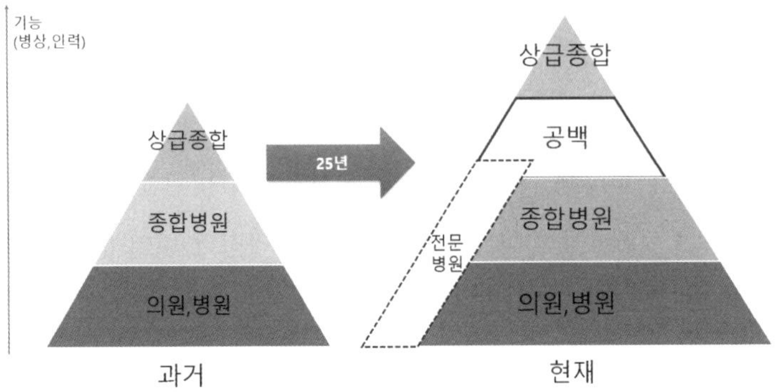

〈그림 3-3〉 의료전달체계 변화와 구조적 오류
자료: 임승관 경기도의료원 안성병원장

실 뺑뺑이나 소아환자 입원 거부처럼 시민들의 생명을 위협하는 사건들은 사실 여기에 있어야 할, 의료전달체계의 허리를 받쳐주는 규모 있는 2차급 종합병원들이 부재해서 초래된 결과라고 저는 보고 있어요.

좀 더 설명이 필요할 것 같습니다.

필수의료 문제를 해결하겠다고 할 때 대부분의 정책이 상급종합병원(3차 병원)에 집중됩니다. 논의 테이블에 앉는 전문가나 학계 인사들 대다수가 대학병원에 속해 있는 분들이잖아요. 거기도 요즘 의료진 이탈 문제가 심각하긴 하지만 그래도 상급종합병원들은 비교적 준수하게 제 기능을 해내고 있어요. 봐야할 것 이상으로 많은 양의 진료를 하고, 질적으로도 높은 수준의 퍼포먼스를 유지하고 있습니다.

그건 정책 방향과 관련이 있어요. 2000년대 이후 한국 보건의료 정책은 상급종합병원에 많은 자원을 투입하고 이쪽 인프라를 키우는 방향으로 전개돼왔어요. 건강보험 수가체계를 보면 위로 갈수록 높아지도록 굉장히 역진적으로 설계돼 있어요. 대학병원처럼 '높은 상병(고난도 질환)'을 보는 곳에는 상당한 보상이 돌아갑니다. 일부 사립대병원에서는 의대 교수들조차 실적 압박에 내몰린다고 하지만 대학병원 대부분은 의료전달체계에서 가장 상위의 기능을 맡은 의료기관으로서 역할을 건전하게 수행하는 편이에요. 비급여, 과잉진료 하지 않아도 적당한 수익을 낼 수 있는 지불제도(수가제도)가 정책적으로 뒷받침되고 있기 때문이지요.

정말로 정말로 허물어져 있는 곳은, 말씀드렸듯이 허리급 2차 종합병원이에요. 2차 병원들이 영세한 규모와 낮은 기능에 머물러 있으니 중등증 환자조차 제대로 받지를 못합니다. 의료 이용자들의 기준도 높아져서 중소병원의 서비스에 더는 만족하지 않죠. 이 두 가지 요인이 맞물리면서, 전달체계상 2차 의료기관이 수용해야 할 환자들이 상급종합병원으로 다 몰려가는 현상이 나타나고 있는 거예요. '응급실 뺑뺑이' 뉴스가 나면 대학병원 입장에서는 사실 되게 억울할 거예요. 환자를 받다가 받다가 더는 못 받아서 거절했는데 그런 사고로 이어지는 거거든요. 그 앞에 2차 종합병원 응급실에서 받아야 할 환자를 받지 못하고 있다는 구조적 문제가 숨어 있는 거죠.

그런데 현재 한국 의료제도의 수가체계나 지불구조 아래에서 규모 있는 2차 종합병원이 민간 의료시장에서 자생적으로 살아남기란 불가능에 가까워요. 상급종합병원처럼 종별 수가를 가산해주는 데에도 현실적으로 한계가 있어요. 냉정하게 들릴 수도 있지만 이 자리를 메울 수 있는 의료기관은 적자가 나도 되는 병원밖에 없어요.

공공병원을 말하는 건가요?

네 맞습니다. 공공병원이 중요하고 공공의료 인프라를 키우기 위해 공적 재원을 투입해야 하는 이유는 바로 이러한 시대적 소임 때문이에요. 여러 전문가들이 동의할 텐데 한국 의료는 지금 급속도로 무너지고 있어요. 여기저기에서 문제가 터져 나오고 있죠. 사실 우리는 적절한 개입 시기, 개혁 시기를 이미 놓쳤어요. 단번에 모든 문제를 해결할 수 없다는 사실을 인정해야 돼요. 그렇다면 시민들의 건강과 생명을 지키기 위해 정책적으로 제일 시급하게 손을 대야 할 곳이 어디일까? 다리가 곧 무너질 위기인데 가장 먼저 보강해야 할 곳이 어디일까? 그 자리는 2차 종합병원, 그리고 여기를 강화하기 위해 가장 적합한 재료가 공공병원이라는 것이 제 주장이에요. 지역으로 갈수록 필수의료가 더더욱 위태로워지고 있잖아요. 지방의료원들이 병원으로서 제 기능을 해내야만 하는 것이죠. '좋은'을 빼고 '공공'도 빼고 '종합병원'이라도 잘하고 싶다고 말씀드린 배경에는 이런 절박함이 있습니다.

쉽지 않은 길일 것 같습니다. 병원의 기능을 상향시키고 활기찬 병원을 만드는 것은 단순히 예산 투입만으로 도달할 수 있는 목표는 아니잖아요.

동의하는 바예요. 공공병원 내부 구성원들의 노력도 있어야 하고, 여러 보건의료 정책의 조합도 중요하죠. 오늘날 한국 의료는 매우 고도화된 산업이 되었어요. 예를 들어 자전거 공장이라면 사람들이 의기투합해서 지을 수 있겠죠. 하지만 자동차 공장, 전기차 공장은 공장 부지가 확보되고 사람들이 의지에 불타오른다 해도 그것만으로 진출할 수 없잖아요.

우선 능력 있는 의료 인력을 모아야겠죠. 그런데 지금 의사가 동해안 명태처럼 구하기 어려운 상황이잖아요. 그러니 의대 증원을 통해 의사를 늘려야 하는 것은 맞아요. 동시에 필요한 곳에 충분한 인원이 확보될 때까지 그쪽에 인력이 유입될 수 있도록 정책적으로 물꼬를 터줘야 해요. 그냥 의대 정원을 2000명 늘린 뒤에 시장이 알아서 배분하겠지 맡겨둘 만큼 우리 상황이 한가하지가 않습니다. 지역의사제가 되었든, 등록제에서 허가제로 개원제도를 바꾸든, 의사가 다른 분야로 유출되지 않고 종합병원 모이도록 얼마간은 강제성을 띤 인력 정책을 써야 한다고 생각합니다.

그다음에 또 중요한 단계가 남아 있어요. 공공병원이라는 조직이 활기차게 잘 돌아갈 수 있도록 의료기관이라는 정체성에 걸맞게 관리 체계, 조직 문화, 책임감 등 무형의 능력이 내부에 건강하게 자리 잡아야 해요. 이를테면 매니지먼트 역량이 높아져야 하는 거죠. 우리 진보개혁 진영에서는 꺼리는 얘기이지만 저는 이 측면에 있어서는 대학병원처럼 상대적으로 효율적인 시스템을 갖춘 곳의 도움이 필요하고 봅니다.

그런데 지금까지 국립대병원에 지방의료원을 위탁 운영하라고 하면 잘되지 않았어요. 대학병원 입장에서는 가욋일이잖아요. 자기네 노하우를 공공병원에 안착시키려는 의지나 사명감을 갖기가 어렵죠. 공공병원 입장에서도 저기 의사가 몇 번 파견 왔다 가더니 우리 환자 다 빼가네 이렇게 돼버리고요. 국립대병원은 권역책임의료기관, 지방의료원은 지역책임의료기관 지위를 가지고 있는데 이 기관들끼리 바람직한 네트워크와 관계를 형성할 방법을 찾고 선례를 축적해나가야죠.

사안마다 관점이 남다르다는 인상을 받습니다.

그런가요(웃음). 어디 가서 발표할 일이 있으면 보건의료계 전문가들이 문제를 읽어내는 방식이 '눈 가리고 코끼리 만지기'랑 비슷한 면이 있다는 얘기를 종종 해요. 한 분야에서 자기가 아는 것을 가지고 세계 전체를 해석한다는 느낌이 들 때가 있어요. 예를 들어 가정의학을 공부했다면 주치의 제도로 한국 의료의 문제를 풀려고 하고, 응급의학을 전공했다면 그 프레임에서 문제에 접근하는 거죠. 다들 스페셜리스트를 지향하고 제너럴리스트는 전문성이 떨어진다는 인식이 사회에도, 의료계에도 있지 않나 싶어요. 제너럴리스트라서 문제를 종합적으로 바라보는 시야를 갖추는 면도 있는 건데 말이죠.

저는 따지고 보면 뭐 하나에 정통한 사람은 아니죠. 감염내과 의사이고 의대 교수였지만 박사 학위는 없어요. 민간 대형병원에 있었다가 지역의 중소규모 공공병원에 왔고, 보건소나 질병청, 보건복지부 등과 협업하면서 정책이 집행되는 과정도 지켜봤죠. 여기저기 옆자리에 있었던 사람이라고 할 수 있겠네요. 제 얘기가 좀 다르게 들린다면 그런 이유 때문일 것 같습니다. 제가 보지 못하는 측면도 당연히 많을 거예요. 한국 보건의료체계의 모순은 긴 세월 누적돼왔어요. 공공병원이라는 한 분야만 들여다보더라도 여러 사안이 복잡다단하게 얽혀 있잖아요. 누구는 코끼리의 코를, 누구는 다리를, 누구는 귀를 만지고 있다면, 그 사실을 인정하고 같이 만나서 열린 마음으로 토론해야죠. 우리 앞에 닥친 위기는 그렇게 풀어나갈 수밖에 없지 않을까요.

4
나는 왜 기피과를 지원했나: 흉부외과 레지던트 오수지

+

2024년 3월, 오수지 씨는 흉부외과 전공의 4년 차가 되었다. 인하대병원에서 근무했던 지난 3년간 그는 흉부외과의 유일한 전공의였다. 위로도, 아래로도 지원자가 없었다. 인천과 경기도 소재 대학병원을 통틀어도 그는 '유이(二)'한 흉부외과 전공의였다. 아주대병원에 1년 먼저 들어온 흉부외과 레지던트가 있었지만 2024년 수련을 마치며 의국을 떠났다.

심장과 폐라는 민감한 장기를 수술하는 흉부외과는 치열한 병원 현장에서도 팽팽한 긴장감이 감도는 곳이다. 생명과 직결된 진료과목을 뜻하는 대표적 '바이탈과'이다. 동시에 의대생들이 지원을 꺼리는 만성 기피과이기도 하다. 필수의료 공백을 논할 때 흉부외과 의사 부족 문제는 빠지지 않고 지적된다. 해마다 흉부외과에 들어오는 전공의는 전국적으로 20여 명 내외에 그친다.

인터뷰 시간을 잡기가 쉽지 않았다. 응급환자는 예정 없이 발생하고, 갑자기 잡힌 수술은 언제 끝날지 알 수가 없었다. 바로 내일이나 모레의 일정도 장담하기 어려웠다. 한차례 약속을 연기한 끝에 2월 14일 저녁, 병원 앞 커피숍에서 그를 만났다. 1시간 30분가량 인터뷰를 하는 동안 그는 내내 '온콜(On-Call, 전화 대기)' 상태였다. 오수지 씨는 2주 일정으로 이대서울병원에 파견을 나와 있었다. tvN 〈유퀴즈 온 더 블럭〉에 출연하기도 했던 '대동맥 박리' 수술의 대가 송석원 교수가 이 병원에서 대동맥 센터장을 맡고 있다.

'대동맥 박리'는 흉부외과에서도 특히 어렵고 오래 걸리는 수술이라고 하던데요.

우리 몸에서 제일 큰 혈관이 심장에서 나가요. 이 혈관이 약해져 쪼개지는 것이 대동맥 박리입니다. 온몸으로 가는 혈관이기 때문에 여기에 박리가 생기면 '초초초' 응급 상황이에요. 혈액 공급이 안 되면 사람이 죽는 거니까요. 머리로 가는 혈관에 문제가 생겼다면 뇌경색이 발생할 수 있습니다. 대동맥 박리 수술은 흉부외과에서도 가장 힘든 수술이라고 할 수 있어요. 경우에 따라서는 12시간이 넘게 걸리기도 하고요.

이 수술을 할 때는 심장을 멈춰놓고 혈관을 잡아요. 체온을 25도까지 낮추고 심장 대신 혈액을 돌리는 '심폐체외순환기'라는 장비를 작동시킵니다. 그러는 동안 피떡(혈전) 같은 게 생겨서 다른 혈관을 막지 못하도록 피를 묽게 하는 헤파린이라는 약을 투여해요. 그렇게 하니까 피가 잘 멎지 않아요. 수술 중 사망에 이르는 경우도 적지 않고요. 어렵게 수술을 마치더라도 합병증 비율이 상당히 높은 거죠. 재수술을 해야 하는 케이스도 많습니다.

대동맥 박리 수술을 많이 하는 의사는 병원에서 약간 미움을 받는다고들 농반진반 얘기해요. 새벽 1~2시에 (수술방에) 들어가서 다음 날 오후까지 할 때도 있으니까, 다른 스태프들도 달갑지 않을 거예요. 의사도 그렇고 제일 힘들어하고 싫어하는 수술이 아닌가 싶습니다.

그 수술을 배우기 위해 일부러 이대서울병원에 파견을 왔다고요?

이 병원이 지난해 9월에 개원했는데 벌써 대동맥 박리 수술 500례(500번)를 달성했어요. 그게 어떻게 가능한지 궁금했어요. 센터장으로 계신 송석원 교수님이 대동맥 박리 환자가 생기면 본인이 다 받아서 수술할 테니 전원 보내라고 (다른 병원까지) 명함을 돌렸다고 하더라고요. 정말 특이한 분이에요. 대동맥 박리 환자들이 서울 지역뿐만 아니라 전국에서 앰뷸런스, 헬기를 타고 이곳으로 옵니다. 제주도에서 오는 환자도 있었어요. 다른 병원, 다른 의사들이 기피하니 여기로 환자들이 더 집중돼요.

초응급수술이라면서 그렇게 먼 곳에서 이송을 해도 되나요?

와서 보니 그 지역의 가까운 병원보다 여기에서 더 빠르게 수술을 받을 수 있겠다는 생각이 들 때가 있어요. 무척 신기했던 게 그동안 대동맥 박리 수술은 12시간씩 걸리는 힘든 수술이라고만 알고 있었는데 이 병원에서는 5시간이 채 안 걸려요. 보통 대학병원에서 수술을 하려고 하면 심장 수술할 수 있는 의사가 나와야 하고, 환자들 라인 잡고, 그다음 수술방에 올리고, 관련해서 설명하고 등등. 중간중간 시간을 잡아먹는 일들이 계속 생기거든요. 이 병원은 앰뷸런스 타고 환자가 도착하면 30분 이내에 필요한 의료진이 모두 달라붙습니다. 연락이 오면 이미 원무과에서 환자를 접수해 입원까지 바로 올려요. 대동맥 박리 수술에 특화된 시스템이 체계적으로 갖춰지니까 이렇게 돌아가더라고요. 오히려 의사들한테 이곳 상황을 얘기하면 잘 믿지 않아요. 송 교수님은 새벽 1시든, 2시든 응급 환자가 들어오면 밤새 수술하고, 다음 날 데이타임에는 정규 수술하고, 또 다른 병원에서 환자를 보내겠다고 하면 흔쾌히 전원을 받으세요. 그것도 정말 신기하죠.

한 해 전에 서울아산병원 흉부외과의 주석중 교수가 출근 도중 교통사고로 세상을 떠나는 사건이 있었습니다. 수술을 위해 병원 10분 거리에 살았다는 사실이 알려져 안타까움을 더했어요.

주석중 교수님이 딱 대동맥 수술을 하던 분이었어요. 흉부외과 안에서도 분야는 크게 일반 흉부 파트랑 심장혈관 파트로 나뉘어요. 일반 흉부 파트는 식도나 폐암 수술을 주로 합니다. 여기도 응급이 없는 건 아니지만 일반외과처럼 대체로 정규 수술이 많아요. 반면 심장혈관 파트는 대부분 분초를 다투는 수술이에요.

보통 외과 수술은, 물론 수술을 오래 하면 안 좋기는 하지만,

환자 혈압이 안정적이고 마취가 잘돼 있을 경우에 시간이 좀 걸리더라도 꼼꼼하게 잘 끝내면 괜찮아요. 경과에 크게 영향을 끼치지 않아요. 하지만 심장혈관 쪽 수술은 심장을 멈춰 놓고 기계를 돌리다 보니 수술방에 들어가면 그때부터는 시간 싸움이에요. 신경이 예민해질 수밖에 없죠. 흉부외과를 지망하더라도 심장혈관 파트로 가는 사람은 드물어요. '이렇게까지는 못하겠다' 싶은 거예요.

듣고 보니 흉부외과가 기피과가 되는 이유를 충분히 알 것 같습니다. 오히려 왜 이 길을 택했는지 되물어야 할 것 같은데요.

어려운 질문이네요(웃음). 가끔 주변에서도 물어보거든요. 특별한 서사가 있어야 할 것 같은데 딱히 그런 건 없어요. 원래는 학생 때부터 막연히 내과를 갈 거라고 생각했어요. 흉부외과는 인턴(의대 졸업 후 병원에 근무하며 1년간 여러 진료과목을 도는 시기) 말미에 '저걸 하면 재미있겠다' 싶어서 다소 즉흥적으로 결정했어요. 나중에 돌아보니까, 닥터 노먼 베순이나 대학 시절에 의료 봉사를 갔던 단체의 대표님처럼 그동안 존경했던 의사들이 흉부외과 의사더라고요. 부모님 영향도 있었을 거라고 생각해요. 두 분 다 형편이 여유롭지 못한 환경에서 성장해 국어 교사가 되셨어요. 영화랑 책을 같이 보고 인생의 의미나 가치, 더불어 사는 태도에 대해 자주 얘기를 나누는 집이었어요. 거창한 포부가 있었던 건 아니고요. 사회에 도움이 되면서 동시에 뿌듯하고 행복한 일을 하면 좋겠다는 생각이 막연하게 있었던 것 같아요.

과거와 비교하면 여성 의사들이 많아졌지만 수술하는 분야에서는 여성 의사가 여전히 소수입니다.

흉부외과를 선택한 배경에는 그런 부분도 사실 좀 있었어요. 여성이 배제되는 외과계에 대한 묘한 반감이라고 해야 할까요. 세계적 논문들을 보면 여성 외과의의 성적이 더 뛰어나다는 보고가 나와요. 여성이 꼼꼼해서인지 아니면 남성 서전(surgeon, 수술하는 의사)과 같은 대우를 받기 위해 더 노력해야 하는 환경적 요인 때문인지 궁금해요. 제 경험을 돌아보면 수술방에서 생리대가 넘쳐도 여자라서 못 버틴다고 할까 봐 참았다가 몰래 바지를 갈아입은 적도 있고, 힘들어도 늘 괜찮다고 말해야 한다는 일종의 압박감도 없지 않거든요. 외과계의 차별적 분위기 속에서 여성 의사들이 무엇을 극복해왔고, 앞으로 어떻게 변화해나가야 하는지 연구하고 관련해 목소리도 내고 싶어요.

흉부외과에 지원할 때 주저되는 점은 없었나요?

글쎄요…. 보통은 인턴을 마치고 바로 레지던트를 해요. 저는 1년 정도 다른 일을 했어요. 그때 남미 여행을 혼자 꽤 길게 다녀왔던 지라 잘못된 자신감이랄까 패기에 부풀어 있었던 것 같아요(웃음). 흉부외과에 가겠다고 하니까 교수님들이 부모님 허락을 받아 오라고 하시더라고요. 저희 부모님은 의료인이 아니니까 '네가 하고 싶다면 해야지' 이 정도 반응이셨어요.

사실 흉부외과보다도 인하대병원에서 수련을 이어가겠다고 했을 때 반대가 극심했습니다. 인턴 동안 얼굴 한 번 본 적도 없었던 의사 선생님들까지 저를 붙잡고 말렸어요. '아산이나 삼성에도 (흉부외과 전공의) 자리가 남고 거기로 충분히 갈 수 있는데 무조건 서울의 큰 병원에 가야지 왜 지역에서 수련을 받느냐'면서 여기 남으면 안 되는 이유를 끊임없이 얘기하셨어요. 그런 얘기를 들을 때면 마음이 정말 힘들더라고요.

인천은 수도권 대도시이고 인하대병원은 지역에서 가장 큰 병원 중 한 곳 입니다. 의료전달체계에서 최상위에 있는 상급종합병원인데요.

맞아요. 지역사회에서 거점 역할을 해야 하는 규모의 병원인 건데…. 큰 문제이죠. 이미 의료인 절대다수가 서울에 있는 초대형 병원 몇 군데에서 수련을 받아야만 뛰어난 의사가 될 수 있다고 생각하는 거잖아요. 일반 시민들 역시 그런 병원에 가야만 좋은 치료를 받을 수 있다는 인식이 확고하고요. 양쪽의 인식이 맞물리면서 의사도, 환자도 서울의 빅5로 몰리는 현상이 심해지는 것 같아요.

전공의 생활을 하면서 밤을 새거나 장시간 수술을 하는 건 힘들지만 하다 보면 적응도 되고 때때로 보람 있는 순간이 찾아와서 보상이 돼요. 제일 힘든 부분은 제가 뭔가 잘못했을 때 "거봐 너 서울의 큰 병원 가서 수련 받으라니까. 지역에 있으니까 실력이 부족한 거야" 이런 소리를 듣지 않을까 하는 불안감이에요. 그런 말이 들릴까 봐 배움에 대해 늘 조급한 마음이 있어요.

1년에 한 번씩 전국에 있는 흉부외과의 전공의들이 다 같이 모여서 이틀 정도 교육을 받는 프로그램이 있거든요. 동물 대상으로 술기 실습도 하고요. 워낙 다들 빡세게 지내다 온지라 약간 쉬다 가는 분위기에요. 저는 다 같이 모였을 때 못하면 안 된다는 생각에 혼자서 아득바득 막 열심히 하는데 그러다가 문뜩 한 번씩 '아 이게 뭔가' 싫어지는 거죠.

2021년에 대한흉부심장혈관학회에서 주는 '젊은 연구인 상(Young Investigator Award)'을 받기도 했어요.

그냥 돌아가면서 주는 것 아닐까요.

모든 흉부외과 전공의가 이 상을 받는 건 아니잖아요.

바득바득 열심히 해서 그런가 봐요. 다 열등감에서 나온(웃음)….

주변에서 모두 만류하고 스스로도 걱정이 앞섰는데 그럼에도 인하대병원에 남았습니다. 왜 그랬나요?

흉부외과 의사로서 미래의 모습을 그려봤을 때, 인천이라는 지역에서 이 일을 해야겠다는 생각이 들었어요. 저를 필요로 하는 곳에서 흉부외과 의사로 일하고 싶었던 거니까요. 나중에 여기에서 일을 할 거라면 전공의 생활도 이곳에서 하는 게 맞겠다 싶었습니다. 희귀한 케이스에 대해 좀 더 배워야 한다면 전공의를 마치고 서울의 병원에서 1~2년 펠로우(전임의, 해당 과목에 자격증을 딴 뒤 세부 수련을 하는 전문의)를 할 수도 있으니까요.

인천 지역 환자가 가진 특성이 있을까요?

병원에서 일하기 전까지는 의료급여(저소득층 의료비 지원) 수급환자가 이렇게 많을 거라고 생각하지 못했어요. 인천이라서 그렇다기보다 한국 사회에서 취약계층이 그만큼 가려져 있는 거겠죠. 경제력 있는 사람들은 어렵지 않게 서울 소재 병원으로 갈 수 있어요. 그러나 지역에 의사가 없으면 여러 이유로 해당 지역을 벗어나기 어려운 환자는 의료 접근권에 큰 제약을 받습니다.

인천의 특수성이라면 산재로 인한 중증외상 환자들이 많다는 점이에요. 외국인 노동자 환자들도 많은 편이고요. 항만 노동자 중에서 작업하다가 선박 줄에 맞아 병원에 실려 온 환자가 있었어요. 항구에서 쓰는 선박 줄은 사실상 파이프에 가깝더라고요. 갈비뼈가 부러지고 안에 피가 고여 있었어요. 이런 환자는 신속하게 관을 넣어서 피를 빼주고 심하면 인공호흡기를 달아야 해요.

지난해 6개월간 미국의 대학병원(UPMC)으로 연수를 다녀왔는데 그곳의 흉부외과 상황은 어땠는지 궁금합니다.

확실히 많이 다르더라고요. 미국은 외과, 특히 흉부외과에 가려면 의대에서 1~2등을 해야 돼요. 학생들도 자부심이 높았어요.

기본적으로 교육과 진료 시스템이 잘 갖춰진 편이에요. 삶의 질 측면에서도 차이가 큰데 물론 응급수술 때문에 당직을 서기는 하지만 한국과 비교하면 횟수가 훨씬 적어요. PA 선생님들과 파라메딕 등 의사가 아닌 다른 의료인 인력이 폭넓게 시스템을 구성하고 있어요. 전공의 숫자도 되게 많아요. 그런데도 흉부외과 전공의들이 당직이 너무 많다고 교육 수련부랑 엄청 싸우더라고요. '우리 같은 과가 어디 있냐. 3~4년 차가 되어도 한 달에 당직 세 번씩 서는 과는 우리밖에 없다'라는 게 불만 사항이었어요. 한국에서는 교수님들도 한 달에 당직을 다섯 번씩 서고, 저는 일주일에 세 번 서는데.

물론 미국이 정답이라고 생각하지는 않아요. 거기도 나름의 문제가 많아요. 대동맥 판막이 망가지면 우리나라는 수술이 기본이에요. 고령 환자들에 한해서 선별적으로 TAVI(경피적 대동맥판삽입)라는 시술을 해요. 수술에 비해 시술이 간편하지만 삽입하는 인공 판막의 내구성이 증명되지 않았거든요. 몇 년 있다가 망가질 수도 있으니까 젊은 환자들에게는 TAVI 시술 대신 교과서대로 수술을 하는 거죠. 한국은 건보(국민건강보험)에서 그렇게 정해놓았어요. 반면에 미국은 의료가 완전 자유 시장이고 보험도 민간보험이잖아요. 40~50대의 젊은 환자들한테도 시술하기 좋고 편하다는 이유로 TAVI를 많이 해요. 그걸 넣고 5년밖에 못 썼는데 문제가 생겨 재수술을 하게 되면 위험도가 급증해요. 처음부터 수술하면 사망률이 2% 이하인데 재수술 시에는 5~10%가 넘어요.

미국에서는 어떻게 흉부외과의 인기가 높은 건가요?

한국에서 미국을 볼 때 보수가 많아서라고 흔히들 얘기하는데 직접 경험해보니 그 이유만은 아닌 것 같아요. 최전선에서 생명을 구하는 의사라는 인식이 있고, 그래서인지 사회적으로 더 존경받는다는 인상을 받았어요. 한국에서는 아무도 안 하는데 (흉부외과에 가다니) 대단하다고들 말은 많이 하지만 돈 잘 버는 피부 · 미용, 개원가 의사들이 훨씬 더 선망을 받잖아요.

어딘가 자원배분이 잘못 이루어지고 있다는 생각이 듭니다. 피부·미용·통증같이 비교적 위험도가 낮고 진료가 편한 비필수 의료에 돈이 몰리고, 흉부외과처럼 고되고 환자를 살리는 데에 꼭 필요한 분야는 의료계 내에서 상대적으로 소득 수준이 낮은 편이에요.

어떤 교수님 말씀이, 본인이 흉부외과를 지망할 때 '너네가 여기 와서 5년만 참으면 상황이 굉장히 좋아질 거다. 매우 희소한 의사가 되니까 몸값도 올라가고 대우도 엄청 나아질 테니까 흉부외과에 와라. 블루오션이다' 그런 얘기를 들었다고 하시더라고요. 그 교수님이 지금 연차가 꽤 높은데 흉부외과의 현실은 그때나 지금이나 비슷하거나 더 나빠졌죠.

흉부외과처럼 소위 '바이탈과' 의사를 늘리려면 어떤 대책이 필요할까요? 고난도·고위험 수술에 책정된 수가(건보에서 책정한 의료가격)가 충분

하지 못하다는 점이 긴 시간 문제로 지적돼왔어요.

필수과의 근무 여건과 대우를 개선해야한다는 데에 동의하지 않는 사람은 없을 거예요. 무엇보다 인원이 늘어나야 합니다. 그래야 당직도 나눠 서고, 응급수술도 나눠서 하고, 삶의 질도 어느 정도 수준으로 유지할 수 있는 거죠.

제가 좀 더 얘기하고 싶은 부분은, 애초부터 필수의료 분야에서 일하려는 의지를 가진 의사를 선발하고 키우는 제도가 있어야 한다는 점이에요. 사실 필수과의 대우가 아무리 좋아진다고 해도 과의 특성상 당직과 응급을 피할 수는 없어요. 흔히 말하는 '피안성'나 '정재영' 같은 인기과보다는 고될 수밖에 없죠. 가장 구체적인 형태는 '공공의대'가 아닐까 싶어요. 금전적 보상이나 집안의 기대보다는 '아픈 사람들에게 의료를 주고 싶다'는 가치가 우선인 사람들을 선발하고, 의사를 필요로 하는 곳에서 진료했을 때 뿌듯함과 인정받는 경험을 해본 의료인들을 양성할 수 있다면 흉부외과를 선택하는 사람들도 늘어나지 않을까요. 개인적으로 의대 다닐 때 의료 봉사를 하면서 대가 없이 진료를 해본 경험과 그때 돌아왔던 기쁨이 의사로서 미래를 그리는 데에 꽤 큰 영향을 끼쳤다고 생각해요.

흉부외과에 온 걸 후회한 적은 없나요?

없습니다. 죽은 것과 거의 다름없는 상태로 병원에 실려 왔던 환자가 두 발로 걸어 나갈 때 그 희열감이 정말 커요. 직업인으로서 다른 곳에서 느끼기 어려운 엄청난 보람이 있어요. 극도의 성취감을 준다고 해야 하나. 어렵기는 하지만 배우는 과정도 즐거워요.

전공의 생활이 이제 1년 남았습니다. 앞으로 꿈이 있다면?

지난 3년 동안 고민을 진짜 많이 했는데 여기(이대서울병원) 파견 와서 좀 확고해졌어요. '초초' 응급환자이지만 지역에서 치료하지 못하고 전원을 제일 많이 보내는 케이스가 대동맥 수술인 것 같아요. 펠로우 과정까지 앞으로 몇 년간 이걸 열심히 배워서 궁극적으로는 인천에도 대동맥 센터를 세우고 싶어요. 대동맥 박리 응급 환자가 전원을 가지 않고 인천에서 수술을 받을 수 있도록 말이에요. 그 센터가 생겼을 때 같이 일할 흉부외과 의사, 전문 간호사 등 스태프들이 지금보다 더 많아졌으면 하는 것이 또 하나의 바람입니다.

5
한국의료의 진정한 '진일보'를 위해: 국립중앙의료원 원장 주영수

+

2024년 3월 17일 일요일, 국립중앙의료원에서 예정에 없던 긴급 기자간담회가 열렸다. 의대 정원을 2000명 확대한다는 정책이 발표된 이후, 주영수 원장은 발언을 자제하며 병원의 정상적 진료를 유지하는 데에 집중해왔다. 그러나 전공의 집단 사직 이후 1개월이 넘어가고 급기야 의과대학 교수들까지 사직서 제출 결의에 나서자, 의료계 내에 상당한 책임을 가진 국립중앙의료원장으로서 '역할을 더는 미룰 수 없다'는 생각이 들었다. 이틀 밤을 고심하며 입장문을 작성했다.

마이크 앞에 선 주영수 원장은 간곡한 어조로 의대 증원의 필요성을 설득하고 의대 교수들에게는 책임감 있는 자세를, 전공의들에게는 병원 복귀를 호소했다. 그가 대통령과 가까운 사이라는 유언비어가 곧바로 의사들 사이에 퍼져나갔다.

주영수 원장은 따지자면 전 정권 인사다. 문재인 정부에서 기획조정실장으로 국립중앙의료원에 합류해 2022년 1월 원장에 임명되었다. 그에 앞서 20여 년간은 예방의학자로서 공공의료 분야와 정책 연구에 매진해왔다. 2007년부터 2014년까지 진보적 의사단체인 인도주의실천의사협의회(인의협)의 공동대표를 맡기도 했다.

인의협은 정부보다 앞서 의사 수 늘리기를 주장해왔지만 지금의 의대 증원에는 지역·필수 의료로 의사를 보낼 방안이 부재하다며 비판의 목소리를 높이고 있다. 주영수 원장은 오랜 기간 뜻을 같이해왔던 인의협 의사들과도 다소 다른 의견을 가지고 있다. "비어 있는 곳이 많지만 정부가 의대 증원과 함께 발표한 '필수의료 정책 패키지'는 한국 보건의료 체계가 다음 단계로 넘어가는 흐름과 맞닿아 있는 정책이다."

어떤 면에서는 '진일보'했다고 볼 수 있는 일련의 개혁 시도가 흐트러져버리면 안 된다는 절박감이 그를 인터뷰 자리로 불러냈다. 2024년 3월 26일 서울 중구 국립중앙의료원 연구동에서 2시간 동안 주영수 원장을 만났다.

꼭 전달하고 싶은 얘기가 있었던 것 같습니다.

이번 사건이 단순히 의대 정원을 확대하는 이슈로 이해되어서는 안 된다는 것이 제 생각입니다. 한국 보건의료 정책의 변화 흐름 속에서 생긴 사건으로 바라봐야 합니다. 그래야 문제의 본질이 드러날 수 있어요.

어찌 보면 정부의 성격과 맞지 않는 일이 벌어진 셈이지요. 시장 주도 시스템으로 국정을 운영하려는 정부이고, 의료 영역만 하더라도 민간 의료기관을 중심에 두잖아요. 그런데 아이러니하게도 정부의 정책 기조와 매우 동떨어진 방향의 보건의료 기조가 만들어지고 있는 거예요. 정부의 고유한 철학과 확고한 의지에서 출발했다고 보이진 않습니다. 기존 보건의료 체계가 한계에 부딪혔고 그 결과 응급실을 찾아 헤매거나 대형병원 간호사조차 원내에서 뇌출혈로 사망하는 사건처럼 필수의료 분야에서 발생하는 문제가 점점 더 심각해지고 있잖아요. 의대 증원과 필수의료 정책은 그런 전반적인 흐름 속에서 제시된 것이죠.

2월 6일 의대 정원 2000명 확대 발표에 앞서, 2023년 하반기부터 보건복지부는 몇 차례에 걸쳐 정책 시리즈를 내놓았어요. 2023년 10월19일 '지역 완결적 필수의료 혁신 전략'이란 이름으로 핵심 의제를 제시했고, 올해 2월 1일 '필수의료 정책 패키지'에서는 세부 실행 과제를 포괄적으로 담았습니다. 2월 2일에는 제2차 국민건강보험 종합계획을 발표했고요. 그동안 보건의료계에서 논의해온 것을 진일보한 수준으로 망라했습니다. 적어도 제가 보기에는 한국 보건의료의 발전 단계에 부합하는 내용이에요. 개혁적 보건의료단체들과 달리, 제가 이번 정책들에 덜 비판적인 이유입니다. 전체 패키지를 꼼꼼하게 살펴보면 방향이 틀렸다고 말하기는 어려워요.

의대 증원은 이 일련의 정책 구상에서 핵심 전략 가운데 하나인 거죠. 시장중심적이고 친(親)의사적인 보수 정권에서 2000명이라는 수치를 과감하게 제시했잖아요. 이것은 전향적 시도라고 평가하고 싶습니다.

한국 보건의료 체계가 어떤 단계에 와 있다는 건가요?

크게 두 가지 면에서 임계점에 다다랐어요. 첫 번째는 민간 주도의 의료 공급으로 필수의료 영역을 유지하기 어려운 시점에 와 있다는 것입니다. 필수의료 사각지대가 점점 커지고 있어요. '불확실성이 적은' 고난도 환자들은 대형 민간병원에서 충분히 잘 보고 있습니다. 중증이라서 어렵기는 하지만, 진료나 수술 등 치료 일정을 미리 계획할 수 있는 암환자가 여기에 속하지요. 민간은 수익이 많이 나는 분야로 몰려갈 수밖에 없고 이 영역으로 나날이 특화되고 있습니다.

반면 '불확실성이 높은' 고난도 환자들은 민간 의료시장에서는 '잔여적인' 영역이에요. 중증 외상, 심뇌혈관 질환(뇌출혈, 심근경색 등)처럼 언제 벌어질지 모르지만 생기면 응급이고 생명이 경각에 달리는 문제들이지요. 흉부외과, 신경외과, 심장내과 같은 과목이 여기에 해당합니다. 시간대가 맞아서 마침 그 과목 의사가 병원에 있으면 수술해서 살리고, 운 나쁘게 빈 시간에 걸리면 사망하고, 이런 수준으로 의료 환경이 전락하고 있어요. 소위 '빅5'라고 하는 대형병원 중에 국립대인 서울대병원을 제외하면 고난도 외상 환자를 거의 보지 않습니다.

이 빈틈을 일부 공공병원이 위태롭게 채워왔어요. 국립중앙의료원에서 서울 권역외상센터를 운영하고 있는데 지역에서 가장 많은 외상 환자를 치료하고 살립니다. 사람들이 잘 모르는 사실이죠. 그런데 전체 병원의 5%밖에 안 되는 공공병원으로 이 틈을 메우는 것도 한계에 다다랐어요. 코로나19를 거치며 그나마 있던 공공병원의 역량이 소진된 탓도 크고요. 마지막으로 이런 환자들(불확실성이 높은 고난도 환자들)을 치료하던 의사들이 병원을 다 떠났습니다. 국립중앙의료원만 해도 감염병 전담병원으로 동원된 몇 년 사이 심혈관계 시술을 하는 전문의가 나갔어요.

임계점에 도달한 다른 한 측면은 무엇인가요?

국민건강보험이 재정 측면에서 임계치에 접어들었어요. 한국의 GDP 대비 경상의료비 비율(9.7%)이 2023년에 드디어 OECD 평균(9.5%)을 넘어섰습니다. OECD 회원국보다 평균적으로 더 많은 의료비를 지출하는 나라가 되었다는 뜻입니다. 한국은 의료비를 적게 쓰면서도 좋은 건강지표를 유지한다는 것이 그간의 인식이었지요. 이제는 다른 국면에 접어들었어요. 몇 년 내에 지출총액이 건강보험 재정으로 충당하기 어려운 수준까지 차오를 겁니다. 한국 의료가 세계적으로 상당한 효율을 자랑해왔다면 그렇지 못한 상황으로 넘어가고 있는 거죠. 이것이 우리 보건의료가 놓여 있는 위치예요.

정부가 내놓은 일련의 필수의료 정책들이 어떤 점에서 한국 보건의료의 단계에 부합한다는 건가요?

보건의료의 여러 영역을 아우르는 내용이 다층적으로 연결돼 있어서 일일이 설명하기는 어렵지만, 분명 기존 논의에서 한 걸음 더 나아갔다고 봐야 하는 정책들이에요. 예를 들어 '필수의료 정책 패키지'의 '보상체계 공정성 제고' 부분에는 세부 정책 가운데 하나로 '혼합진료 금지'와 '실손보험 개선'이 제시되었어요. 백내장 수술, 도수치료처럼 과잉 진료가 만연한 비중증 영역에 대해 급여(건강보험)와 비급여(실손보험) 진료를 동시에 하지 못하도록 막는 정책입니다.

손실보험의 도입으로 비급여 시장이 팽창하면서 병원에 있어야 할 필수의료 인력이 금전적 인센티브가 높은 개원가로 빠져나가는 현상이 심화되고 있어요. 마취통증의학과 전문의가 없어서 병원에선 수술방을 돌리지 못하는데, 동네 골목마다 통증의학과 의원이 우후죽순 생겨나고 있습니다. 필수의료 분야 의사들에게 돌아가는 보상을 아무리 높여줘도 실손보험에 기반을 둔 비급여 시장이 무한정 커진다면 이 격차를 해소할 수 없다는 판단이 이 정책 패키지에 깔려 있습니다. '혼합진료 금지'의 실제 목적을 두고 여러 논쟁이 일지만, 적어도 현재 보건의료 구조의 문제를 정확히 진단하고 있는 거지요.

물론 정책 패키지에 비어 있는 부분이 있고 이해집단에서는 이견이 나올 수 있습니다. 그러나 '부족하니까 백지화해라'가 아니라 '비어 있는 곳을 채워라'고 비판적 지지를 할 만한 수준의, 나름 잘 짜인 구상이라고 생각합니다.

지금 이 정책들은 누가 만들고 있는 건가요?

보건복지부에서 모두 발표하고 있지요. 사무관에서 시작해 과장, 국장으로 올라가며 전문성을 쌓고 역량을 키워온 공무원들이 있어요. 그 시간이 축적되면서 한국 보건의료 정책도 점점 성숙해져 온 것이죠.

정권과 무관하게 유능한 관료 그룹이 복지부 내에 있다는 뜻인가요?

특정 그룹이 있다기보다는 보건의료 체계가 더 이상 그냥 둘 수 없는 임계점에 다다르니 그걸 풀기 위해서 정말 내실 있는 정책을 내놓을 수밖에 없는 시점이 된 거예요. 예를 들어 이번 정책 패키지에 협력 네트워크 보상, 중증·필수 인프라 적자 사후보전 등 '대안적 지불제도'를 도입하겠다는 내용이 있어요. 가만히 뜯어보면 사실상 '총액예산제(한해 예산을 정해놓는 방식)'에 가까운 성격을 갖는 정책까지 있습니다. 의사들이 가장 달가워하지 않는 변화가 지불제도(의료비 지급 방식) 개편이에요. 지금의 행위별 수가제 아래서는 필수의료 공백 해소, 의료비 상승 억제, 적정 진료 정착 등 보건의료의 문제를 풀 방법이 없어요. 이처럼 개혁적 성격이 다분한 정책도 정부가 더는 미뤄둘 수 없는 것이지요.

필수의료 정책 시리즈에서 비어 있다고 보는 부분은 어디입니까?

앞서 민간 병원만으로는 필수의료 보장이 임계점에 다다랐다고 설명했는데, 바로 여기가 비어 있습니다. 민간의료로 커버하지 못하는 영역을 채우도록 공공의료를 키우는 방안이 없어요. 전체 의료기관의 95%를 차지하는 시장의존형 의료 공급 구조를 그대로 둔 채 그 안에서 고민하니까 미흡한 정책이 나올 수밖에 없는 거죠.

정부는 2028년까지 건강보험 재정 10조 원을 필수의료 수가를 높이는 데 쓰겠다고 발표했습니다. 현재 피부·미용, 통증치료 등 비필수적 부문에 비해 현저히 낮은 보상 수준을 높이면 민간 병원으로도 필수의료 사각지대를 충분히 메울 수 있다는 접근인데요.

한계가 있을 거라고 봅니다. 민간 의료시장은 한정된 자원을 선점하려고 경쟁하는 생존 환경 속에 있어요. 필수의료 보장을 일부 보완할 수 있지만 민간 중심 공급 구조로는 안정적으로 제도를 유지하기 어렵습니다. 시장 메커니즘과 무관하게 움직일 수 있는 '공급자 구조'가 보건의료 영역에 일정 비율 이상 자리 잡아야 해요.

그러려면 공공의료기관의 비중이 얼마 정도 돼야 한다고 보나요?

공공병원 비율이 일본 18%, 미국 23%, 유럽은 평균 50% 이상 됩니다. 한국은 5%예요. 적어도 20%까지는 공공의료 규모가 확대돼야 합니다.

이번 정책에도 들어가 있고 그전부터 보건의료 분야에서 오랫동안 누누이 강조돼왔던 것이 '지역완결형 의료전달체계'입니다. 의료기관을 1차 · 2차 · 3차(동네의원 · 종합병원 · 상급종합병원)로 나누는 피라미드형 의료전달체계 그림을 본 적이 있을 거예요. 우리나라는 행정구역을 중심으로 17개 대진료권으로 나뉩니다. 대진료권마다 피라미드형 구조의 정점에 국립대병원을 두고 가장 중증도가 높은 환자들을 보게 했어요. 권역책임의료기관으로 권한도 갖습니다. 찬성하는 바예요.

문제는 허리급인 2차에 공공병원 비중이 매우 낮고, 있어도 상당히 허약하다는 점입니다. 절대다수가 민간이 운영하는 전문병원, 종합병원이에요. 이 허리급에 공공을 많이 넣어줘야 합니다. 최소한 5개 중 1개꼴로 공공병원이 있어줘야 보건의료 정책이 지역까지 도달할 수 있어요. 진료권은 17개 대진료권 아래 다시 70개 중진료권으로 나뉩니다. 공공에서 2차 병원 역할을 하는 곳이 지방의료원인데 전국에 35개밖에 되지 않아요. 중진료권 70개마다 하나씩은 자리를 잡아야 합니다.

필수의료 중추를 담당하기에 공공의료의 역량이 많이 뒤처지지 않나요? 전공의 집단 사직으로 대학병원 진료가 대폭 축소된 상황에서도 환자들은 공공병원을 찾지 않습니다.

공공의료 인프라를 강화하는 정책에는 세 가지가 포함돼야 해요.

첫 번째, 지방의료원 수 확대. 두 번째, 공공병원 기능 보강. 세 번째, 중진료권의 지역의료 거버넌스 권한 부여.

지방의료원에 평균적으로 10개 진료과목이 개설돼 있습니다. 필수과의 상당수가 전문의 한 명으로 운영됩니다. 이 사람이 오전 9시에서 저녁 6시까지 일한다고 치면 외래진료는 되겠지만 하루 24시간의 나머지 3분의 2는 그 자리가 비어 있는 셈이죠. 이래서는 '불확실성이 높은 고난도 환자'를 받을 수 없어요. 진료 과목별로 최소 의사 3명은 갖춰져야 합니다. 3명이 너무 급격하면 단계적으로 2명부터 시작할 수도 있겠죠. 기능 보강의 일차적 의미는 필수진료과를 유지할 수 있는 수준의 인력 충원이에요. 이차적으로는 양질의 의료를 수행할 수 있도록 지원인력과 장비 보완이 뒤따라야 하고요.

환자도 없는데 의사를 과마다 3명이나 뽑아서 어디에 쓰냐고 반문할 수 있어요. 그러나 지역 내에 충족되지 못하는 필수의료 수요는 분명 존재합니다. 처음에는 파리 날릴 수도 있지만 인프라 구축에서 출발해 선순환 구조를 만들어나가야 해요. 충분히 할 수 있다고 봅니다. 그동안 보건의료가 절대적으로 민간에 의존하면서 시장 효율성에 대한 오래된 환상이 공고하게 자리 잡았어요. 어디선가 한 번은 끊어줘야 합니다. 공공기관이 가질 수 있는 비효율은 지속적으로 문제 제기를 하고 운영 과정에서 끊임없이 관리해나가야 하는 거고요. 그게 순서가 맞지, 비효율만 지적해서는 아무것도 바꿀 수 없습니다. 그러면 임계치의 문제를 절대로 해결하지 못합니다.

의대 증원을 반대하는 의사뿐만 아니라 찬성하는 소수의 의사들조차 늘어난 의사 인력을 필수의료·지역의료로 유입시킬 정책 설계가 부족하다고 강하게 비판합니다.

진보적 의료단체가 주장해온 것처럼 의무 복무를 강제하는 지역의사제가 병행되었다면 더 효과가 컸을 거라고 생각합니다. 그러나 확대한 의대 정원의 대부분(82%)을 지역 의대에 배정하고 지역인재전형으로 60% 이상 선발하도록 한 지금 정책도 실효성을 발휘할 거라고 봐요. 지역에서 성장해 지역 의과대학을 나오고 거기서 수련을 받으면 해당 지역에 남을 확률이 높아진다는 것은 여러 연구에서 증명됩니다. 지역에 남을 의사 배출은 이 방식으로 어느 정도 달성할 수 있을 거예요.

하지만 이 의사들이 필수의료 영역으로 갈 것인가? 그건 보장하기 어렵다고 생각해요. 기존 의과대학에 학생 수를 늘려도 졸업 후에 필수의료로 유도할 방법이 없어요. 자유로운 선택에 맡겨야 하는데 일부는 필수의료를 지망하겠지만 적극적으로 필수의료 인력을 배출하는 방식은 아니지요. 필수의료 환경과 이 분야 의사들에게 돌아가는 대우는 당연히 개선되어야 합니다. 그럼에도 종합병원의 흉부외과, 신경외과 같은 필수과목 진료는 기본적으로 어렵고 위험한 영역이에요.

별도의 양성 프로그램이 있어야 합니다. 공공의대가 필요한 이유이지요. 선발할 때부터 지역의료와 필수의료에 종사할 일정한 의무를 부여하되, 국가에서 의대 교육과 수련과정에 책임을 지고 전적으로 지원해야 돼요. 신설된 공공의대는 필수의료에 좀 더 적합하게 구성된 교육 커리큘럼 위에서 운영될 수 있습니다.

공적인 의사 양성기관 신설에 의료계의 반감이 상당합니다. '성적 안 되는 애들 의사 만들려는 것'이라는 망언까지 나옵니다. 사실이 아니더라도 자칫하면 공공의대를 나온 의사들이 2류로 낙인찍힐 위험도 있어 보이는데요.

그런 얘기를 들을 때마다 되묻고 싶어요. 전교 1등이 의대 가야 좋은 의사가 되는 건가? 제 또래나 윗세대를 보면 반에서 1등 하는 사람이 의대에 가지 않았어요. 좋은 의사는 입학 성적이 아니라 체계적인 교육과 양질의 수련 과정으로 키워내는 것입니다. 공공의대가 생기면 정말 '작정하고' 최고의 프로그램을 만들어야 해요. 그래서 '공공의대에서 배운 의사들은 믿을 수 있다'라는 사회적 인식이 형성돼야 합니다. 의료는 공부 잘하는 학생이 아니라 인간에 대한 애정을 가진 학생들에게 적합한 분야예요. 그리고 현재 의대 입시 환경에서는 현실적으로 상당한 경쟁을 뚫은 상위권 학생들이 공공의대에도 들어오게 될 거예요.

필수의료 정책 패키지에서 국가 공공의료의 거점인 국립중앙의료원의 역할이 거의 눈에 띄지 않습니다.

지난해 10월 발표된 '필수의료 혁신 전략'에는 국가중앙의료 네트워크의 두 축으로 서울대병원과 국립중앙의료원 · 암센터가 제시되었어요. 공공 인프라와 응급 · 재난 체계를 총괄하는 권한이 국립중앙의료원에 맡겨졌습니다. 그러나 올해 2월 내놓은 정책 패키지에 후속 계획이 포함되지 않았어요. 필수의료 문제를 풀기 위해선 보건의료 분야에 공공의료 체계가 확립돼야 합니다.

하나 더 말씀드리면 공공의대가 설립될 경우 국립중앙의료원을 비롯해 국립암센터 · 국립재활원 · 국립정신건강센터 같은 공공의료기관이 국가 중앙수련시스템 기능을 할 수 있습니다. 필수의료 인력 양성에 최적화된 전공의 수련기관이 될 수 있는 거지요. 지방의료원들까지 체계에 포함된다면 지금의 대학병원과는 또 다른 풍부한 교육 · 수련 환경이 갖춰질 것이라고 생각합니다.

이번 정권 성격상 공공의료의 역할을 강조하고 기능을 강화하는 아이디어가 정책에 수용될 수 있을까요?

(한숨) 그래서 '공공'을 일부러 안 넣은 건지는 모르겠으나… 이것은 분명해요. 정부가 필수의료 정책 패키지를 통해 달성하려 했던 목표를 실현하기 위해서는 좋든 싫든 공공의료를 우회할 수는 없습니다.

이번 정부에서 의료 개혁이 가능할까요?

한계는 있을 거라고 생각해요. 그런데 정책에는 그 자체로 구속력이 있어요. 선언한 이상 전혀 안 할 수는 없습니다. 적어도 시범사업까지는 할 거라고 봅니다. 사실 지난 정부는 이만큼도 하지 못했어요. 의대 정원을 400명 늘리는 것도 막혔죠. 자조 섞인 얘기지만 이번 일을 보면서 '국정 철학이 있다고 실현되는 게 아니구나, 정책은 이렇게 추진되기도 하는구나' 싶었습니다. 현 정부의 남은 임기를 고려하면 필수의료 정책들이 시범사업 이후 단계까지 나아가기는 어려울 거예요. 그런 점에서 정책의 결실을 맺는 건 다음 정부의 몫이라고 봅니다. 보건의료에서 일보 진전은 이렇게 이어져왔습니다.

나가는 글

'건강한' 미래를 만드는 길

2023년 가을, 산지니 출판사에서 메일이 한 통 왔다. 기자의 눈으로 '보건의료 문제'를 다루는 사회과학 도서를 펴내자는 제안이 담겨 있었다.

그로부터 겨울과 봄, 두 번의 계절이 지났다. 그사이 '의대 정원 확대'와 '의료 개혁'이라는 아젠다는 한국 사회를 뒤흔드는 갈등으로 부상했다. 나가는 글을 쓰는 2024년 여름까지도 전공의 대다수가 병원에 복귀하지 않고 있다. 아마도 그들 중 상당수는 이번 사직서 제출을 계기로 '전문의'가 되기 위한 수련 과정에서 영영 등을 돌려버릴 것이다.

7월 4일 서울 종로구 보신각 앞에서는 의사 집단휴진 철회와 재발방지법 제정을 요구하는 환자촉구대회가 열렸다. 습도가 높아 무더위가 살갗에 달라붙는 것 같던 이날, 주최 측 추산 환자와 보호자 300여 명이 피켓을 들고 구호를 외쳤다. 수십 명이 모이기도 어려웠던 환자 단체 집회에서 유례가 없는 일이다. "아픈 몸을 가진 환자들이 왜 이렇게 길거리로 나와야 하느냐"라는 한 어머니의 절규에 대열의 앞줄은 울음바다가 되었다.

'대체 무엇을 놓친 걸까?' 이번 사태를 보며 여러 번 스스로에게 되물었다. 30년째 제자리에 머물러 있던 의사 수를 조정하는 조치는, 의료 개혁을 위한 충분조건은 아니지만 빼놓을 수 없는 필요조건이다. 의사 부족으로 인해 여러 병리적 현상들이 날이 갈수록 곪아가고 의사가 더 필요하다는 시민적 공감대도 높다. 2000명이라는 숫자가 급작스럽게 발표되었으며 의대 교육 과정에 대한 고려도 부족하지만, 의대 정원을 확대하는 방향 자체는 시대적 과제에 부합하는 정책이다. 그런데 그 정책 추진의 결과로 의료 현장은 파국으로 치닫고 있다. 긴 시간 회복되기 어려울 상흔도 깊어지고 있다.

'올바른 정책'과 '그 정책을 현실에 안착시키는 것'은 완전히 다른 일이라는 깨달음은 뒤늦게 찾아왔다. 문제를 진단해 알맞은 대안을 도출하는 단계에선 실력 있는 관료와 전문가 몇몇에게 의존할 수 있다. 그러나 이를 사회라는 토양 위에서 구현하는 단계에 이르면 그 공동체가 가진 문제해결 능력이 총체적으로 뒷받침되어야 한다는 진실을, 수개월째 이어진 혼란이 역설하고 있다. 흔히 아는 단어로 바꾼다면 이는 바로 '정치'의 역할이 될 것이다. 보건정치학자 정웅기 박사는 '1장 의대 정원에 감춰진 문제'에서 한국 사회에 부재한 것은 '보건의료 정치'라고 짚은 바 있다.

보건의료를 비롯해 한국 사회를 구성하는 각종 체계가 고도화되면서 정책을 고안하고 일방적으로 추진해서는 풀 수 없는 성격의 문제들이 우리 앞에 속속 출현하고 있다. 각 주체의 갈등을 조율하고, 공동체의 지향에 맞추어 자원을 재배분하는 정치적 역량이 나날이 절실해지고 있다. 보건의료는 의사의 권위가 유독 지배적인 분야이다. 오랫동안 이 분야를 연구해온 전문가들조차 MD(Medical Doctor)가 아니면 상대적으로 저평가받는 의료계 일각의 분위기를 모르지 않는다. 출간 제의를 받았을 때 '내가 이런 책을 내도 될까' 조금 주저했던 것도 사실이다. 그러나 우리에게 닥친 위기 앞에서 궁극적으로 요구되는 수단이 정치라면, 현장과 전문가 그리고 시민을 연결해온 기자의 시선도 쓰임이 있을 테다.

다시, 이것이 정치의 문제라면 시민에겐 권리뿐만 아니라 의무도 있다. 앞서 여러 차례 살펴보았듯이 한국 의료는 건강보험이라는 공동의 재원을 기초로 운영된다. 수년 내에 건강보험의 지속가능성은 중대한 도전에 직면하게 될 것이다. 건강보험 재원을 확장하는 동력이었던 경제활동 인구수는 2017년을 정점으로 꺾인 반면, 의료비를 크게 증가시키는 고령화 추세는 해가 갈수록 가속화되고 있다.

보건의료 시스템을 지키기 위해 '적정 의료량'을 찾아가는 전사회적인 노력 없이는 이 문제를 풀 수 없다. 지금까지 누리던 것 중 무언가는 공동체의 앞날을 위해 손아귀에서 놓아야 할 순간이 찾아올 것이다. 의료 공급자와 의료 이용자 모두 머리를 맞대고 이 과업의 짐을 나눠 져야 한다. 이러한 변화를 일궈내지 못한 채

의료에 투영된 모든 욕망이 이대로 폭주한다면, 사람의 생명을 살리는 '필수의료'의 지위는 어떤 정책을 들이대더라도 악화일로를 걷게 될 것이다. 수적으로 열세인 탓에 점점 발언권이 줄어드는 지역주민들 그리고 장애인, 어린이 같은 소수자들의 건강권부터 주변부로 빠르게 밀려날 것이다.

취재를 다니면서 서늘한 기억으로 남은 장면들이 있다. 응급실 뺑뺑이 등의 사건이 터졌을 때 '의사 지인을 만들어둬야겠어'라는 반응을 접할 때이다. 갑작스러운 사고를 당했을 때, 예고 없이 건강에 이상이 생겼을 때, 공적 시스템이 나와 내 가족을 지켜줄 거라는 신뢰를 상실한 채 각자도생의 방편을 찾아 나서야 하는 사회란 얼마나 위태롭고 참담한가. 의사 지인이 실제 도움이 되든 안 되든, 그러한 인식이 공고해져 사적 네트워크에 접근할 수 없는 대다수의 사람들이 불안에 내몰리고 박탈감을 키워가는 모습을 우리의 미래로 만들 수는 없다. 서로가 힘을 모아 보건의료라는 가장 기본적인 사회안전망을 지켜내야만 하는 이유이다. 이 책을 집어 든 당신에게, 독자를 넘어 이 문제를 함께 풀어나갈 동료 시민으로서 감사를 드린다. 시민들의 지성과 연대 속에 희망의 단서가 심어져 있다고 감히 말하고 싶다.

기자는 '묻는 직업'이다. 기자의 질문에, 기꺼이 자신의 시간을 털어 경험과 고민, 지혜와 전문성을 나누어주신 분들이 없다면 기자도 존재할 수 없다. 이 책의 페이지마다 수없이 등장하는 취재원들에게 늘 빚진 마음을 가지고 있다.

시사주간지 〈시사IN〉의 기자가 아니었다면 책으로 엮어낼 만큼 묵직한 기사를 쓸 수 없었을 것이다. 기사의 바이라인에는 기자의 이름이 나가지만, 그 뒤에는 취재를 다니고, 기사를 완성하고, 독자의 손에 가닿기까지 파트마다 본인의 역할을 해준 동료들의 노고가 숨어 있다.

2023년 가을, 산지니 출판사에서 메일을 받은 순간을 잊지 못할 것이다. 출판을 제안해준 오해은 편집자님, 서툰 필자와 보조를 맞추며 작업을 해주신 이선화 편집자님 덕분에 단행본 한 권을 완성할 수 있었다.

늘 든든하게 지지를 보내주는 우리 가족이 있어 지금의 내가 있다. 일곱 식구가 복작댄 세월 속에서 나는 삶을 구성하는 가치의 원형을 배우고 익혔다. 긴 시간 많은 분들에게 받은 도움과 정성이 모여 이 책이 세상에 나오게 되었다. 진심으로 깊은 감사를 전한다.

2024년 7월

김연희

뒤틀린 한국 의료

초판 1쇄 발행 2024년 7월 30일
3쇄 발행 2024년 10월 25일

지은이 김연희
펴낸이 강수걸
편집 이선화 강나래 오해은 이소영 이혜정 김효진 방혜빈
디자인 권문경 조은비
펴낸곳 산지니
등록 2005년 2월 7일 제333-3370000251002005000001호
주소 부산시 해운대구 수영강변대로 140 BCC 626호
전화 051-504-7070 | 팩스 051-507-7543
홈페이지 www.sanzinibook.com
전자우편 sanzini@sanzinibook.com
블로그 sanzinibook.tistory.com

ISBN 979-11-6861-355-3 03330

* 책값은 뒤표지에 있습니다.
* 잘못된 책은 구입하신 곳에서 교환해드립니다.